Niños *muy* malos
(crónicas de niños asesinos)

Arturo Cosme Valadez

EDICIONES SERPIENTE

Niños muy *malos (crónicas de niños asesinos)*
Primera edición, agosto de 2019

© José Arturo Cosme Valadez, 2015
acosme_valadez@hotmail.com

© Ediciones Serpiente
Dirección
Dirección electrónica
ISBN-

Diseño, formación y portada: Heidi Puon Sánchez
Ilustraciones: Melina Cortés Bravo

Índice

He visto a un tribunal apremiado y hasta amenazado para que condenara a muerte a dos niños, en contra de la ciencia, en contra de la filosofía, en contra del humanitarismo, en contra de la experiencia, en contra de las ideas más humanas y mejores de la época.

¿Por qué razón mi amigo Mr. Marshall, que exhumó entre las reliquias del pasado precedentes que harían enrojecer de vergüenza a un salvaje, no leyó esta frase de Blackstone: "si un niño de menos de catorce años, aunque sea juzgado incapaz de culpa *prima facie* es, en opinión del tribunal y el jurado, capaz de culpa y de discernimiento entre el bien y el mal, puede ser convicto y condenado a muerte"?

Así, una niña de trece años fue quemada por haber muerto a su maestra.

Un niño de diez y otro de once años que habían matado a sus compañeros, fueron condenados a muerte, y el de diez, ahorcado.

¿Por qué?

Porque sabían la diferencia que hay entre lo que está bien y lo que está mal. Lo habían aprendido en la escuela dominical.

CLARENCE DARROW,
Defensa de Leopold y Loeb, 1924

Los hechos proceden del cuerpo, del discurso y de la mente,
y resultan en el bien o en el mal.

LEYES DE MANU,
ca. siglo II AC

El filósofo Shaun Gallagher ha dicho con razón: "la acción
libremente decidida es algo que se realiza en el mundo, entre
las cosas que busco y la gente que afecto, en situaciones que
motivan una reflexión integrada". Es necesario, por tanto,
colocar el problema del libre albedrío a un nivel más alto
de complejidad, sin por ello olvidar que subyacen estructuras
neuronales, químicas y físicas. Ciertamente, elevar el nivel
de complejidad al introducir las estructuras sociales y
culturales no resuelve el problema: lo coloca en un contexto
en el que es posible realizar investigaciones más fructíferas.

ROGER BARTRA,
Antropología del cerebro, 2007

Introducción

En los primeros años del siglo XX Sigmund Freud escandalizó a sus desprevenidos contemporáneos al revelarles que sus hijos, incluso los que ni caminar sabían, eran sexualmente activos. Peor aún: que se trataba de "perversos polimorfos", debido a que su impulso instintivo todavía no estaba *domesticado* y a que –digámoslo así– permanecía a la deriva, disponible para adoptar cualquier *forma desviada*. Explicaba también que en el niño "la adquisición de perversiones y su práctica encuentran [...] muy pequeñas resistencias, porque los diques anímicos contra las extralimitaciones sexuales, o sea el pudor, la repugnancia y la moral, no están aún constituidos en esta época de la vida infantil o su desarrollo es muy pequeño".[1]

Más de cien años después esta verdad ya (casi) no es puesta en duda por estudiosos, académicos ni personas cultas, pero sigue sin encontrar su lugar entre la mayoría de la gente. La idealización social de la infancia –como etapa de bienestar y despreocupación externos, y tiempo de inocencia y bondad internas– pervive con altibajos en los medios masivos de comunicación, en los lugares comunes de todas las artes comercializadas (ciertos ejemplos muy socorridos de televisión, cine, literatura, música, dramaturgia, etcétera), en

---

[1] Sigmund Freud. "Tres ensayos para una teoría sexual [1905]". En *Obras completas*, vol. 9. Buenos Aires: Siglo XXI Editores, 2017, p. 1 205.

la publicidad y –como consecuencia y causa de ello– en el imaginario colectivo de grandes grupos sociales. El que la realidad desmienta cotidianamente esa versión idílica de la niñez no ha sido obstáculo para que nos neguemos a aceptarla.

¿Qué decir de la violencia? Con toda claridad es el mismo caso que el de la sexualidad. No sólo existen entre ambos órdenes vasos comunicantes, sino que todo indica que están indisolublemente imbricados. Aunque no sabemos con precisión cómo se vinculan estas dos áreas de nuestra más básica condición, estamos seguros de que en su forma *pura* –es decir, cuando la violencia no se explica por un interés *práctico*, material o espiritual (como en el robo o el deseo de poder)– tienen una correspondencia directa; y en algunos de los otros casos, indirecta. Dicho de otro modo: siempre que la violencia es placentera para quien la ejerce o *parece* gratuita –inmotivada, al menos en primera instancia– está más o menos asociada con la sexualidad.[2]

En cualquier caso, no cabe dudar que se manifiesta en nosotros desde la más tierna infancia, ni que de ella puede predicarse –parafraseando al célebre psicoanalista– que su práctica en la niñez encuentra poca resistencia, debido a que los escollos representados por "el pudor, la repugnancia y la moral" no existen en tal época de la vida o están escasamente desarrollados.

Debemos esperar, según esto, que todos los niños y las niñas sean violentos, lo cual es una realidad incontestable: basta advertir la reacción de un pequeño ante cualquier frustración –que se le impida coger un objeto peligroso, se le prohíba comer un dulce o que sus padres pongan mayor atención a un hermanito– para comprobar el furor destructivo que puede desatar. Felizmente, esto sucede en etapas tan tempranas que el sujeto no está por lo regular en condiciones físicas de dañar efectivamente a quienes lo rodean. No faltan las

---

[2] "Los instintos de agresión no aparecen nunca aislados, sino en aleación con los eróticos". Sigmund Freud. "Nuevas lecciones introductorias al psicoanálisis [1932]". En *Obras completas*, vol. 23. Buenos Aires: Siglo XXI Editores, 2017, p. 3 163.

excepciones, sin embargo. Una antigua amiga, hoy escritora, me contó que al poco tiempo de nacida su hermana menor, a la que lleva unos tres años, la sacó a hurtadillas de la cuna y la depositó en el cesto de la basura, con la esperanza de que el camión de los desechos se la llevara. Casos similares pueden considerarse frecuentes. Mucho más esporádicos –pero quizá más abundantes de lo que cabría esperar– son los episodios en los que, con la culpable negligencia de los adultos, los niños acaban dañando, e incluso matando, a otras personas o a animales. Recuérdese por ejemplo la tragedia sucedida en el Valle de Texas, cuando un pequeño de tres años disparó a su hermanita de cinco con una escopeta que encontró casualmente en el baño de un vecino;[3] o la acaecida en la ciudad de Rupert, estado de Idaho, donde Brandon Herrera, otro chico de tres años, abrió inverosímilmente la gaveta de seguridad –la nota dice "caja fuerte"– en la que su abuelo guardaba armas y fulminó a su hermano de apenas dos años con un tiro en la frente.[4]

Por supuesto, es del todo imposible investigar si en casos como los que acabo de describir existió la *intención*, por parte de los agresores, de dañar a sus víctimas; y aun cuando ello fuese viable, no sabríamos especificar hasta qué punto aquéllos eran capaces de hacerse una idea, así fuera aproximada, del carácter *definitivo* de su acción. De ahí que los ejemplos que narro en este libro traten de chicos y chicas cuyas edades oscilan entre los siete y los quince años, y sobre los cuales no hay duda acerca del dolo con el que actuaron al cometer

---

[3] Reyna Luna. "Muere niña de cinco años: la asesina su hermano". *CONEXION-TOTAL.mx,* 28 de febrero de 2012. Disponible en \<goo.gl/xMjDee\> [Consulta: enero de 2014].

[4] Redacción. "Un niño de tres años mata a su hermano de dos con una escopeta". *RT Sepa más,* 23 de octubre de 2011. Disponible en \<goo.gl/3L4Kbu\> [Consulta: enero de 2014].

sus crímenes. Estos niños y niñas asesinaron[5] al margen de toda interpretación alterna: sus actos no son el resultado accidental de una actividad distinta, como el juego; su mano no fue guiada a la fechoría por el azar ni por circunstancias extrañas; no estuvieron presionados por otra persona para cometer el delito. Aunque con matices indispensables, cabe asegurar que *sabían* lo que hacían y cuáles serían los resultados inmediatos de sus actos.

Si se trata o no de pequeños *malvados*, es otra cuestión.

Precisamente, el objetivo de la presente obra es realizar un primer acercamiento a un asunto vasto y complejo, cuya relevancia es enorme para diversas disciplinas del conocimiento –filosofía, sociológica, criminología, derecho, genética, medicina (psiquiatría, neurobiología), psicología, psicoanálisis, historia, antropología y teología, entre otras–: el problema del mal (y de la responsabilidad concomitante). Me explico: en nuestras valoraciones sociales figura el asesinato en general –y el asesinato inmotivado en particular– como el peor de los delitos que se pueden cometer. Su reprobación es prácticamente universal.[6] Por eso elegí abordar este peculiar fenómeno: es el epítome del mal en nuestra cultura, y en muchas otras.

Ahora bien, ¿por qué en niños? Supuse –acaso con demasiado optimismo– que en este segmento de la población las motivaciones que llevan a un acto así serían más diáfanas y los impulsos originarios más transparentes que en los casos de personas adultas. No me equivoqué, aunque persisten grandes dificultades para su comprensión.

---

[5] Según la Real Academia Española el asesinato difiere del homicidio en que el primero se realiza con intención –es decir, de manera premeditada–, mientras que el segundo "consiste en matar a alguien sin que concurran las circunstancias de alevosía, precio o ensañamiento". La palabra, en consecuencia, puede referir al hecho de quitar la vida a otro de modo meramente accidental o negligente. Desde luego, el uso corriente del lenguaje suele desdibujar la diferencia entre ambos términos; la menciono porque en este contexto puede llegar a ser relevante.

[6] Con ciertas excepciones, como son la ejecución de mujeres adúlteras en algunas sociedades donde prevalecen fanatismos religiosos o, sin ir más lejos, en los contradictorios sistemas de justicia –como los de algunos estados de la Unión Americana– donde se asesina a quien ha matado a un semejante (¡!).

Las historias que componen este volumen muestran la malevolencia de los ejecutores en su *pureza* –si se me permite la expresión–, pues los recursos que tienen para ocultar sus propósitos y sus procedimientos con frecuencia son muy simples; al final, ese elemento *infantil* –después de todo se trata de niños, aunque entre ellos hallaremos a algunos *muy* inteligentes– no logra disimular bien sus actos ni el oscuro ánimo que los impulsa.

¿Son malos? Es difícil decirlo. Ciertamente *ejecutan* el mal, lo realizan, pero ante la rutinaria pregunta de si este tipo de asesinos *nace* o *se hace* conviene evitar una respuesta apresurada. En años recientes casi no hay libro, estudio o documental que aborde este tema sin que plantee la cuestión, para llegar al invariable resultado de que en la formación de un asesino intervienen tanto factores innatos como ambientales; es decir, que simultáneamente nace y se hace. Este acierto se ha repetido –y se sigue repitiendo– con tal frecuencia que más vale considerarlo un punto de partida que una conclusión. Sin embargo, con ello no habremos adelantado gran cosa: se ignora la proporción en la cual interviene cada uno de los elementos de la mezcla y, lo que es más importante, no se sabe qué hacer con determinaciones heterogéneas ni si ellas dejan lugar para el libre albedrío. Es entonces oportuno observar más de cerca.

Por un lado, en el último par de décadas el empleo de nuevas tecnologías –como el escáner de resonancia magnética nuclear, el electroencefalograma digital y la tomografía por emisión de positrones– ha permitido reconocer diferencias notables entre los cerebros de psicópatas asesinos y el de sujetos de control (personas *normales*). Parece un hecho ya establecido por la neurociencia que "la corteza prefrontal del cerebro [de los criminales es] de menor tamaño en comparación con la de los individuos capaces de controlarse".[7] Esta afirmación se apoya en un estudio realizado en la Universidad de

---

[7]   Adrian Raine. "Violence: Brain Mechanisms and Moral Responsibility", ponencia presentada en el simposio Neurobiology of Escalated Aggression and Violence, celebrado en San Diego, California, el 11 de mayo de 2007 (en línea). *Neuroscience 2007*. Disponible en <goo.gl/7K6oWf> [Consulta: enero de 2014].

Pensilvania por Adrian Raine y un equipo de colaboradores, quienes investigaron el cerebro de 792 asesinos e individuos de conducta antisocial, violenta e impulsiva, y la compararon con el de 704 personas promedio. Los resultados se dieron a conocer en el xxxvII Encuentro Anual de la Society for Neuroscience estadounidense, verificado en San Diego del 3 al 7 de noviembre de 2007. En esta reunión y en las subsecuentes se ha expuesto información cada vez más abundante, la cual confirma que una gran cantidad de delincuentes violentos ostentan daños en las áreas del cerebro encargadas de hacer juicios morales, en particular en la corteza prefrontal dorsal y ventral, y en la amígdala.[8] Al respecto el doctor Hugo Marietan informa: "Numerosos estudios anatomoclínicos y fisiológicos han demostrado que la amígdala (complejo nuclear amigdalino), alojada en la región interna o límbica del lóbulo temporal, participa en la elaboración de las reacciones instintivas".[9] La deficiencia en una de sus tareas específicas –reconocer la sensación de miedo para enfrentar el peligro y la agresión asociada– y en su función de comunicar otras áreas cerebrales, sea por causas hereditarias o por lesiones, modifica la personalidad del individuo: desinhibe sus pulsiones sexuales y agresivas, suspende la consideración moral sobre sus acciones e impide la empatía con otras personas. Refiriéndose a un sujeto con medio centenar de violaciones y muertes en su haber, cuya estructura cerebral estaba dañada debido a que había nacido con tres cromosomas –xyy en vez del par xy–, el médico observa: "Por su alteración genética carecía de conciencia, de sentido de la culpabilidad, de remordimientos; creía que era normal, incluso cuando asesinaba. Cortocircuitados los sentimientos, lo hacía con la mayor tranquilidad: ni parpadeo, ni aceleración cardiaca, ni gota de sudor".[10]

Se diría que los hallazgos recientes de la neuropsicología, de los cuales el párrafo anterior no es sino una pequeña muestra, permiten

---

[8] Véase la página de la Society for Neuroscience (en línea). Disponible en <goo.gl/v2khM6> [Consulta: enero de 2014].

[9] Hugo Marietan. "XYY, el Arropeiro". En *Psicopatía, psicópatas y complementarios* (en línea). Disponible en <goo.gl/aGXtVK> [Consulta: enero de 2014].

[10] *Ibidem.*

reconocer una tendencia a ubicar crecientemente a la violencia en general, y a la infantil en particular, como un fenómeno biológico e innato. Por desgracia el problema es mucho más complejo. En primer lugar, no todas las personas que tienen una estructura cerebral como las descritas –corteza prefrontal disminuida y/o amígdala dañada– presentan conductas agresivas; y a la inversa: no en el cerebro de todas las personas con rasgos violentos pueden hallarse diferencias respecto de uno *normal*. Por si esto fuera poco, el propio cerebro se va *formando* a partir de la experiencia, de suerte que los factores ambientales contribuyen a su estructura; ésta no es por completo heredada genéticamente ni congénita. El director del Centro Reina Sofía para el Estudio de la Violencia en Valencia, José Sanmartín, explica:

> [...] los estudios muestran que determinadas còndiciones de vida pueden llegar a alterar las estructuras cerebrales que controlan los impulsos. Es decir, que una situación de maltrato reiterado puede dejar huella en el cerebro del niño, todavía en fase de maduración. Niños sometidos a malos tratos sistemáticos tienen la amígdala hasta un 12% más reducida. El maltrato puede dañar los circuitos cerebrales que controlan los instintos agresivos. [...] Sabemos que los niños maltratados también presentan afectación en las conexiones entre los dos hemisferios a través del cuerpo calloso. Las conexiones entre la amígdala o el hipocampo y la corteza prefrontal son muy importantes, porque la corteza es el lugar donde residen los mecanismos de la conciencia. En ella comparamos opciones, evaluamos consecuencias, elegimos entre disyuntivas, y decidimos llevarlas a la práctica o no. Luego impregnamos de sentimiento esas acciones. Y todo eso lo hace la corteza prefrontal, que lee e interpreta los impulsos que llegan de la amígdala y los potencia o los inhibe según esa valoración.[11]

---

[11] *Apud*, Milagros Pérez Olivia. "¿Por qué puede matar un niño?". *El País Semanal*, 30 de enero de 2009. Disponible en <goo.gl/NURmd7> [Consulta: enero de 2014].

Es preciso releer esta extensa cita con cuidado, pues afirma más de lo que a primera vista parece. Por una parte asevera que el maltrato y el abuso pueden causar lesiones *físicas*, entre cuyas consecuencias es posible contar –como *causa eficiente*, diría Aristóteles– la incapacidad para controlar las pulsiones instintivas. Por otra parte, aunque la responsabilidad por el acto violento *en última instancia* recae en el tipo de crianza y en la educación que ha recibido el individuo, se invocan motivos neuropsicológicos en calidad de *causa final*. El concurso de diversos niveles de interpretación es consistente con la complejidad del asunto, pero aquí parece privilegiarse el factor social, posición que comparten en general las organizaciones no gubernamentales (ONG) que defienden los derechos de la niñez y la propia Organización de las Naciones Unidas (ONU), a través del Fondo para la Infancia (UNICEF, por sus siglas en inglés) y del Centro Internacional para el Desarrollo del Niño. En un importante texto publicado por esta última institución, se lee: "No hay una evidencia clara de que existan causas genéticas de la violencia, pero puede haber una predisposición en el temperamento de los individuos. Las influencias genéticas y sociales están entrelazadas de un modo inextricable".[12] Aunque la primera parte de la cita es discutible, pues desde 1999 hasta ahora los avances de la neurociencia han sido espectaculares, la breve conclusión sigue siendo completamente válida. De cualquier forma, ello no garantiza que los ambientalistas caminen con seguridad en el delgado hielo del problema. El documento referido cita una investigación estadounidense donde se sostiene que los niños que han padecido abandono tienen 53% mayores posibilidades de ser arrestados durante la adolescencia; y también un pormenorizado estudio británico donde se asienta que entre los niños que han matado o cometido un delito grave (violento), el 72% había experimentado abusos; el 57%, una pérdida importante (padres o cuidadores directos); y el 91%,

---

12 Centro Internacional para el Desarrollo del Niño del Fondo de las Naciones Unidas para la Infancia. *Innocenti digest. Niños y violencia*. Florencia: UNICEF, 1999, p. 15. Disponible en <goo.gl/nqGSFR> [Consulta: enero de 2014].

uno o los dos hechos traumáticos. A pesar de que los números parecen marcar una tendencia definitiva, el problema nuevamente rebasa los límites estadísticos. En primer lugar, no se sabe cuántos niños en general –delincuentes o no– han sufrido maltrato o pérdidas importantes: quizá los resultados sólo reflejan, un poco acentuada, cierta realidad poblacional no necesariamente vinculada de forma tan estrecha con la comisión de crímenes. Por otra parte, el propio texto aclara: "no todos los niños que experimentan estos fenómenos [–abuso y abandono–] se vuelven violentos, y no todos los que comenten actos violentos han sufrido estos traumas".[13]

Ahora bien, aun dando por sentado –de lo cual estamos muy lejos– que comprendemos la fórmula precisa en la que se mezclan las determinaciones sociales o ambientales –culturales, de clase, económicas, históricas, familiares, psicológicas– con las físicas –heredaras o adquiridas, genéticas o accidentales–, quedaría en pie que sólo habríamos desvelado una de las dos caras de la medalla. La otra, claro está, es la *libertad*, con mucho el ingrediente más difícil de entender. De entrada se trata de un concepto que, a menos que lo aceptemos vacío y sin significado, debemos detallar; pero al cual, precisamente, cada determinación –entendida como origen de un acto, sea cual sea su raíz– niega su carácter de indeterminado o libre. Se entiende que si somos capaces de identificar un origen exacto a los actos de los asesinos –trátese de una malformación cerebral, de la educación en un contexto hostil, de una infancia agredida, de una larga fila de ancestros psicológicamente enfermos, de un medio social inmediato y mediato que valora favorablemente la violencia y la premia, e incluso de la conjunción de todos estos elementos–, entonces, no podríamos asegurar que su conducta es completamente *libre*; esto es –digamos como primera aproximación– que habrían podido obrar de otro modo y no cometer el crimen. En consecuencia, sería necesario aceptar que no tienen *responsabilidad moral* ninguna respecto de las fechorías cometidas.

---

[13] *Ibidem.*

Más que teorías contrastadas a este respecto, el principal argumento que tenemos a favor es la sensación subjetiva que va aparejada a toda conciencia: nos sentimos capaces de *elegir* nuestra conducta hasta en las situaciones más comprometidas, y tal forma de autoconsciencia autónoma, la experiencia de la libertad –que puede ser angustiante o comprometida, asumida o rechazada– se da tanto en el individuo común y corriente como en el antisocial.

Suponemos que a diferencia de los psicóticos –y no hay razones para pensar que alguno entre los niños y las niñas quienes aparecen en este libro lo era–, los psicópatas tienen una relación con la realidad suficientemente sólida e inequívoca como para asegurar que cualquiera de sus decisiones –incluso la de matar a alguien– sucede *por* y *a través* de su voluntad. A este propósito existe un amplio consenso legislativo, mientras que psicólogos y psicoanalistas sostienen a veces posiciones más reservadas. La psiquiatra Ada Patricia Mendoza, por ejemplo, afirma que los homicidas "son seres humanos iguales a cualquiera de nosotros, pero que tuvieron la desgracia de enfermar de una parte de su cuerpo (alguna parte del cerebro) en un momento de su vida y que por ello necesitan nuestra comprensión, apoyo y tratamiento".[14] Así pues, no cree que existan personas *malas*, sino sólo personas enfermas; no es, sin embargo, una postura generalizada.

En el *Manual diagnóstico y estadístico de los trastornos mentales, cuarta edición* (*Diagnostic and Statistical Manual of Mental Disorders,* DSM-IV), de la American Psychiatric Association de Washington, obra de referencia obligada para el diagnóstico de las enfermedades mentales y, con seguridad, el texto de mayor influencia y credibilidad en su definición, se especifica que el trastorno antisocial de la personalidad –que "también ha sido denominado psicopatía, sociopatía

---

[14] Ada Patricia Mendoza. *Cómo entender al homicida*. Ciudad de México: Trillas, 2013, p. 134.

o trastorno disocial de la personalidad"–[15] debe ser diagnosticado tomando en cuenta los siguientes criterios:

A. Un patrón general de desprecio y violación de los derechos de los demás que se presenta desde la edad de 15 años, como lo indican tres (o más) de los siguientes ítems:

   1. fracaso para adaptarse a las normas sociales en lo que respecta al comportamiento legal, como lo indica el perpetrar repetidamente actos que son motivo de detención;
   2. deshonestidad, indicada por mentir repetidamente, utilizar un alias, estafar a otros para obtener un beneficio personal o por placer;
   3. impulsividad o incapacidad para planificar el futuro;
   4. irritabilidad y agresividad, indicados por peleas físicas repetidas o agresiones;
   5. despreocupación imprudente por su seguridad o la de los demás;
   6. irresponsabilidad persistente, indicada por la incapacidad de mantener un trabajo con constancia o de hacerse cargo de obligaciones económicas;
   7. falta de remordimientos, como lo indica la indiferencia o la justificación del haber dañado, maltratado o robado a otros;

B. El sujeto tiene al menos 18 años.
C. Existen pruebas de un trastorno disocial que comienza antes de la edad de 15 años.
D. El comportamiento antisocial no aparece exclusivamente en el transcurso de una esquizofrenia o un episodio maníaco.[16]

---

[15] American Psychiatric Association. *Manual diagnóstico y estadístico de los trastornos mentales (DSM-IV)*, director de la versión en español Juan J. López-Ibor Aliño. Barcelona-París-Milán: Masson, 1995, p. 662.
[16] *Ibidem*, p. 666.

En estudios específicos sobre la psicopatía, más minuciosos, pueden hallarse otras características. El listado pionero –elaborado por Hervey Cleckley en un texto ya clásico, *La máscara de la cordura: un intento por aclarar algunos puntos sobre la así llamada personalidad psicopática*–[17] incluye entre otros los siguientes rasgos, que pueden o no agregarse a los registrados en la cita anterior: encanto superficial; inteligencia promedio o por encima de la media; ausencia de ilusiones y otros signos de pensamiento irracional; ausencia de ansiedad u otros síntomas "neuróticos"; equilibrio, tranquilidad y facilidad de palabra; egocentrismo patológico; incapacidad de amar; carencia generalizada de emociones profundas y duraderas; incapacidad de verse a sí mismo como otros lo hacen; falsos intentos de suicidio; vida sexual impersonal, trivial y mal integrada; fracaso en concebir un plan de vida.

Sobre este antecedente, el psicólogo Robert D. Hare, de la University of British Columbia, en Vancouver, publicó en los años setenta su propia versión de las marcas distintivas del psicópata, la cual revisó en 1991; extraigo de su trabajo únicamente algunos ítems –de los veinte propuestos por él– que refieren conductas no expuestas en lo que antecede o que explicitan las ahí consignadas: autoestima ostentosa; propensión al aburrimiento; mentirosos patológicos; manipuladores; comportamiento sexual promiscuo.[18]

Me he ocupado en enunciar con cierta prolijidad las características más relevantes de la psicopatía porque en las narraciones que componen este libro el lector se topará con muchas de ellas una y otra vez. ¿Es posible que los niños sean considerados psicópatas?

---

[17] Hervey Cleckley. *The Mask of Sanity: An Attempt to Clarify Some Issues about the So-Called Psychopathic Personality*, Mosby, (1ª edición 1941) 5a edición. Augusta: Emily S. Cleckley, 1988, pp. 339-364.

[18] Robert D. Hare. *The Psychopathy Checklist – Revised*. Toronto: Multi-Health Systems, 1991. Disponible en <goo.gl/gMHCX5> [Consulta: enero de 2014]. En español véase, del mismo autor: Robert D. Hare. *Sin conciencia. El inquietante mundo de los psicópatas que nos rodean*. Ciudad de México: Paidós, 2016 [1993].

Al respecto existe un prolongado y no resuelto debate entre los especialistas. Como se habrá advertido más arriba, de los criterios del DSM-IV el marcado con el inciso B enuncia llanamente la condición de que el sujeto tenga al menos dieciocho años para que se le aplique el diagnóstico. Los puristas explican que, tratándose de un trastorno de la personalidad, sería un error asignarlo a alguien cuya personalidad, precisamente, no se ha consolidado. Antonio Andrés Pueyo, catedrático de la Universidad de Barcelona, es de esa opinión: "Yo creo que no [cabe hablar de psicopatía], ni en el caso de los niños, ni en el de los preadolescentes. La psicopatía es un trastorno de la personalidad, y ésta no acaba de madurar hasta el final de la adolescencia, aunque es difícil establecer límites precisos porque es un proceso".[19] Por otra parte, muchos profesionales de la salud mental sostienen que es perfectamente válido hablar de este fenómeno en menores. Quien lea las páginas a continuación podrá simpatizar con esta postura, pues en los siguientes relatos hallará aquí y allá la ausencia de empatía –que está en la base de la crueldad extrema hacia personas y animales–, los intentos de manipulación, la impulsividad agresiva y sexual, la arrogancia jactanciosa, la mentira recurrente y gratuita, la incomprensible falta de remordimiento y, en fin, una gran cantidad de los elementos que perfilan la psicopatía.

Sin embargo, no es prudente anticipar conclusiones. El sociólogo Ramón Quilis Alemany pone el dedo en la llaga al observar: "Muchos psiquiatras consideran que sí se puede hablar de psicopatía en menores. El problema es que la psicopatía no afecta a la voluntad –el agresor sabe lo que hace–, pero la legislación considera que los menores, hasta cierta edad, son irresponsables".[20]

Y en efecto, ese es el *quid* del asunto. ¿Son los niños y las niñas cuyos actos aquí describimos responsables de su comisión? Antes

---

[19] Milagros Pérez Olivia. *Op. cit.* En este mismo artículo se cita la declaración del médico forense José Antonio García Andrade, quien sostiene que antes de los dieciocho años: "podemos hablar de [...] personalidad inmadura, pero no de psicopatía".
[20] *Ibidem.*

de aventurar una respuesta debemos considerar que, como se ha dicho, a los asesinos psicópatas se les considera –aunque nunca con pruebas indubitables– personas moralmente punibles; es decir, se piensa que actuaron con libertad y conciencia al realizar sus crímenes. Prueba indirecta de ello es que no todos los psicópatas son delincuentes, ni todos los delincuentes psicópatas. Por otro lado, en quienes sí lo son, la terapia y la reintegración social –así como los castigos físicos o psicológicos– se han estrellado repetidamente con la persistencia antisocial de este tipo de personalidad: los psicópatas no pueden ser rehabilitados. ¿Debemos suponer que ni siquiera los menores que presentan rasgos psicopáticos son reformables?

En 1809 el científico francés Philippe Pinel, a quien debemos una de las primeras descripciones de este fenómeno, lo llamó "locura sin delirio"; unas décadas más tarde, en 1835, J. C. Pritchard nombró "locura moral" al patrón de conducta de quien actuaba sin restricciones ni remordimientos. En ambos casos, me parece, la inclusión del vocablo "locura" apuntaba hacia una *enfermedad*; vale decir, a un proceso patológico que sucede al margen del individuo y afecta su salud mental, impidiendo en consecuencia su libre decisión. Hoy las cosas se consideran de otro modo. El doctor Hugo Marietan, psicoanalista argentino, explica en una entrevista de 2008: "No hay posibilidad de rehabilitación [para el psicópata], pues nada está alterado en sentido patológico, dado que [la psicopatía] no es una enfermedad. Al considerarse una *manera de ser*, no hay posibilidad de tratamiento". [21]

¿Se trata, pues, de personas *esencialmente* distintas a nosotros? Es cierto que la mayoría nos sentimos ajenos a las pasiones y los

[21] María Laura Quiñones Urquiza. "Dr. Hugo Marietan, la psiquiatría argentina para el mundo". En *Mens Rea Actus Reus*, 1 de septiembre de 2008. Disponible en: <goo.gl/Qt8eC5> [Consulta: enero de 2014]. Aunque no todos comparten la idea de que este trastorno es *una manera de ser*, sí puede hablarse de que un amplio grupo de profesionales piensa que la psicopatía no es una enfermedad en el sentido en que afecte la voluntad del individuo determinándolo a actuar de una manera precisa, sin opción de modificarla.

odios del sádico, a los turbios placeres del asesino, a los aberrantes rituales del homicida, a las pesadillas atroces del antisocial o a la dulzura que encuentran en la sangre ajena, pero me niego a pensar en ellos como *in-humanos*. Existe una gran cantidad de cuestiones abiertas a este propósito. Quizá no sea posible responderlas todas; pero si hemos de intentarlo, conviene empezar desde el principio: consultemos a los *niños malos*.

Referencias

AMERICAN PSYCHIATRIC ASSOCIATION. *Manual diagnóstico y estadístico de los trastornos mentales (DSM-IV)*, director de la versión en español: Juan J. López-Ibor Aliño. Barcelona-París-Milán: Masson, 1995.

CENTRO INTERNACIONAL PARA EL DESARROLLO DEL NIÑO DEL FONDO DE LAS NACIONES UNIDAS PARA LA INFANCIA (UNICEF). *Innocenti digest: niños y violencia*. Florencia: UNICEF, abril de 1999. Disponible en <goo.gl/nqGSFR> [Consulta: enero de 2014].

CLECKLEY, HERVEY. *The Mask of Sanity: An Attempt to Clarify Some Issues about the So-Called Psychopathic Personality* (5a ed.). Augusta: Emily S. Cleckley, 1988.

CORBIS. "Un niño de tres años mata a su hermano de dos con una escopeta". *RT Sepa más*, 23 de octubre de 2011. Disponible en <goo.gl/3L4Kbu> [Consulta: enero de 2014].

FREUD, SIGMUND. "Nuevas lecciones introductorias al psicoanálisis [1932]". En *Obras completas*, vol. 23. Buenos Aires: Siglo XXI Editores, 2017.

FREUD, SIGMUND. "Tres ensayos para una teoría sexual [1905]". En *Obras completas, vol. 9*. Buenos Aires: Siglo XXI Editores, 2017.

GARRIDO, ANNER. "Niños asesinos ¿nacen o se hacen?". En *Anatomía del crimen*, 23 de enero de 2011 (en línea). Disponible en <goo.gl/tMeXb5> [Consulta: enero de 2014].

GARRIDO, ANNER. "Psicopatía y criminalidad". En *Anatomía del crimen*, 4 de marzo de 2012 (en línea). Disponible en <goo.gl/7uQfPb> [Consulta: enero de 2014].

Hare, Robert D. *The Psychopathy Checklist-Revised*. Toronto: Multi-Health Systems, Toronto, 1991. Disponible en <goo.gl/gMHCX5> [Consulta: enero de 2014].

Hare, Robert D. *Sin conciencia. El inquietante mundo de los psicópatas que nos rodean*. Ciudad de México: Paidós, 2016 [1993].

Knight-Jadczy, Laura. "¿Qué es un psicópata?". En *Psicopatía y ponerología* (en línea). Disponible en <goo.gl/EUhpgp> [Consulta: enero de 2014].

León Mayer, Elizabeth. "La psicopatía: diagnóstico diferencial con el trastorno de personalidad antisocial y el trastorno límite de personalidad". *Asociación Latinoamericana de Psicología Jurídica y Forense* (en línea). Disponible en <goo.gl/HquLHF> [Consulta: enero de 2014].

Luna, Reyna. "Muere niña de cinco años: la asesina su hermano". *CONEXIONTOTAL.mx*, 28 de febrero de 2012 (en línea). Disponible en <goo.gl/xMjDee> [Consulta: enero de 2014].

Marietan, Hugo. "Los rasgos psicopáticos en la niñez". *Semiología psiquiátrica y psicopatía*. Disponible en <goo.gl/65z2ks> [Consulta: enero de 2014].

Marietan, Hugo. "XYY, el Arropeiro". *Psicopatía, psicópatas y complementarios* (en línea). Disponible en <goo.gl/aGXtVK> [Consulta: enero de 2014].

Mendoza, Ada Patricia. *Cómo entender al homicida*. Ciudad de México: Trillas, 2013.

Pérez Olivia, Milagros. "¿Por qué puede matar un niño?". *El País Semanal*, 30 de enero de 2009. Disponible en <goo.gl/NURmd> [Consulta: enero de 2014].

Quiñones Urquiza, María Laura. "Dr. Hugo Marietan, la psiquiatría argentina para el mundo". *Mens Rea Actus Reus*, 1 de septiembre de 2008. Disponible en <goo.gl/Qt8eC5> [Consulta: enero de 2014].

Raine, Adrian. "Violence: Brain Mechanisms and Moral Responsibility", ponencia presentada en el simposio Neurobiology of Escalated Aggression and Violence, celebrado en San Diego, California, el 11 de mayo de 2007. *Neuroscience 2007*. Disponible en <goo.gl/7K6oWf> [Consulta: enero de 2014].

Society for Neuroscience. Disponible en <goo.gl/v2khM6> [Consulta: enero de 2014].

Wright, Ronaldo. "Acerca de niños y jóvenes que matan". En *Centro de Estudios Sociales Argentino*, 9 de junio de 2010 (en línea). Disponible en <goo.gl/TQvrLE> [Consulta: enero de 2014].

El Petiso Orejudo
(nueve años)

—¿*No tiene remordimiento de conciencia?*
—*Señor, ¿qué es eso? No sé de qué me está hablando.*
CAYETANO SANTOS GODINO, en interrogatorio policial

Si alguien quisiera defender la hipótesis de que cierto tipo de asesinos posee el estigma de manera innata, sin capacidad para dominar sus impulsos ni de concebir el propósito de orientarse en otra dirección, le convendría elegir como un argumento difícilmente refutable el caso de Cayetano Santos Godino. Desde luego su historial no basta para llegar a una conclusión definitiva, pero al recorrerlo es ineludible la impresión de que este chico *nació para matar*.

Llegó al mundo el 31 de octubre de 1896 en Buenos Aires, Argentina. Sus padres habían abandonado Italia ocho años antes, en busca de mejores condiciones de vida, pues Calabria –la región desde la cual emigraron, al sur de la bota peninsular– era hacia finales del siglo XIX una de las más pobres de Europa.

Tenía una familia numerosa; la componían, además de sus padres –Fiore Godino y Lucía Ruffo–, cinco hermanas y dos hermanos. Los diez vivían hacinados en una vivienda modesta en el barrio de Parque Patricios, el cual junto con Almargo marcaba por aquellos años los límites de la capital. Se trataba de arrabales suburbiales en los que coexistían ranchos y *quintas* de retiro con casas de trabajadores irregulares que laboraban en ellas, empujados a la periferia de la ciudad, entre la urbe y la pampa.

Uno de ellos era precisamente Fiore Godino, de oficio "farolero" –según consta en documentos oficiales– o, a decir de otras fuentes, albañil; con toda probabilidad ambas atribuciones son ciertas y aún cabría agregar actividades análogas. Sabemos que era sifilítico, dipsómano y golpeador, lo cual no puede considerarse infrecuente entre los individuos de su época y condición social.

Puesto que la enfermedad venérea precedió al nacimiento de Cayetano Santos, cabe suponer que Lucía Ruffo estaba contagiada al momento de dar a luz, lo cual ha permitido especular que tal infección fue la causa de las anormalidades mentales del muchacho. Aunque la idea no puede descartarse, no es definitiva desde un punto de vista médico; en cualquier caso, habiéndose extraviado los restos del homicida, no existe manera de confirmarla. Sabemos, en cambio, que el niño fue débil y enfermizo desde su nacimiento, y que una enteritis reincidente –enfermedad a menudo asociada con la falta de higiene en los alimentos– lo tuvo varias veces próximo a la muerte durante su infancia y, sin duda, contribuyó a su estatura pequeña (1.50 m) y constitución delgada, lo que más tarde le merecería el apodo *El Petiso*.

El alcoholismo paterno tuvo en apariencia el efecto de predisponer a la misma adicción a Cayetano –sea por causas genéticas, culturales o por ambas–, a propósito de lo cual el asesino diría más adelante que la ingesta de licor lo impulsaba a matar.[1] Si bien no hay razones para poner en duda la veracidad de la declaración, tampoco

---

[1] "Godino manifestó cometer el crimen bajo la influencia de un ataque que experimenta desde hace cinco años y medio casi siempre los sábados porque bebe, que le da periódicamente y que se traduce en ganas de matar. Casi todos los días toma tres copas de whisky o de grapa, excepto los días que no tiene dinero". *Síntesis de la indagatoria a Cayetano Santos Godino llevada a cabo entre el 4 y el 5 de diciembre de 1912 en el Departamento Central de Policía.* Archivo General de los Tribunales, Sección Penal, Legajo número 2255-Criminal, 1er Cuerpo, folios 48-62. Buenos Aires. Disponible en <goo.gl/RjQJPq> [Consulta: septiembre de 2012].

debe exagerarse: mucho antes de empezar a beber ya había manifestado sus irresistibles tendencias criminales.

De Fiore Godino repiten prácticamente todos los textos que abordan el caso de su hijo que es la génesis de su violencia. En las implacables tundas que le propinaba a éste se ha querido hallar la explicación de su conducta posterior, que según tal punto de vista no hizo sino reproducir, exagerando, la brutalidad experimentada durante sus primeros años de vida. Por fortuna este vínculo causal es insostenible, pues de otro modo la cantidad de asesinos seriales pasados y presentes sería inconmensurable, empezando por los propios hermanos de Cayetano. Por supuesto, no sugiero que las golpizas prodigadas por el obrero italiano a su familia carecieran de consecuencias en la carrera delictiva de *El Petiso*, pero la complejidad del problema rebasa con vastedad esta simplificación mecánica.

Fiore era, sin duda, una persona agresiva y poco comedida. Sabemos que el principal objeto de su ira era Lucía Ruffo; lo afirma el propio Cayetano frente a la autoridad, y no se incluye ni a él ni a sus hermanos como víctimas de las palizas paternas. De hecho, reduce los episodios de furia tempestuosa a los momentos en los cuales su padre estaba borracho (los cuales eran bastante frecuentes), y añade incluso que para cuando realiza su declaración éste ya había dejado de beber: "[Dice] Que su madre sólo bebe agua y que su padre fue ebrio hasta hace casi un año. Su padre ebrio golpeaba a su esposa, pero cree que no ha cometido ningún delito".[2]

Yo tampoco lo creo (si omitimos, claro, las mencionadas palizas). Como tendremos oportunidad de comprobar más adelante, este hombre se interesó por el muchacho y, en la medida de lo posible, intentó por los medios a su alcance –ciertamente escasos y primitivos– corregir o contener su incomprensible conducta.

El psiquiatra José Miguel Gaona afirma en una entrevista[3] que se "Llegaron a contabilizar prácticamente treinta heridas en su cabeza

---

[2] *Ibidem.*
[3] Cuarto Milenio. "El Petiso Orejudo". *YouTube* (video). Disponible en <https://bit.ly/2OYZuEI> [Consulta: septiembre de 2012].

cuando lo examinaron los forenses". Algunos han visto en ello pruebas contundentes de la ferocidad del padre, y el propio especialista
sugiere que las anomalías del homicida pueden explicarse por tales
lesiones. Se trata de opiniones apresuradas y sin fundamento. Puesto
que el estudio forense se realizó sobre el cadáver y, en consecuencia, después de que Cayetano recibiera durante años las zurras que
le propinaban los reos en el penal de Ushuaia, no es posible saber si
alguna o algunas de estas marcas fueron obra de su padre ni si ya las
tenía a los siete años, cuando manifestó por primera vez de manera
grave sus disposiciones delictivas.

Ya antes, por cierto, era rebelde e incontrolable. Entró a la escuela a los cinco años y rápidamente fue expulsado. Desde esa edad y
hasta los diez años pasó por varias instituciones educativas (no hay
documentos para precisar el número), de las cuales fue echado por
su mala conducta, su incapacidad para concentrarse y su completo
desinterés respecto de los estudios. A juzgar por las descripciones
que posteriormente harían de él psicólogos, criminólogos y policías
a partir de entrevistas, se trataba más bien de un chico inhibido, tími-
do y callado, pero absolutamente desobediente y voluntarioso, domi-
nado por un carácter de taimada violencia. A partir de que se cuenta
con fuentes documentales medianamente confiables lo encontramos
–en la Colonia de Menores, en el hospital psiquiátrico, en la cárcel–
actuando solo. Se sabe de un único amigo que tuvo en toda su vida:
Alfredo Tersi, algo mayor que él, quien lo inició en el robo de relo-
jes para venderlos después por una bicoca. No es arriesgado suponer que tal aislamiento se manifestó durante la infancia y que formó
parte de su rechazo al colegio, al tiempo en que quizá surgió parcialmente de él. Con la crueldad propia de la infancia, es seguro que a
sus condiscípulos no les pasaron inadvertidas las formidables orejas
de Cayetano y, de inmediato, las convirtieron en objeto de burla y
chacota. El inevitable apodo, *La Oreja*, pronto se condensó con el

referido a su talla, dando por resultado el sobrenombre con el que se le recuerda más de un siglo después: *El Petiso Orejudo*.[4]

Sus encuentros con la enseñanza fueron intermitentes e irregulares. Cuando dejó de asistir definitivamente al colegio, poco antes de los diez años, aún no sabía leer ni escribir. Prefería vagar sin rumbo por las calles de los barrios circundantes, demorándose frente a conventillos, pulperías y vecindades mientras anidaba pensamientos y fantasías de un sadismo abyecto y precoz.

Demasiado pronto se convirtieron en realidades. Miguel de Paoli (o Depaoli) tenía sólo un año y nueve meses cuando tuvo la mala fortuna de toparse con Cayetano, a quien todavía le faltaban un mes y días para cumplir los ocho; era el 28 de septiembre de 1904. Las crónicas coinciden en que lo condujo a un baldío "con engaños", pero ninguna ofrece mayores especificaciones. Una vez ahí lo golpeó, arrojó al pequeño sobre unos arbustos con espinas y estaba a punto de descargarle un ladrillo en la cabeza cuando fue visto por un policía, quien se llevó a ambos niños a la comisaría, de donde fueron recogidos más tarde por sus respectivas madres.[5] Para explicar el hecho a la suya *El Petiso* arguyó –fuera de toda verosimilitud, como sucedería con frecuencia– que el otro chico lo había agredido inicialmente.

---

4   Véase María Carolina Zapiola. "Niños asesinos de niños: el caso del Petiso Orejudo (Argentina, comienzos del siglo xx)". *Nuevo Mundo Mundos Nuevos*, 15 de septiembre de 2006 (en línea). Disponible en <https://bit.ly/2DhbMlV> [Consulta: septiembre de 2012].

5   Esta es la versión más socorrida. En una revista de la época, citada por Carolina Zapiola (*ibidem*, "Causas célebres. El caso Godino. Vista fiscal. Por el Dr. E. Coll. Agente Fiscal". *Revista de Criminología, Psiquiatría y Medicina Legal*. Buenos Aires, 1913), se relata así el episodio: "En 1904, cuando tenía ocho años, intentó matar al niño de veinte meses Miguel de Paoli, pero por motivos desconocidos lo llevó a la comisaría 10° [*sic*] con la cabeza estropeada y la cara desfigurada por varias lesiones, pretendiendo haberlo encontrado en un terreno baldío". La *Síntesis de la indagatoria…* ofrece la siguiente versión, que es consistente con lo expuesto, pero que ubica el hecho como posterior a otros que según la cronología habitual no le precedieron: "tomó un chico de una cigarrería de Belgrano y Maza, que cree que era varón y apenas caminaba, lo llevó a un baldío […], lo arrojó sobre unas espinas y no le hizo nada más porque estaba el vigilante en la esquina". Conviene observar que este tipo de discrepancias aparecen en casi todos los casos. Para no entorpecer la fluidez de la lectura sólo señalaré las más relevantes.

En 1905 Cayetano Santos logra llevar hasta otro terreno baldío a una niña de nombre Ana Neri; se dice que nuevamente con "engaños" aunque no parece ser necesario, pues apenas tiene un año y seis meses. Esta vez se vale de una piedra para golpearla repetidamente en la cabeza. No logra matarla porque el azar lo impide, otra vez en la forma de un policía de barrio que detiene el crimen y lleva al infractor a la delegación policiaca. En vano: no pueden detenerlo porque cuenta con sólo ocho años de edad y esa misma noche queda libre.[6] La versión dada por *La Revista de Criminología…* es notablemente distinta: "Poco tiempo después condujo a Ana Leri [sic] a un descampado y la golpeó hasta creerla muerta, tras lo cual fue a buscar al padre de la niña para anunciárselo. La encontraron viva, pero con lesiones tan graves que tardó seis meses en curarse".[7]

El texto citado continúa con un pasaje que contiene datos imprecisos sobre el primer asesinato que concretó Godino: "Más adelante, el 7 de septiembre de 1908, estranguló y enterró viva en otro terreno baldío a una criatura de meses, aunque este crimen no logró ser probado".[8] El evento sucedió el 29 de marzo de 1906; es decir, más de dos años antes de lo arriba calculado, cuando El Petiso contaba con nueve. La pequeña tenía alrededor de tres años y su nombre era probablemente María Rosa Face (o María Roca Face). En efecto, Cayetano intentó estrangularla y, sea porque fracasó en la tentativa o porque cambió de idea, terminó enterrándola aún con vida en una cuneta, la cual cubrió con latas y otro tipo de basura. Este homicidio fue conocido hasta diciembre de 1912, cuando el asesino confesó los delitos que recordaba. Para entonces, el sitio donde supuestamente fue sepultada la niña estaba ocupado por una casa de dos pisos re-

---

[6] Esta es la versión de la *Síntesis de la indagatoria*: "recordó que en la calle Liniers, en un conventillo que […] puede ubicar, tomó a un chico [sic] que era habitante de la misma casa y se fue con él hasta la calle Loria en un baldío que puede ubicar dónde colocó al chico en el suelo y luego arriba una piedra grande y quedó descuajado el chiquilín. Fue sorprendido por un vigilante que lo dejó detenido al cuidado de un menor […] y por la noche concurrió su padre a la Comisaría 10ª y esa misma noche lo dejaron en libertad".

[7] *Apud* Carolina Zapiola, *op. cit.*

[8] *Ibidem.*

cientemente construida, de suerte que no pudo hallarse el cadáver. La identidad de la víctima y la fecha de su fallecimiento se derivan de que en los archivos de la Comisaría número diez quedó registrado el 29 de marzo de 1906 el aviso de desaparición de María Roca Face, una niña de tres años de edad que nunca fue encontrada.[9]

Apenas siete días después del asesinato Fiore Godino descubrió, mal escondidos en una caja debajo de la cama de Cayetano Santos, varios cadáveres de ave en descomposición, mutilados y con señas de tortura, además de otro que se hallaba en un zapato de su hijo. Con seguridad no eran los primeros: la inmensa mayoría de los (futuros) psicópatas practica en la infancia la persecución y el tormento de los animales que encuentra a su paso; *El Petiso* distaba de ser la excepción y ciertamente había ya ejercitado su sevicia en innumerables perros, gatos y aves domésticas y de corral, a los cuales mataba lentamente para observar excitado cómo agonizaban. Sin embargo, esta última reincidencia fue la gota que derramó el vaso de la paciencia paterna. Ante la imposibilidad de controlar la implacable conducta del niño –¡aún tenía nueve años!– Fiore optó por pedir auxilio a las autoridades y lo llevó a la Comisaría. Transcribo enseguida un fragmento del acta original:

> En la Ciudad de Buenos Aires, a los 5 días del mes de abril del año 1906, compareció una persona ante el [...] comisario de investigaciones, la que [...] dijo llamarse Fiore Godino, ser italiano, de 42 años de edad, con 18 de residencia en el país, casado, farolero y domiciliado en la calle 24 de Noviembre 623. Enseguida expresó: que tenía un hijo llamado Cayetano,

---

[9] En la *Síntesis de la indagatoria* los hechos quedaron referidos así: "Godino declaró recordar que antes de ir a Marcos Paz había cometido un hecho análogo hallando del cuello [*sic*] a una mujercita que apenas caminaba y que tuvo que cargar en brazos. Habiéndola enterrado viva en un sitio de la calle Río de Janeiro, al lado del corralón de la Asistencia Pública, pudiendo indicar el lugar si lo dejan a él. Dijo que del hecho nadie se enteró [...]. Luego Godino recordó que el chico [*sic*] que enterró en la calle Río de Janeiro vivía en un almacén a una cuadra de distancia de la Comisaría 12".

argentino, de 9 años y 5 meses, el cual es *absolutamente rebelde a la represión paternal*, resultando que molesta a todos los vecinos, arrojándoles cascotes e injuriándolos; que deseando corregirlo en alguna forma, recurre a esta Policía para que lo recluya donde crea oportuno y para el tiempo que quiera.[10]

Como resultado de esta gestión Cayetano Santos fue encerrado en la Alcaldía Segunda División durante algo más de dos meses, tras los cuales regresó a sus terrenos y a sus costumbres. Los cronistas añaden la irrupción de un hábito sumamente acendrado a estas alturas: la masturbación compulsiva, al menos tres veces diarias, resultado de constantes fantasías morbosas y del propio recuerdo de sus crímenes.[11]

El elemento sexual en el complejo psicológico de *El Petiso* reviste una gran importancia, no siempre reconocida debido a que los funcionarios y periodistas de la época literalmente no sabían cómo comunicarlo sin escandalizar o simplemente provocar el escepticismo de los ciudadanos, ajenos –o reacios– a la noción de sexualidad infantil. Carolina Zapiola apunta: "Estimamos que lo no-dicho se vinculó con las representaciones de los niños, del cuerpo infantil y de las formas y grados de violencia que sobre ellos se concebía lícito ejercer [...] en la etapa. En tal sentido, el 'menorcito' y su 'cuerpecito' no podían ser pensados como los objetos sexuales –los seres sexuales– que [eran] para el asesino".[12]

---

[10] Óscar Gagliardi, Juan la Terza y Jorge Manrique. *El Museo del Crimen de la Policía Federal* (Biblioteca Policial). Buenos Aires, 1946, p. 149 (el énfasis es mío). Disponible en <https://bit.ly/2zhppNg> [Consulta: septiembre de 2012]. Jorge Algora, el director de la cinta *El niño de barro*, que aborda la trayectoria de Cayetano Santos, desestima el que Fiore haya obrado con buena voluntad al solicitar que se recluyera a *El Petiso*. Según dice en entrevista en línea (Cuarto Milenio, *op. cit.*) "sólo deseaba deshacerse de él". Discrepo de esta opinión, ya que los padres recogen libremente a Cayetano dos meses después y, como se verá más adelante, también propiciarán su salida de un reformatorio llevándolo de nuevo a la casa familiar.

[11] "Más tarde Godino confesaría que se masturbaba evocando la imagen de las víctimas asfixiándose". Carolina Zapiola, *op. cit.*, nota 13.

[12] *Ibidem*, § 10.

Después de dos años de relativa paz, que pudieron sugerir a los padres que el castigo había tenido buen éxito, el 9 de septiembre de 1908 Cayetano intenta nuevamente quitar la vida a un niño. Esta vez se trata de Severino González Caló, de apenas dos años (o año y medio), a quien a través de varias calles lleva hasta una bodega en la que hay un pozo para caballos. Ahí arroja al pequeño con la intención de ahogarlo y coloca encima del estanque una tabla. Toda vez que el pequeño logra quitársela de encima, *El Petiso* la pretende acomodar de nuevo y en ese momento es descubierto; según algunas versiones, por Zacarías Caviglia, dueño del local; según la *Síntesis de la indagatoria* –en este caso más creíble–[13] por los peones del depósito, quienes rescatan al niño casi sin aliento, detienen al malhechor y lo entregan en la Comisaría número doce. No creen, por supuesto, la dudosa historia del falsario según la cual estaba salvando a la criatura de la pileta, adonde la había hundido "una mujer vestida de negro". Sin embargo, las autoridades no toman en serio a un criminal que aún no cumple los doce años: lo descuidan y Godino se evade. Después de unas horas de estar prófugo es apresado otra vez; pasa encerrado esa noche y al día siguiente su madre lo saca de su detención (difícilmente sin la aprobación de Fiore).

En mala hora queda libre. Sólo seis días después, el 15 de septiembre de 1908, quema con un cigarro encendido los párpados de Julio Botte, un pequeño con un año y diez meses de edad, casi a las puertas de su casa, "un corralón en Colombres entre Venezuela y México". El llanto del infante alertó a su madre quien lo socorrió sin identificar al culpable. En otro relato ambos padres alcanzan a ver cómo se fuga el perverso, pero "no dieron cuenta a la policía por considerar que Godino era muy menor".[14]

Es oportuno abrir un paréntesis para reflexionar sobre la información precedente. Si a ella atendemos, este niño felizmente insólito ha asesinado antes de los doce años –sin que nadie lo sepa– a María

---

[13] Porque suministra el dato de que los trabajadores cambiaron las ropas del agredido y dónde lo hicieron.

[14] *Síntesis de la indagatoria, op. cit.*

Rosa Face. También se le ha desenmascarado en la tentativa de herir y aniquilar a cuatro chicos (Miguel de Paoli, Ana Neri, Severino González Caló y Julio Botte). En las comisarías diez, doce y treinta y cuatro tienen noticia de todos los casos y conocen al infractor, quien, por si fuera poco, ha pasado recluido dos meses y medio a petición de sus propios padres, gente recia pero asustada de la larga y tétrica fila de animales torturados por *El Petiso* y fatigada por la fila de vecinos que padecen sus cotidianas agresiones y ofensas. Los cargos que se le hacen no son menores; sin embargo, basta con que su madre acuda a recogerlo a la comisaría para que lo dejen en libertad.

No hay duda de que "los funcionarios de gobierno fracasaron estrepitosamente en su identificación como un sujeto peligroso y en su control, [lo que no obstó para] que en términos generales fueran alabados por sus actuaciones",[15] tanto en la prensa como en las comunicaciones científicas que abordaron más tarde el caso. ¿Cómo entender esto? A falta de mejor respuesta cabe maravillarse de que las sociedades depositen mayor credibilidad en sus estereotipos y en sus prejuicios que en la realidad que enfrentan.

A diferencia de la Policía, los padres de Cayetano Santos ya no pueden ilusionarse por más tiempo con la idea de la infancia inocente y el 6 de diciembre de 1908 Fiore Godino y Lucía Ruffo lo entregan de nueva cuenta a las autoridades. ¿La decisión es motivada por los sucesos del septiembre anterior? Se antoja poco probable. Sin duda ambos episodios eran causal suficiente para solicitar que se encerrara al muchacho, pero ¿a qué esperar más de dos meses? Me atrevo a sugerir que en la trayectoria criminal de *El Petiso* debemos suponer algún hecho hasta ahora –y puede que por siempre– ignorado, el cual detonó la determinación de los padres de meter a su hijo a una institución correccional; resolución claramente opuesta a las inclinaciones mostradas por la madre, y quizá también por Fiore.

Así pues, acabando de cumplir los doce años, Cayetano Santos es internado en la Colonia Nacional Agrícola Industrial de Menores Varones Marcos Paz. Eran requisitos para los que en ella entraban

---

[15] Carolina Zapiola, *op. cit.*, §16.

"observar conducta irreprochable, vestir el uniforme reglamentario, cuidar la ropa y todos los elementos que les fueran entregados, acatar sin vacilaciones las órdenes que se les impartieran". [16] Cabe suponer que Godino era incapaz de cumplir, ni aun queriéndolo, preceptos de esta índole. Los golpes de su padre no habían logrado domarlo; tampoco lo sometería la férrea disciplina que privaba en el reformatorio y su sistema de correctivos, entre los que se contaban los siguientes:

a. Plantón contra la pared y en piquete por el término de una hora para los menores de 14 años [...];
b. privación de recreos;
c. recargo en los servicios de limpieza;
d. pérdida de premios obtenidos;
e. comer en la mesa de disciplina sin desayuno y con limitación en la cantidad de comida;
f. circulación continua bajo régimen militar [...];
g. encierro simple en celdas con aire y luz y de haberse hecho acreedor a esta pena, repetirla a pan y agua por el término de 24 horas.

El art. 34 prohibía los castigos corporales, pero autorizaba a la Dirección a adoptar las medidas extraordinarias que la gravedad de la circunstancia exigiera. [17]

De cualquier modo, obligado a asistir a clases, aprende a leer y escribir de manera muy rudimentaria, al grado de que al ser atrapado en 1912 se le ficharía como "analfabeto". La estancia de tres años en la Marcos Paz, de la cual se sabe muy poco, no parece tener mayores consecuencias. Es cierto que no tenemos noticias de que *El Petiso* haya tratado de matar a algún compañero o miembro de la institución durante su encierro, pero debe tomarse en cuenta que la edad mínima para ingresar era de ocho años y que él mismo era muy bajo

---

[16] Diana Rossi. "Historias de irregularidades y abandonos" (en línea). *Menores*. Disponible en <https://bit.ly/2qlMHgV> [Consulta: septiembre de 2012].
[17] *Ibidem.*

de peso y estatura, de suerte que no había en el interior de la Colonia nadie a quien sacara físicamente tanta ventaja como a sus víctimas habituales. Tal vez es pertinente mencionar que tiempo después, al ser interrogado por la Policía acerca de por qué las personas que había asesinado eran exclusivamente niños, contestó un tanto sorprendido: "Porque los adultos son más fuertes".[18]

La mayoría de las crónicas afirma que Cayetano salió de Marcos Paz "endurecido" y "potenciado" con redoblados ánimos asesinos. Ciertamente ese es el caso y no resulta improbable que los constantes castigos hayan tenido parte en sus nuevos ímpetus criminales, pero tampoco olvidemos que está en plena adolescencia, y que el niño que entró de doce años dejó el lugar siendo un muchacho de quince, desarrollado en todos sentidos.

Confiados en que el tiempo pasado en la correccional ha sido suficiente para rehabilitar a su hijo, los padres solicitan al Estado que se los devuelva. Queda libre el 23 de diciembre de 1911: Lucía y Fiore quieren pasar en familia la navidad. No sólo lo reinstalan en su vivienda, sino que le consiguen trabajo en una fábrica, el cual conserva escasos tres meses. El optimismo de la pareja pronto se revelaría infundado y la permisividad de las autoridades un error mayúsculo; la salida de Godino del internado comportaría una indecible cantidad de sufrimiento a muchas personas.

Más que volver a casa *El Petiso* regresa a las calles. Su *territorio* ya no se circunscribe a Parque Patricios y Almargo, sino que se amplía ocupando otros sitios marginales de la ciudad, donde busca intencionalmente a la peor ralea. Una novedad: adquiere afición por las bebidas alcohólicas y, para costearlas cuando pierde el empleo, hace continuas *chambas* y encargos menores. Junto con el gusto por emborracharse aparece un síntoma que quizás algún día ofrezca la clave para una mayor comprensión de este caso: intensas y recurrentes migrañas que prácticamente lo incapacitan; su madre procura aliviarlas

---

[18] Eliezer Pulido. "Cayetano Santos Godino: Petiso Orejudo" (video). *YouTube*. Disponible en <https://bit.ly/2zixhOG> [Consulta: septiembre de 2012].

con la minuciosa aplicación de compresas de agua fría; él lo intenta con la frecuente comisión de crímenes.[19]

Aparece –o mejor dicho, se incrementa– una pasión de la cual sólo teníamos noticia por el caso de Julio Botte: el fuego y su implacable fuerza para destruir todo. Las fechorías del infausto año de 1912 se inician el 17 de enero, precisamente con un incendio: de manera subrepticia Cayetano Santos se desliza en una bodega ubicada en las calles Corrientes y Pueyrredón, llega hasta la oficina sin ser visto y enciende con un cerillo los libros de contabilidad. Las flamas se esparcen rápidamente y el corralón es consumido ante la febril actividad de los bomberos, que tardan cuatro horas en extinguir las llamas. Cuestionado meses después acerca de su piromanía, *El Petiso* responde con presuntuoso descaro: "Me gusta ver trabajar a los bomberos: es lindo ver cómo caen en el fuego".[20]

Nueve días más tarde una pareja entra a ver cierta casa que se renta en la calle Pavón y encuentra en uno de los cuartos el cadáver de Arturo Laurora, un niño de doce o trece años (dependiendo de la fuente) cuya desaparición se había denunciado el día anterior, 25 de enero de 1912. El cuerpo se hallaba boca abajo,[21] con las piernas separadas y desnudo, salvo por la camisa tinta en sangre que estaba enrollada hacia arriba. Su asesino lo había estrangulado con un cordel de cáñamo que daba varias vueltas a su cuello; al parecer Cayetano lo había obtenido de la plomada de una obra en construcción. Por todas partes mostraba heridas abiertas y magulladuras, producto sobre todo de la paliza que le había propinado *El Petiso* con una rama de higuera, arrancada de la que se encontraba en el fondo de la misma casa. Junto a los restos del chico se hallaron "un pantalón azul, una correa con hebilla y unos zapatos de hule".[22] Por el momento, el

---

[19] Véase nota 1.
[20] Angie Riddle. "Cayetano Santos Godino" (en línea). *Taringa Inteligencia Colectiva*. Disponible en <https://bit.ly/2EVkNCv> [Consulta: septiembre de 2012].
[21] Según la *Síntesis de la indagatoria, op. cit.*; el texto de Angie Riddle lo describe en "decúbito dorsal" (boca arriba).
[22] *Ibidem.*

crimen se atribuye a una banda dedicada a la explotación infantil y la corrupción de menores.

Meses después, al ser atrapado, el verdadero homicida proporcionaría otros detalles acerca de la muerte de Arturo Laurora:

> Godino [...] confesó ser el autor de la muerte de un chico [...], a quién llevó [...] prometiéndole caramelos hasta la puerta de la casa Pavón 1540 que estaba desalquilada. [...] El chico se resistió, pero lo hizo entrar a los empujones. [...] Como gritaba, el declarante le tapaba la boca [...]. Le ató el cuello con un hilo. Lo tiró en el suelo y lo llevó [a rastras] a otro cuarto. [...] Desnudó al menor dejándole puesta sólo la camisa arrollada hacia arriba. Después lo golpeó con una varita de higuera y lo dejó boca abajo [...], no pudiendo gritar éste porque tenía atado el pescuezo y después de haber estándolo [sic] contemplando un buen rato se retiró.[23]

La índole erótica de este segundo asesinato de Cayetano no puede ponerse en duda. Desconcierta, en consecuencia, que ni autoridades ni prensa hayan manifestado claramente que se trató de un acto de abuso sexual; parecen conformarse con hacer revelaciones parciales –como la desnudez del cadáver– y sugerencias oscuras –como haber *estado contemplándolo* (¿el error en el original denota negación?) largo rato antes de abandonar el lugar–. Sin embargo, en su posterior confesión el delincuente declararía de modo inequívoco "que mataba para experimentar la voluptuosidad del dolor y la agonía de las víctimas".[24]

Y hubo mucho dolor y mucha agonía. El 7 de marzo de 1912 Cayetano encontró distraída frente a una vidriera comercial a una niña de cinco años, Reina Bonita Wainikoff,[25] que portaba un vestido

---

[23] *Síntesis de la indagatoria, op. cit.*
[24] Angie Riddle, *op. cit.*
[25] Sigo la ortografía de la *Revista de Criminología...* citada por Carolina Zapiola, *op. cit.*; en otras versiones es Reyna o Reina Bonita Vaínicoff, Váinicof y hasta Bonilla Vainicoff.

de percal. Sin pensarlo dos veces prendió fuego a la inflamable tela y la pequeña de inmediato se vio envuelta en fuego. Murió en el Hospital de Niños, dieciséis o veinte días más tarde, entre dolores atroces. El malhechor, descubierto frente a la pequeña en llamas, argumentó que se trataba de un accidente provocado por ella misma. De manera incomprensible la Policía volvió a creerle.

En septiembre el *Orejudo* puso en llamas una estación de ferrocarril; el siniestro fue controlado por los bomberos sin mayores consecuencias. Durante el mes subsiguiente incendió dos cobertizos, que la gente del lugar apagó sin necesidad de acudir a los profesionales. Es curioso: en todas las crónicas consultadas se repite que Cayetano confesó entre sus maldades siete incendios; sin embargo, esos mismos textos registran solamente los que hemos mencionado hasta aquí: cuatro en total.

Es lo de menos. El 24 de septiembre de 1912 *El Petiso* labora en una bodega donde hay animales y mercancías diversas. El propietario, Paulino Gómez, es testigo del grotesco ataque de Godino a una yegua de trabajo, la cual muere después de recibir tres puñaladas de parte del infractor. A pesar de que se le identificó como el autor del inexplicable acontecimiento, las autoridades lo dejaron –¡otra vez!– libre, "por falta de pruebas".

El 8 de noviembre Cayetano encontró en la entrada de su casa a Roberto Russo, de únicamente dos años de edad, y se lo llevó con la promesa de comprarle golosinas. Lo condujo a un terreno sembrado de alfalfa, lo colocó boca arriba en el suelo y atacó su garganta rodeándola dos veces con la cuerda que le servía como cinturón; también le ató los pies con una cinta. Un peón alcanzó a ver las maniobras del asesino y regresó con un policía. Descubierto, *El Petiso* improvisó como siempre una historia que lindaba en lo fantástico: había encontrado al niño atado en el alfalfar y a punto de la asfixia; lo estaba salvando, acción que el testigo había confundido con que lo estrangulaba. Esta vez sus embustes no fueron creídos: se le detuvo y procesó por tentativa de asesinato. Además del peón, el hermano de la víctima aseguraba que Godino se había llevado al pequeño. Resulta difícil creer que apenas cuatro días después –el 12 de noviembre–, se liberara por enésima ocasión al incontenible muchacho, argumentando "falta de méritos".

Pero él estaba decidido a conseguirlos a toda costa. Vio su oportunidad en noviembre 16, sólo otros cuatro días después de salir de la cárcel, al encontrar en una puerta de la calle Urquiza a una niña de aproximadamente dos años: "Carmencita", según le dijo al adolescente que la condujo al consabido lote baldío, esta vez ubicado en las calles de Deán Funes y Chiclana, a una cuadra de la casa de la menor. Su nombre era Carmen Ghittoni (o Guitone o Gittone) y logró salvar la vida por un azar inesperado: su raptor la golpeó algunas veces –sin causarle marcas ostentosas– y, cuando se disponía a matarla, advirtió la presencia de un vigilante. Se dirigió hacia él asegurándole que la niña estaba perdida, y los tres acudieron a la Comisaría número treinta y cuatro, tras de lo cual Cayetano pudo irse a su casa.[26]

Acaso el que la siguiente tentativa de asesinato de Godino se verificara –de nuevo– cuatro días después que la previa no signifique nada. Hay quienes sugieren de manera relativamente seria una suerte de *biorritmo* en el homicida. En cambio es seguro que de la esquina de Constitución y Múñiz el día 20 de noviembre *El Petiso* se llevó a una chiquita de cinco años –Catalina Neolener o Neulener–, con la aberrante intención de matarla. La condujo frente al zaguán de la casa de Enrique Schmitz, persiguiendo un descampado al que la niñita se negaba ruidosamente a llegar; el habitante del domicilio, luego de escuchar los gritos de la pequeña, la rescató.

En otras versiones, "la niña se metió en un zaguán y se negó a salir, por lo que *El Petiso* la golpeó, pero tuvo que huir al ser visto por dos señoras"; o la chica "comenzó a gritar cuando Cayetano le

---

[26] Esta es la versión de la *Síntesis de la indagatoria, op. cit.* En "Cayetano Santos Gordino [*sic*]- El Petiso Orejudo" (*Asesinos en serie*, disponible en <https://bit. ly/2OkeRCN> [Consulta: septiembre de 2012]) el desenlace se narra así: "Un vigilante hace acto de presencia y el agresor consigue escapar". Mientras que en "Cayetano Santos Godino: 'El Petiso Orejudo'" (*Escrito con sangre*, disponible en <https://bit.ly/2zgtxgr>, [Consulta: septiembre de 2012]) se dice, refiriéndose a la niña, que "sólo recibió heridas leves, ya que Cayetano fue detenido por un policía".

propinó las primeras patadas en el rostro y la cabeza; esto alertó a un vecino de la zona, que la rescató".

Sea de ello lo que fuere, la niña sobrevivió.

Otra cosa debe decirse del infortunado Gesualdo –o Jesualdo o Josualdo– Giordano, un niño de tres años de edad, que el 3 de diciembre de 1912 estaba jugando con Marta Pelossi, de dos años, en el zaguán de su casa. *El Petiso* eligió como víctima a quien la *Síntesis de la indagatoria* califica, de manera algo inquietante, como "la mujercita", pero dado que la pequeña se mostró reacia a acompañarlo –lo cual le salvó la vida–, se enfocó en el niño, al que sedujo con la promesa de comprarle dulces. Lo hizo –dos centavos de caramelos de chocolate adquiridos en el almacén Baldano–, y tuvo la inteligencia de dosificarlos para que el niño lo siguiera interesado, a pesar de que el asesino era, por decir lo menos, una persona de luces muy limitadas. Debido a ello se dejó ver, con rumbo a lo que se convertiría en la *escena del crimen,* por la vecina Olimpia Moggia y el *canillita* –vendedor de periódicos– Francisco Pelusso, entre otras personas (menores de edad) que testificarían en su contra.

La confesión que después haría confirmó que condujo con engaños al niño hasta el portón de la Quinta Moreno, ubicado en Catamarca y 15 de Noviembre de 1889. Para entonces el pequeño ya recelaba de él y gritó: lloró llamando a su padre y se negó a entrar. Eso apuró las cosas: Godino lo empuja, lo jala, lo golpea, lo arrastra; tiene un dominio completo sobre él, a quien le lleva trece años. Las crónicas aseguran que "lo arrincona cerca de un horno de ladrillos". Puesto que el chico sigue resistiéndose a pesar de los porrazos, lo inmoviliza colocando una rodilla sobre su pecho. Se quita su improvisado cinturón –que no es sino la cuerda obtenida de una plomada– y le da trece vueltas al cuello infantil de Gesualdo. La víctima se resiste a morir y no acaba de asfixiarse; incluso intenta incorporarse. Su verdugo entonces quema con un cerillo el cordón para formar varios segmentos y los emplea en atarle tobillos y muñecas al pequeño.

Seguramente se excita viéndolo a punto de sucumbir por falta de aire, pero le desespera que no acabe de expirar. Entonces concibe que es posible hallar algún objeto con el cual matar en definitiva al niño,

quizás un clavo. Busca en el entorno, y al no encontrar nada adecuado para tal fin sale de la abandonada construcción. Un dios malévo-
lo hace que se encuentre al ansioso padre del secuestrado, quien le
pregunta si ha visto a su hijo; el adolescente, que lo ha torturado y
está decidido a matarlo, sin culpa ni remordimiento, le recomienda
al apenado sujeto –mientras él toma un refresco– que presente a la
policía una denuncia formal por su desaparición.[27]

El *Orejudo* sigue buscando y encuentra un grueso clavo de cuatro
pulgadas de largo (10.16 cm). Regresa junto a su víctima con el corazón batiéndole, la cabeza vacía y el pene a punto de estallar. Recoge
una pesada piedra que le servirá de mazo y de una manera furiosa,
oscuramente sexual, le introduce el clavo en el cráneo a través de la
sien, destruyéndole el cerebro. El niño muere y el adolescente con-
templa excitado el cadáver, que no por azar está casi desnudo. Luego el sobreviviente lo tapa con una deteriorada lámina de zinc y sale
corriendo del lugar. Lo hace a tiempo: minutos más tarde el infeliz
padre descubriría el cuerpo torturado de Gesualdo.

Cayetano lleva sucias de sangre la camiseta y las alpargatas, pero
no lo advierte o no le importa: se dirige a casa de una de sus hermanas
–Pepa Godino de Capalbo– donde le sirven comida y yerba mate,
las cuales consume con apetito. No sabemos qué borbotea en su
mente y en su corazón, pero sí que un poco más tarde sale hacia el
lugar del crimen, donde las autoridades intentan realizar la "recons-
trucción de los hechos". Debemos creer que nadie hasta ese momento se ha dado cuenta de las manchas de sangre o bien que no las
asocian con el asesinato, acaso porque *El Petiso* a menudo lleva en la
ropa la marca roja de los animales que encuentra en su camino. En
todo caso, no permanece ahí mucho tiempo: un miedo sensato lo
obliga a abandonar la escena rápidamente.

---

[27] "Como hacía mucho calor, fue al almacén a tomar un refresco y al volver se encontró con el padre de la criatura, quien le preguntó por su hijo. Temiendo ser
descubierto, Godino le dijo que debía ir a la comisaría para hacer la denuncia".
Revista de Criminología, op. cit.

A las veinte horas sale de su casa y se dirige al domicilio del difunto, donde se le está velando, con el pretexto de presentar sus condolencias y el propósito secreto de acercarse al cadáver para –según confesó al día siguiente– ver si todavía "tenía el clavo en la cabeza". Por ese motivo se aproximó al cuerpo de Gesualdo y le examinó el cráneo, lo cual fue advertido por el padre del chico, quien comentaría el hecho con la policía.[28]

Regresa a su casa, pero no puede estar tranquilo. ¿Culpa? Ni por asomo: algo de miedo, tal vez, y el deseo narcisista, frecuente en los psicópatas, de hacerse notar y estar seguro de que sus acciones han causado alarma y miedo en la comunidad. Corre a comprar el periódico vespertino. Un poco en balde: es analfabeto y se lo da ansiosamente a un vecino llamado Roque para que se lo lea; éste lo hace sin notar el placer que le causa a su escucha, pero después de desenmascarado afirmaría que "siempre le pareció sospechoso". Aunque no hay manera de probarlo, pues su declaración se realizó después de la aprehensión del muchacho y a causa de que éste relató el acto, quizás lo dicho era verdad. En todo caso, el asesino le pidió que recortara la nota del diario y se la diera. Al ser atrapado aún la conservaba en el pantalón, como un preciado trofeo.

Lo que escuchó Santos Godino, seguramente orgulloso del hecho, fue algo similar a lo que sigue:

> La autoridad policial y la justicia de instrucción se hallan empeñadas desde ayer en el esclarecimiento de un crimen salvaje, cometido en jurisdicción de la Comisaría 34. Se trata de la muerte de un niño de tres años, ocurrida en forma tal, que causa espanto. Después de atarle fuertemente los pies y las manos con un piolín, el autor o autores anudaron al cuello de la pequeña víctima otro hilo grueso estrangulándola.
>
> Y como si esto no le bastara para satisfacer sus bárbaros instintos, el criminal colocó un clavo de grandes dimensiones

---

[28] Este detalle sólo lo consigna *Escrito con Sangre, op. cit.*

sobre la sien de la criatura, golpeándolo [sic] hasta que la punta del hierro salió por la parte opuesta.

El horrible crimen permanece hasta ahora en el misterio, pero las autoridades trabajan con empeño y se abriga la esperanza de que no tarde en ser llevado ante la justicia el autor.[29]

Si no fuera un asunto trágico e indignante cabría reírse de los relatos sobre la aprehensión del asesino, el cual podría haber escapado con facilidad de ser un poco más perspicaz o menos confiado. Ya hemos dicho que en los zapatos y en la camisa llevaba manchas de sangre; agreguemos que como cinturón traía el resto del cordel con señas de haber sido quemado, para separarlo del que se encontró en el cadáver. En cuanto a los antecedentes, entre los cuales deben incluirse las sospechas del padre de Gesualdo Giordano, ya se ha especificado hasta qué grado las diversas comisarías de la demarcación estaban al tanto de que las barbaridades perpetradas por el joven lo colocaban mucho más allá de un *adolescente problema*. Por eso resulta incomprensible que el chico haya sido capturado el 4 de diciembre hasta las 5:30 AM en su casa, donde dormía plácidamente. Haciendo eco de las alabanzas que merecieron los investigadores en el tiempo en que ocurrieron los sucesos, los redactores de *Asesinos en serie* nos cuentan que, para desgracia del homicida, dos astutos policías, "el subcomisario Peire y el principal Ricardo Bassetti, ya habían ligado cabos con casos anteriores". Igualmente, en "Sentencias y documentos judiciales. Sentencia del juez Dr. José Antonio de Oro en el

---

[29] El periódico que cito ("Horrible crimen. Una criatura asesinada", *La Nación*, 4/12/1912, p. 14, *apud* Carolina Zapiola) es del día siguiente, pero toda vez que se imprimió en las primeras horas del cuatro de diciembre, todavía los medios ignoraban la identidad del asesino, que a la hora de repartir el diario estaba siendo apresado por la policía. En consecuencia, la nota es con toda probabilidad muy similar a la aparecida en la tarde anterior en *La Prensa*, que leyeron al autor del crimen.

proceso Godino", [30] se encomia la actuación del personal de la Comisaría treinta y cuatro y se omite mención alguna de la hora del arresto y el grueso expediente que quienes realizaron "la pesquisa" tenían del delincuente. Angie Riddle también observa que "Luego de los primeros interrogatorios, la policía ya sabía de quién se trataba, quién era el asesino". Lo cierto es que no hay manera de justificar que *El Petiso* no estuviera puesto bajo custodia *mucho antes* de la comisión del crimen de Gesualdo.

A pesar de que cinco personas –dos adultos y tres niños– habían testificado que él se había llevado a la víctima, y de que en su ropa se encontraron diversas pruebas circunstanciales –sangre, el *piolín* quemado y la noticia recortada–, Cayetano negó, como otras muchas veces, ser el autor del atentado. Aceptó haber estado la tarde anterior con el pequeño, pero aseguraba que se separaron al salir de la tienda donde había adquirido los dulces generosamente obsequiados. Unas horas después, sin embargo, los encargados de la investigación lo llevaron a la morgue a presenciar la autopsia; entonces confesó. [31]

Es oportuno preguntarse si existe relación entre ambos hechos. En principio, ¿cuál era la intención de los funcionarios al conducir a su sospechoso al quirófano del forense? ¿Pensaban acaso que ante el grotesco espectáculo de la disección se amedrentaría o cobraría conciencia del alcance de sus fechorías? No creo que fueran tan inocentes, pero quizás no llegaron a prever la elocuente reacción del detenido ante el cuerpo lacerado: "La dimensión sexual que mediaba las prácticas de Godino se puso de manifiesto en otro acontecimiento [...]. Cuando aquél fue conducido a presenciar la autopsia

---

[30] "Sentencias y documentos judiciales. Sentencia del juez Dr. José Antonio de Oro en el proceso Godino", en *Revista de Criminología, Psiquiatría y Medicina Legal*, Talleres Gráficos de la Penitenciaría Nacional, Buenos Aires, 1914, *apud* Carolina Zapiola, *op. cit.*: "El Dr. José Antonio de Oro en compañía del comisario y del subcomisario de la comisaría 34ª de la ciudad de Buenos Aires realizaron una pesquisa en los alrededores de la casa de la familia Giordano que los condujo a arrestar a Cayetano Santos Godino, joven de 16 años en cuya compañía la víctima había sido vista poco antes de su desaparición, de acuerdo con la declaración de tres testigos menores de edad".

[31] Véase *ibidem*.

de Giordano los médicos procedieron a revisarlo en *situ* y comproba-ron que presentaba una erección que atribuyeron a la contemplación del cadáver".[32]

¿Fue esta la verdadera causa de su confesión, pues sólo entonces el testarudo joven se sintió *descubierto*? Es imposible tener la certeza, pero me inclino a creerlo. En cualquier caso, Cayetano declaró los días 4 y 5 de diciembre no sólo acerca del asesinato de Gesualdo, sino también sobre todos sus demás delitos, incluidas las tentativas de ho-micidio y de incendio que hemos registrado. Su breve pero fructífera carrera criminal se computó en cuatro niños aniquilados, siete in-tentos de homicidio e innumerables animales torturados y muertos.

No deja de ser significativo que varios cronistas de la historia –repitiendo o registrando los testimonios de quienes escucharon la confesión de *El Petiso Orejudo*– apunten sin ninguna muestra de ex-trañeza que: "Para sorpresa de todos los presentes, Godino también declaró ser el autor del homicidio de Laurora".[33] ¿Por qué únicamen-te este crimen les resultó impactante y *sorpresivo*? ¿Por qué no los afectó igualmente el caso de una niña enterrada viva, otra incendiada y toda esa serie de aberrantes acciones como quemar los párpados de Julio Botte o apuñalar una yegua? Al responder a esto caemos de nue-vo en el terreno de la especulación: yo imagino que una explicación posible es que *sabían anticipadamente* –si se quiere de una manera tentativa y falta de pruebas, pero en todo caso negligente– que él era el autor de algunos de los hechos relatados (¿incluyendo el asesinato de María Roca Face?). Otra hipótesis viable es que los homicidios de Laurora y de Giordano causaron especial escándalo porque expresan de una manera más clara que cualquiera de los otros crímenes su na-turaleza sexual. Nunca lo sabremos con seguridad.

Un mes después de su confesión Cayetano Santos Godino fue trasladado de modo provisional al Hospicio de las Mercedes –una institución psiquiátrica que aún sobrevive bajo el nombre de Hos-pital Interdisciplinario Psicoasistencial José Tiburcio Borda–, donde

---

[32] Carolina Zapiola, *op. cit.*
[33] Angie Riddle, *op. cit.* Cito sólo un ejemplo entre varios posibles.

fue recibido el 4 de enero de 1913. El Código Penal argentino disponía en ese entonces que los infractores que rebasaban los diez años de edad podían ser juzgados como adultos si en sus actos se advertía "discernimiento", es decir, capacidad para distinguir el bien del mal, lo cual comportaría su responsabilidad. Por esa razón el juez José Antonio de Oro, a cargo del caso, remitió al *Petiso* a los facultativos de los tribunales, doctores Lucero y Negri, y a los psiquiatras Cabred y Esteves con la encomienda de practicar al muchacho los estudios correspondientes a fin de establecer su estado mental. Igualmente instruyó a los expertos "educacionistas" Víctor Mercante y Ernesto Nelson para que se pronunciaran sobre su nivel de instrucción.[34]

Para el 31 de enero el binomio Negri-Lucero presentó su dictamen, que se puede resumir en tres puntos concisos: "1) El procesado Godino es un alienado mental o insano o demente, en las acepciones legales. 2) Es un degenerado hereditario, imbécil, que sufre]a locura moral, por definición muy peligrosa. 3) Es irresponsable".[35]

Víctor Mercante hizo lo propio el 24 de febrero de 1913. Aquí un extracto de sus conclusiones:

> 1) Cayetano Santos Godino no sabe leer, escribe tan sólo su firma y conoce los números hasta 100. Posee una suma de conocimientos generales muy mala, [...]. 2) Es un tipo absolutamente inadaptable a la escuela común [...]. 3) Se ha desenvuelto en un medio desfavorable a la formación de una conducta correcta. 4) Priman en él los instintos primarios de la vida animal con una actividad poco común, mientras que los sociales están poco menos que atrofiados. Es un tipo agresivo, sin sentimientos e inhibición [...]. 5) Ofrece desde el punto de vista físico numerosos estigmas degenerativos, los más característicos del tipo criminal. 6) Sus sentidos y la capacidad para conocer no ofrecen

---

[34] "Sentencias y documentos judiciales...", *op. cit.*

[35] Archivo General de los Tribunales. Buenos Aires, República Argentina, Sección Penal, Legajo número 2255 - Criminal, 2° Cuerpo, folios 213-260, disponible en <https://bit.ly/2Ry6ndh> [Consulta: septiembre de 2012].

anomalías, se presentan normales; asimismo normales [son] sus capacidades psíquicas, si bien inestable la atención por falta de dirección afectiva. [...] 8) [...] sus estados de conciencia contienen normalmente todos los elementos menos uno, fundamental, que la desequilibra: el afectivo, que es algo así como el timón de la conducta.[36]

Ernesto Nelson rindió su *Informe* el 1 de abril de 1913 y básicamente afirma lo mismo que su colega Mercante, aunque el resultado al que llega es más rotundo: "No puede hacérsele responsable de sus crímenes, aun cuando su libertad sería peligrosa".[37]

Por último la dupla Esteves-Cabred firmó sus observaciones el 29 de mayo de 1913; entre ellas destacan:

> 1. Que Cayetano Santos Godino se halla atacado de alineación mental. 2. Que su alineación mental reviste la forma de imbecilidad. 3. Que esta imbecilidad es incurable. 4. Que es totalmente irresponsable de sus actos. [...] 7. Que tiene noción de la responsabilidad de sus actos, lo cual se observa en muchos alienados. 8. Que es un impulsivo consciente y extremadamente peligroso para los que lo rodean. 9. Que debe permanecer, indefinidamente, aislado en el manicomio en que se encuentra.[38]

Desde luego, los conocimientos y las técnicas psiquiátricas, neurobiológicas, psicológicas y criminalísticas difieren muchísimo de las vigentes hace un siglo, pues se trata de disciplinas que se desarrollaron de manera notable en ese lapso. En cualquier caso, prácticamente todos los especialistas coincidían en su diagnóstico –a pesar de algunas contradicciones relativamente importantes– y el juez Oro determinó el 5 de diciembre de 1913 que el *Petiso* era irresponsable de sus actos y que, en consecuencia, debía permanecer *indefinidamente*

---

[36] *Ibidem.*
[37] *Ibidem.*
[38] *Ibidem.*

–eufemismo empleado entonces para indicar que se le sentenciaba de por vida– en el pabellón de los alienados peligrosos dentro del Hospicio de las Mercedes.

En ese lugar volvió a las andadas, pues si bien no había niños de los que abusar físicamente, sí había personas con discapacidad que difícilmente podían defenderse de sus ataques. Dos pacientes –uno confinado a una silla de ruedas y el otro recluido en una cama– salvaron sus vidas porque (¡una vez más!) el chico fue descubierto mientras los asaltaba. También fue pillado en al menos un intento de darse a la fuga.

El fiscal, inconforme con la decisión, reclamó el fallo del juez ante la Cámara de Apelaciones en lo Criminal. En la segunda instancia Cayetano fue absuelto nuevamente, por similares razones que en la ocasión anterior. Al siguiente intento, argumentando que Godino no era "un imbécil absoluto" –como se precisaba en el artículo 81 del Código Penal para que se le considerara "no imputable"– el fiscal consiguió que se le encerrara en la cárcel por tiempo indeterminado. Para convencer a la Cámara sostuvo que durante su reclusión de casi tres años en el hospital psiquiátrico el estado mental del paciente había mejorado, aunque esto no necesariamente era cierto. De cualquier modo, el 12 de noviembre de 1915 se dio por unanimidad el fallo definitivo. Apenas ocho días más tarde, el 20 de noviembre, *El Petiso Orejudo* fue trasladado a la Penitenciaría Nacional, ubicada en la calle Las Heras.

Poco sabemos de su estancia en esa prisión, salvo que ahí aprendió por fin a leer y a escribir. Quizá los días le parecían muy largos sin alguien más débil a quien acosar (lo encontraría en otro sitio, a un costo carísimo). En diciembre de 1922 se decidió que el penal de Ushuaia –la ciudad más austral del planeta–, antes habitado por presos reincidentes, albergara exclusivamente a los condenados por tiempo indeterminado. Ubicado en Tierra del Fuego y conocido como la *Cárcel del Fin del Mundo*, este sombrío reclusorio reunía a los criminales más peligrosos en el gélido y desesperanzado aislamiento de la Patagonia. Ahí, el 28 de marzo de 1923, ingresó Godino a la celda número noventa, la cual ocupó hasta su muerte.

De nada le sirvieron sus nuevas habilidades en lectoescritura: su familia decidió abandonarlo –algunos suponen que sus padres regresaron a Italia–[39] y hasta el día en que lo enterraron nunca recibió respuesta a sus cartas ni más visitas que las de eventuales periodistas, quienes cada tanto renovaban su interés por *El Petiso Orejudo*, figura que se estaba convirtiendo en mito urbano.

Otro mito contemporáneo, que hemos tenido oportunidad de adivinar entre las líneas de los informes sobre la condición psicológica de Cayetano, eran las teorías criminológicas de Lombroso, las cuales de forma inexplicable tuvieron muchos adeptos hacia el final del siglo XIX y principios del XX, quizá por ser el primer intento sistemático, aunque más bien rústico, de vincular directamente la conducta humana con áreas específicas del cerebro. Según tales ideas, la acción delictiva estaba asociada con los rasgos físicos del infractor y, por así decirlo, su criminalidad anidaba en ellos. Persuadidos de la exactitud de tales disparates, los médicos de Ushuaia llegaron a la conclusión de que en las excedidas orejas del recluso se hallaba la semilla de su aberrante comportamiento, por lo que "le practicaron una cirugía estética para achicárselas. Este radical tratamiento no tuvo resultados".[40]

Ciertamente su pasión por el mal no disminuyó. Desde luego los crímenes cesaron, pues no había personas mucho más frágiles que él en ese sitio de torvos delincuentes…

Personas no, pero animales sí.

Con una temeridad que acaso era simple inconsciencia *El Petiso* capturó a dos gatos, mascotas en las que la población del penal descargaba sus únicas ternuras, y les partió el espinazo. La venganza colectiva fue terrible y lo envió al hospital por casi tres semanas. Unos días después, en los inicios de 1933, Juan José de Soiza –cronista de la revista *Caras y Caretas*– entrevistó a Santos Godino, quien aún con visibles pruebas de la paliza le contó lo sucedido y rememoró su carrera delictiva: no había asomo de remordimiento y ni siquiera

---

[39] Angie Riddle, *op. cit.*
[40] *Asesinos en serie, op. cit.*

se arrepentía, por meras razones de sobrevivencia, de haber despertado la ira de sus compañeros.

Solo, sin amigos dentro del presidio ni fuera de él, olvidado por sus familiares y poco a poco también por los reporteros, Cayetano siguió una pretendida conducta ejemplar para solicitar su libertad; lo hizo en 1936, pero le fue denegada. Aún viviría ocho largos años: enfermo, recibiendo golpizas y siendo vejado sexualmente por los demás presos. Con la misma impotencia que seguramente sintieron sus víctimas vio multiplicarse el mismo día aterrador hasta el 15 de noviembre de 1944, en el que falleció. La causa, que no está correctamente documentada, se atribuye a una hemorragia interna, generada por una úlcera gastroduodenal; otros dicen que fue asesinado por los internos. Obviamente ambos grupos tienen razón, sólo que en este caso el acto homicida se extendió por varios años.

Poco tiempo después de la muerte de *El Petiso Orejudo* la temible *Cárcel del Fin del Mundo* fue cerrada. El cementerio aledaño a ésta fue removido y los restos de los reclusos trasladados a otro sitio. Los de Cayetano Santos Godino nunca se hallaron.

Acaso este pequeño detalle, al rodearlo de un mayor misterio, también haya contribuido a una celebridad que no ha decaído en los últimos cien años y que no deja de ser un tanto incomprensible: ha sido objeto de ensayos, estudios, cortometrajes, pinturas, novelas, un sitio de internet exclusivamente a él dedicado, paseos turísticos por Buenos Aires con visitas guiadas a los lugares donde cometió sus crímenes e incluso de una película galardonada... Su vigencia, si me es lícito llamarla así, depende según mi opinión de que el enigma central sigue sin desvelarse: ¿era libre al actuar como lo hizo y, en consecuencia, moralmente responsable? O planteado en las palabras que él mismo empleó frente a los psiquiatras que lo entrevistaron: "¿Qué culpa tengo yo si no puedo sujetarme?".[41]

---

[41] *Escrito con sangre, op cit.*

Referencias

Archivo General de los Tribunales. *Conclusiones.* Buenos Aires, República Argentina, Sección Penal, Legajo número 2255 - Criminal, 2° Cuerpo, folios 213-260, disponible en <https://bit.ly/2Ry6ndh> [Consulta: septiembre de 2012].

Archivo General de los Tribunales. *Síntesis de la indagatoria a Cayetano Santos Godino llevada a cabo entre el 4 y el 5 de diciembre de 1912 en el Departamento Central de Policía.* Buenos Aires, República Argentina, Sección Penal, Legajo número 2255-Criminal, 1er Cuerpo, folios 48-62. Disponible en <goo.gl/RjQJPq> Consulta: septiembre de 2012].

Asesinos en serie. "Cayetano Santos Gordino [*sic*]- El Petiso Orejudo". *Asesinos en serie* (en línea). Disponible en <https://bit.ly/2OkeRCN> [Consulta: septiembre de 2012].

Cabezas López, Carlos. "Asesinos en seriO. El 'Petiso orejudo'". *El pensante. Tejiendo el mundo* (en línea). Disponible en < http://bit.ly/2z5ZI3c> [Consulta: octubre de 2012].

Coll, E. "Causas célebres. El caso Godino. Vista fiscal. Por el Dr. E. Coll. Agente Fiscal", *Revista de Criminología, Psiquiatría y Medicina Legal.* Buenos Aires, 1913.

Cuarto Milenio. "El Petiso Orejudo". *YouTube* (video). Disponible en <http://bit.ly/2BB4gSx>, [Consulta: septiembre de 2012].

De Oro, José Antonio. "Sentencias y documentos judiciales. Sentencia del juez Dr. José Antonio de Oro en el proceso Godino". *Revista de Criminología, Psquiatría y Medicina Legal.* Buenos Aires: Talleres Gráficos de la Penitenciaría Nacional, 1914.

Escrito con sangre. "Cayetano Santos Godino: 'El Petiso Orejudo'". *Escrito con sangre* (en línea). Disponible en <https://bit.ly/2zgtxgr> Consulta: septiembre de 2012].

Gagliardi, Óscar, Juan la Terza y Jorge Manrique. *El Museo del Crimen de la Policía Federal.* Buenos Aires: Biblioteca Policial, 1946. Disponible en <https://bit.ly/2zhppNg> [Consulta: septiembre de 2012].

PULIDO, ELIEZER. "Cayetano Santos Godino: Petiso Orejudo" (video). *YouTube*. Disponible en <https://bit.ly/2zixhOG> [Consulta: septiembre de 2012].

RIDDLE, ANGIE. "Cayetano Santos Godino" (en línea). *Taringa Inteligencia Colectiva*. Disponible en <https://bit.ly/2EVkNCv> [Consulta: septiembre de 2012.

ROSSI, DIANA. "Historias de irregularidades y abandonos". En *Menores* (en línea). Disponible en <https://bit.ly/2qlMHgV> [Consulta: septiembre de 2012].

ZAPIOLA, MARÍA CAROLINA. "Niños asesinos de niños: el caso del Petiso Orejudo (Argentina, comienzos del siglo XX)" (en línea). *Nuevo Mundo Mundos Nuevos*, 15 de septiembre de 2006. Disponible en <https://bit.ly/2DhbMlV> [Consulta: septiembre de 2012].

Alyssa Bustamante
(quince años)

Esto es todo lo que quiero en la vida:
una razón para tanto sufrimiento.
ALYSSA BUSTAMANTE, en su Twitter

El miércoles 21 de octubre de 2009 Elizabeth Olten, una niña de nueve años, tardó cuarenta y cinco minutos en llegar a su casa. Se dirá que una demora tan breve no justifica llamar a las autoridades, pero el trayecto que la pequeña debía atravesar para llegar ahí, desde la vivienda de una amiga a la que había visitado, tenía escasamente medio kilómetro. Es la distancia que hay entre Saint Martins –un poblado con un millar de residentes, donde habitaba la víctima– y Jefferson City, el sitio en el que vivía su asesina, media hermana de la chica de seis años que la había invitado a jugar.

No era factible que hubiera tratado de regresar por un atajo del bosque: la asustaban la noche y la vegetación cerrada; no obstante, ahí tuvo lugar la primera búsqueda después de agotar la carretera en ambos sentidos. Más tarde se organizó una exploración al estilo estadounidense, con un *sheriff* de verdad, multitud de voluntarios, sabuesos, helicópteros, patrullas y hasta miembros del Federal Bureau of Investigation (FBI). Fue inútil: nadie halló el lugar en el que estaba enterrado el cadáver, a pesar de que se encontraba en el área inspeccionada por los equipos de rastreo.

Es difícil determinar cómo los investigadores se pusieron en la pista de Alyssa Bustamante. Aun las crónicas más serias, como la de Tricia Romano,[1] no lo explican con claridad y abordan la cuestión de manera vaga y general. Al parecer, el hecho de que la sospechosa tuviera quince años hizo que se guardara una especial cautela en los comunicados oficiales y una responsable reserva cuando confesó, pues se ignoraba todavía si sería juzgada como mayor de edad.

Ignoramos si el FBI y la Policía de Caminos del estado de Missouri interrogaron a la adolescente sólo porque la chica extraviada había visitado la casa de su media hermana, ubicada a unos pasos de la de ella; si tenían un velado y preciso propósito; o si por propia decisión la muchacha se les acercó para expresar su creencia de que la niña había sido raptada –y agregar que quien lo hubiese hecho "merecía ser condenado"–. Quizás estos comentarios llamaron por primera vez la atención sobre su persona. El que Alyssa faltara a la escuela sin justificación el día posterior al asesinato agregó un pequeño motivo de recelo, pues nunca había dejado de asistir al centro de estudios. De modo más significativo se encontró durante la búsqueda una suerte de tumba de poca profundidad próxima a su casa. Cuestionada al respecto la muchacha reconoció que había consumado su excavación y no fue capaz de ofrecer otra explicación que su improbable gusto por hacer hoyos (*"I just like to dig holes"*).

La publicación "Análisis psicológico Alyssa Bustamante" ofrece alguna luz sobre el asunto, pero es prudente tomarla con pinzas. El texto dice a la letra: "Una amiga de Alyssa se acercó a los agentes y les dijo que sospechaba de su amiga, quien no se había presentado a la escuela al día siguiente del asesinato, sin justificar su ausencia. Al saber esto la policía consiguió una orden de cateo y encontró los

---

[1] Con la idea de hacer más ágil la lectura, en vez de señalar la fuente de cada detalle, remito al lector a las referencias del capítulo. En justo mencionar, sin embargo, que la crónica en la que mayormente me apoyo es: Tricia Romano. "Alyssa Bustamante and the Murder of Elizabeth Olten". *Scribd* (en línea). Disponible en <http://bit.ly/2QDG0lQ> [Consulta: octubre de 2012].

diarios de Alyssa".[2] No se identifica el nombre de la supuesta amiga ni ninguna fuente que avale lo dicho, además de ser el único sitio, hasta donde sé, que contiene esta información. Agreguemos que el documento contiene muchas imprecisiones y juicios apresurados —por ejemplo, asegurar que la chica padece "un trastorno del desarrollo neurológico relacionado con el alcohol", refiriéndose a las aficiones de sus padres, cuando no existe estudio neurobiológico que sustente la afirmación—, para no hablar de múltiples errores sintácticos y ortográficos.

En *Alyssa Bustamante and the Murder of Elizabeth Olten,* Romano escribe de manera críptica: "Ciertos detalles empezaron a emerger y los rumores se esparcieron rápidamente. Una adolescente fue descrita como sospechosa. La Policía reunió evidencia que apuntaba hacia ella [¿?]". Con probabilidad este oscuro párrafo quiere sugerir indicios poco tangibles, como las opiniones de los vecinos sobre Alyssa, algunos de los cuales la consideraban extravagante, por decir lo menos, y sin duda no apreciaban el aspecto *gótico* que ofrecía en las páginas de las redes sociales –Myspace, Twitter, Facebook– ni el tatuaje con la palabra *hate* (odio) que ostentaba en su brazo. A pesar de que se la consideraba buena estudiante –era la tercera más aplicada en su colegio–, y de ser apreciada por la comunidad mormona a la que pertenecía, había cultivado al mismo tiempo mala reputación entre los jóvenes vecinos y en la escuela, por abusar de otros chicos. Sus problemas depresivos tampoco eran secretos.

Cabe suponer que con la suma de tales elementos los detectives sólo tuvieron que presionar para obtener una confesión. La consiguieron: Alyssa declaró que cuando Elizabeth ya iba rumbo a su casa la llamó a su teléfono celular y la exhortó a volver, prometiéndole "una sorpresa". La niña cayó en el engaño y aceptó penetrar en el bosque con la hermana de su amiguita, quien llevaba un puñal escondido en su mochila. Seguramente esta adolescente le inspiraba confianza, pues la pequeña temía a la oscuridad y ya eran alrededor de las

---

[2] Saawi Miereles Cleto. "Análisis psicológico Alyssa Bustamante". *Docsity* (en línea). Disponible en <http://bit.ly/2RUYaj9> [Consulta: octubre de 2018].

dieciocho horas de una fría tarde otoñal, el tiempo que su mamá le había puesto como límite para regresar a cenar.

Una vez aisladas por la malicia y el follaje, la depredadora se arrojó implacablemente sobre su víctima, hasta quitarle la vida.

Los agentes que escucharon el relato la apremiaron para que los condujera adonde había sepultado el cadáver. Encontraron los restos de Elizabeth en una fosa no muy lejana a la previa (pero no junto a ella), situada en la espesura detrás de la casa de la homicida; esta vez el agujero se hallaba cubierto por tierra y estaba disimulado con maleza y hojas sueltas.

El cuerpo de la niña mostró numerosas marcas de cuchillo en brazos y cuello; sus muñecas y garganta habían sido cortadas. Las repetidas puñaladas hundidas en su pecho se identificaron como causa de muerte; la autopsia reveló que también la habían estrangulado.

Cuestionada sobre el móvil del asesinato la detenida confió al sargento David Rice, de la Policía de Missouri, sin advertir la insensibilidad de sus palabras: "Quería saber qué se sentía".

¿Debemos creer esta aparente inocencia envenenada? No sin matices. Por un lado, existe al menos un testimonio que confirma la preexistencia de tal curiosidad. Apenas sucedido el atentado una compañera escolar de Alyssa se presentó a declarar que la indiciada le había revelado su interés por cometer un asesinato. Días más tarde, al ser entrevistada en KMOV –canal de televisión de Saint Louis, Missouri–, Jennifer Meyer declaró: "Yo estuve en su fiesta y ella me llevó a un lado para decirme '¿Sabes? me gustaría saber qué se siente matar a alguien'. Yo supuse que se había enojado con alguno de sus amigos que estaban ahí y me pareció un poco extraño. Lógicamente no piensas que una de tus amigas vaya a matar a alguien".

Por otro lado, en la entrada del 14 de octubre de 2009 del diario personal confiscado a la adolescente –escrita una semana antes del fallecimiento de Elizabeth Olten–, Alyssa lamenta que el cargador de su teléfono celular esté averiado, lo cual le impide comunicarse con otras personas para compartir la cólera y la depresión que la aquejan. Escribe con profética desesperación: "Si no hablo acerca de ello lo voy a acumular, y cuando estalle alguien va a morir".

Estas palabras remiten a un estado emocional allende la mera curiosidad insana, pero no bastan para comprender el acto como producto de una *furia explosiva*, generada por frustración reprimida y soledad. Tal hipótesis queda desmentida por cómo Alyssa asecha a su presa y prepara su ejecución y entierro: persuade a su media hermana para que invite a la niña; la atrae de regreso cuando sus familiares suponían que se dirigía a casa; la conduce a un sitio cuidadosamente elegido por su soledad e incomunicación, valiéndose de una mentira que es sensato estimar no improvisada; se ocupa en llevar oculta y a la mano el arma homicida; sobre todo: tiene la precaución de cavar –¡con una semana de anticipación!– la tumba en la que hará desaparecer el cadáver junto con toda huella de su crimen.

Se trata, como puede apreciarse, de una serie de actos proyectados con esmero y realizados con disciplina y rigor, características inconsistentes con un *estallido* de ira y sí compatibles con la morbosa inquietud de explorar la experiencia de matar a alguien.

También son concurrentes con el pasaje que Alyssa Dailene redactó en su diario inmediatamente después del crimen, el cual puede ponderarse como un ejercicio reflexivo justo para investigar *cómo se siente* ultimar a un ser humano: "Acabo de matar a alguien. Las he estrangulado y cortado sus gargantas y acuchillado. Ahora están muertas. No sé qué sentir en este momento. Fue sorprendente. Tan rápido como superas el sentimiento de 'Oh dios, no puedo estar haciendo esto', es bastante disfrutable. Ahora estoy un poco nerviosa y temblorosa. Bueno, tengo que irme a la iglesia ya… ja, ja".[3] En efecto fue a la iglesia, pero no a un servicio espiritual sino a un baile de la comunidad.

---

[3] Transcribo enseguida el texto literal, incluida la ortografía caprichosa y algunos modismos intraducibles: "I just focking killed someone. I strangled them and slit their throat and stabbed them now they're dead. I don't know how to feel atm [at the moment]. It was ahmazing. As soon as you get over the 'ohmygawd I can't do this' feeling, it's pretty enjoyable. I'm kinda nervous and shaky though right now. Kay, I gotta go to church now… LOL ['*lot of laughs*' o '*laughing out loud*']".

Sorprende y desconcierta el empleo del plural en el fragmento anterior, lo cual está de acuerdo con la excavación de dos sepulturas.[4] Tanto la acusada como las autoridades aseguran que el párrafo –el cual Alyssa tachó con tinta azul, por lo que tuvo que ser procesado por un perito en caligrafía para revelarlo durante el juicio– fue escrito después del atentado; es además lo que dice a la letra. ¿Pretendía engañarse haciéndose pasar íntimamente como autora de un doble homicidio? ¿El pasaje, contra toda lógica, fue preparado antes del incidente y corresponde a una fantasía optativa y no a una experiencia real? ¿Esperaba dar a leer su cuaderno a otras personas, convencida de que no sería descubierta, y por ello exageró su *hazaña*? ¿Contaba con forzar las cosas hasta *convertir en verdad* lo escrito a través de la comisión de otro crimen con similar procedimiento? Resulta arduo encontrar explicaciones satisfactorias para estas y otras preguntas, que hacen enigmáticas las palabras escritas por la joven.

Si queremos entender su conducta, así sea parcialmente, conviene tratar de reconstruir algunos aspectos de su pasado. No será edificante: Michelle Bustamante, su madre, era apenas una adolescente cuando nació Alyssa. En su mediocre historial delictivo se descubrió una serie de transgresiones menores, que iban desde insistentes violaciones de tránsito hasta tenencia y consumo de drogas. Su expediente registra tres arrestos: dos por manejar su automóvil ebria y uno por posesión de marihuana. En diversas páginas de la red se reitera que tanto ella como su pareja consumían estupefacientes y trataban a su hija con el consecuente descuido, cuando no con franca violencia. Las fuentes que hablan de maltrato, sin embargo, no sustentan de

---

[4] El que Alyssa preparara dos tumbas dio pie a diversas especulaciones en el aparato judicial y en la prensa. Una de ellas presumía que la media hermana de la adolescente, amiga de Elizabeth, estaba destinada en principio a hacerle compañía; otra daba por seguro que el objetivo original del ataque era su par de hermanos gemelos. No lo sabremos; cuando en el juicio el fiscal le preguntó a la acusada por qué había preparado dos fosas, ésta se limitó a responder: "No, por ahora no puedo decirlo".

modo convincente que se infligiera violencia física sobre la menor,[5] por lo cual conviene mantener las debidas reservas. En cambio, no hay duda acerca de que su situación familiar constituía una fuente de inestabilidad y sufrimiento emocional para la chica: desde su infancia estuvo ausente el padre –César Bustamante, de origen mexicano, quien apenas tenía diecinueve años cuando ella nació–, debido a que cumplía una década de condena en la penitenciaría de Missouri Eastern Correctional, convicto por tres asaltos;[6] continuaba encerrado cuando los hechos ocurrieron.

No está muy claro si ella y los gemelos Nathaniel y Joseph, cinco años menores que su hermana, fueron simplemente abandonados por su madre o si su abuela,[7] Karen Brooke, los reclamó legalmente sin el consentimiento de aquélla, pero cuando Alyssa cumplió siete años y ellos apenas uno, quedaron bajo su custodia y tutela. Acaso esta mujer tomó *demasiado* en serio su papel de guardia, porque varios testimonios sostienen que ejercía una vigilancia rayana en el acoso. Ello no coincide con otros hechos que forman parte de esta crónica y parecen indicar lo contrario, lo cual permite conjeturar que el rigor estricto oscilaba con la indiferencia. En plena efervescencia mediática desatada por los desdichados sucesos, la señora Brooke describió a su hija Michelle ante las cámaras de la cadena Fox News como "drogadicta y alcohólica", lo que sin duda revela más rencor

---

[5] En general, se trata de referencias vagas, casi insinuaciones, como la siguiente, extraída de la correcta nota de Sammy Rose Saltzman: "[Ella] creció en un hogar turbulento, dijeron sus amigos, y tal vez no sea la única Bustamante con disposición a la violencia". Sammy Saltzman. "Father of Alleged Elizabeth Olten Killer Alyssa Bustamante Has Violent Past". *CBSNEWS Crimesider,* 25 de noviembre de 2009 (en línea). Disponible en <https://cbsn.ws/2OHY2S7> [Consulta: agosto de 2012].

[6] En entrevista telefónica concedida el 20 de noviembre de 2009 a *Crimesider,* Jennifer Meyer, la ya citada compañera de Alyssa –quien de acuerdo con el precepto de Andy Warhol aprovechaba sus quince minutos de fama– aseguró que el padre de su amiga estaba preso por apuñalar a alguien, lo cual es falso. Sin embargo, es verdad que en uno de los asaltos por los que fue condenado empleó un arma blanca para intimidar a su víctima.

[7] Algunos textos, incluyendo el mencionado en la nota anterior, hablan de *sus abuelos;* otros sólo refieren a la abuela, que es la única cuyo nombre se menciona.

que apoyo y, sobre todo, hace transparente el intento de desplazar una responsabilidad que ella había asumido desde hacía ocho años.

Entre Alyssa y los mellizos había un nexo especial, aunque difícil de definir. En la cuenta abierta por la adolescente en YouTube, bajo el significativo nombre de *OkamiKage* –"Sombra de lobo" en japonés–, podían hallarse videos de juegos simplones, insensatos y a veces violentos, en los cuales participaban los tres siempre bajo el natural liderazgo de la mayor. Algunos de ellos prefiguraban el arrojo y la excitación que experimentaba la joven al franquear los límites, así como la oscura influencia que ejercía sobre sus hermanos. En el que lleva por título *Idiots Getting Electrocuted by Elecrtric Fence* ("Idiotas electrocutados por una cerca eléctrica") se ve a los tres chicos vestidos con prendas que incluyen calaveras frente a una barda electrificada. Mientras uno de los gemelos sostiene la cámara, Alyssa sonríe y –no sin titubeos– toca la valla durante un par de segundos, recibiendo una descarga que la arroja al suelo, o le da pretexto para tirarse, con un breve grito. Aunque este insólito espectáculo, que no disimulaba el dolor de la experiencia, debería ser suficiente para disuadir a sus no tan pequeños hermanos (tenían casi diez años) de reproducirla, la chica logra convencerlos de intentarlo. Antes de ello se lee en pantalla: *This is where it gets good, heh, heh, heh, we get to see my brothers get hurt* ("Aquí es donde se pone bueno, je, je, je, conseguimos ver a mis hermanos herirse"). Y lo hacen brevemente, hasta acabar en el piso entre estertores y risas. Al final aparece un nuevo letrero: *Hope you enjoyed seeing us get hurt* ("Esperamos que hayan disfrutado viéndonos dañarnos").[8]

Otros contenidos que en su momento integraron el blog de Alyssa en el sitio YouTube y sus páginas en las redes sociales nos pueden

---

[8] Me parece que el video impresiona menos que lo sugerido por su descripción escrita. Puesto que cuando redacto esta página todavía puede hallársele en internet, confío en que el lector tendrá la oportunidad de formar un juicio directo sobre la conducta de Alyssa en este renglón. Véase, por ejemplo: "La joven que asesinó a su vecina de 9 años es condenada a cadena perpetua revisable". *teinteresa.es*, 8 de febrero de 2012 (en línea). Disponible en <http://bit.ly/2DCCzcj> [Consulta: agosto de 2012].

ayudar a comprenderla, aunque es necesario tener siempre presente que en todos los casos se trata de *personajes* que los cibernautas crean, si se quiere a semejanza e imagen de sus autores, pero que corresponden menos a las personas reales que a la *representación* ideal que de sí mismas tienen.

En el caso de Alyssa llaman la atención dos fotografías en las cuales está disfrazada, sin que en principio parezca un material distinto al que se puede hallar en otros sitios generados por adolescentes: en ambas oscurecen sus ojeras y párpados gruesas sombras negras que rodean a sus ojos azules, casi cubiertos por el cabello; en las dos se dibujan descendiendo, desde las comisuras de la boca pintada, sendas líneas escarlata imitando sangre. La primera de ellas la muestra con un gesto amenazador y los dientes apretados, crispando la mano a manera de garra con uñas negras; en la segunda simula con los dedos pulgar, índice y medio una pistola pegada a su sien, a punto de ser disparada.

¿Dramatismo? Sí, no hay duda, pero con detalles que aproximan estos juegos a la tragedia. Cuando se mira con mayor detenimiento la foto descrita inicialmente se advierte que desde la muñeca de la chica hasta casi la mitad del antebrazo hay numerosos cortes, aunque no muy profundos. No se trata de efectos especiales para la puesta en escena: son marcas de lesiones autoinfligidas con la probable intención de castigarse o escandalizar, llamando la atención. En la sección de YouTube donde los usuarios definen sus aficiones, la joven escribió sin ambigüedad: "Adicta al terror", "Matar gente" y "Cortar".

No fueron los únicos mensajes de orgulloso socorro que Alyssa envió sin dirección precisa antes del asesinato. Nadie próximo a ella ignoraba su afición por navajas y cuchillos. Aún puede rastrearse en la red la imagen donde se ve su mano simulando hundir un objeto punzocortante en el vientre de uno de los gemelos, mientras otra persona lo inmoviliza.[9] En su Twitter se localizaba "en algún lugar donde no quiero estar".

---

[9] Es necesario subrayar que, en la fotografía, resulta *evidente* que se trata sólo de un juego.

Cuando sólo tenía trece años, dos antes de ultimar a Elizabeth, se había intentado suicidar como corolario de una larga depresión: ingirió una sobredosis de analgésicos y logró sobrevivir sin entusiasmo ni convencimiento, pues aunque desde entonces le recetaron Prozac en dosis crecientes, no olvidó sus hábitos autodestructivos, lo cual es patente en los fotogramas comentados.

También lo es en otras fuentes. Por ejemplo Jennifer Meyer –su amiga desde la infancia, a quien hemos citado antes– reveló a CBS News que Alyssa había tratado de matarse "varias veces desde los once años", empleando para ello cuchillos. Aunque no parece una testigo confiable, y nunca especifica el número de ocasiones referidas con "varias veces", lo dicho por esta muchacha debe atenderse como declaración de primera mano que, en la estrecha medida de lo posible, conocía los pormenores del caso. No existe registro de que ni antes ni después de la crisis de 2007 haya sido hospitalizada, por lo cual debemos creer que Alyssa simplemente se cortaba, sin decidirse a poner en riesgo su vida, hecho que su compañera –no muy dada a la reflexión– juzgaba como intento de suicidio. Resulta inequívoco que constantemente la asaltaban ideaciones autodestructivas, como lo demuestra una multitud de pasajes de su diario. Existen diversas pruebas de que trató de quitarse la vida después de apresada; la más ostentosa es que el juez de su caso ordenó le hicieran regularmente *manicure*, ante la posibilidad de que se abriera las venas con sus propias uñas. El intento en este sentido fue además una de las razones por las cuales, antes del juicio –que se llevaría a cabo hasta 2012–, se le envió al Hawthorn Children's Psychiatric Hospital para ser evaluada y recibir terapia contra los pensamientos oscuros que la rondaban; más tarde se le atendió por las mismas razones depresivas en el Fulton State Hospital.

Ciertamente es desalentador comprobar que en torno a esta adolescente había una gran cantidad de signos que apuntaban a la muerte, si no a la de una víctima inocente –lo cual finalmente fue el caso–, por lo menos a la de ella misma. Nadie pudo o nadie quiso darse cuenta de que la frágil y compleja psique que contenía la *anunciada* violencia podía quebrarse de un momento a otro.

Los defensores de la adolescente, quienes ya habían fracasado en que la Corte accediera a considerarla menor de edad, la hicieron confesarse culpable de asesinato en segundo grado –es decir, no premeditado (¡a pesar de las tumbas cavadas con una semana de anticipación!)–, con el fin de "asumir la responsabilidad" por el crimen y evitar con tal astucia la pena de muerte. Antes de ello habían pretendido sin éxito que el consumo regular de antidepresivos por parte de su defendida, el cual se había elevado por prescripción médica poco antes del homicidio, fuera expuesto en el juicio como la *verdadera causa* del delito, o al menos como atenuante del mismo.

Lograron, ante la indignación de los familiares de Elizabeth –quienes preferían a la asesina muerta en vez de sufriendo cárcel por el resto de su vida–, que se sentenciara a la adolescente a cadena perpetua, encerrándola *por lo menos* treinta y cinco años, con opción de salir libre bajo palabra sólo después de ese tiempo, o sea, a los cincuenta años de edad.

Durante alguna sesión del juicio Alyssa, ya con dieciocho años, se incorporó con dificultad: tenía al frente las manos esposadas con una cadena que unía pies y cintura a través de grilletes. Se dirigió penosamente a la madre y a los hermanos de la niña que había asesinado y dijo: "Estoy extremadamente... muy arrepentida de todo. Sé que las palabras [–hizo una pausa porque le faltaba el aire o deseaba que así pareciera–] no pueden ser suficientes y que no pueden describir lo terriblemente mal que me siento por todo esto. Si pudiera dar mi vida para hacerla volver [a Elizabeth], lo haría. Lo siento".

La madre de la víctima, Patty Preiss, quien al iniciar el proceso calificó a la homicida de "malvado monstruo", guardó silencio.

¿Fue sincero su arrepentimiento o se trató de un papel representado a petición de los defensores? La disculpa tuvo lugar antes de la sentencia, por lo cual es admisible la idea de que pretendía influir en ella. Por otro lado, la asesina confesa no coincide del todo, según mi opinión, con el prototipo de psicópata insensible, por lo cual cabe la posibilidad de que el remordimiento y la aflicción no hayan sido actuados.

En su Tweeter Alyssa Bustamente escribió una frase según la cual esperaba la justificación de su existencia, que consideraba gratuita: "Esto es todo lo que quiero en la vida: una razón para tanto sufrimiento". No la encontró: en su abandono apostó en favor de la maldad y la locura, sin estar loca y sabiendo que podía prescindir del mal. Como todos los depresivos, nunca creyó merecer su vida. Quizás ahora piense distinto.

Referencias

ABC. "Alyssa Bustamante asegura que matar a su vecina de nueve años fue 'increíble' y 'muy agradable'". *ABC.es Internacional,* 9 de febrero de 2012 (en línea). Disponible en <http://bit.ly/2qJayHL> [Consulta: agosto de 2012.

ABC. "Alyssa Bustamante, la menor que estranguló y acuchilló a su vecina 'para saber qué se sentía'". *ABC.es Internacional,* 9 de febrero de 2012 (en línea). Disponible en <http://bit.ly/2FiCKv2> [Consulta: agosto de 2012].

ABC. "Cadena perpetua para la adolescente que mató a una niña para saber 'qué se sentía'". *ABC.es Internacional,* 10 de febrero de 2012 (en línea). Disponible en <http://bit.ly/2zPscgR> [Consulta: agosto de 2012].

Castroviejo, Thomas. "Alyssa Bustamante, de 18 años, condenada a cadena perpetua por el asesinato de una niña". *Yahoo Noticias*, 9 de febrero de 2012 (en línea). Disponible en <http://bit.ly/2Pu9eaB> [Consulta: agosto de 2012.

Daily Mail Reporter. "'I just f***ing killed someone and it was ahmazing': The sick diary entries of teen who strangled and stabbed neighbour, 9". *MailOnline,* 7 de febrero de 2012 (en línea). Disponible en <https://dailym.ai/2FtRgQW> Consulta: agosto de 2012].

KCMB. "Alyssa Bustamante Pleads Guilty to Murder of Elizabeth Olten". *Kansas City News,* 10 de enero de 2012 (en línea). Disponible en http://bit.ly/2Ps7sXo> Consulta: agosto de 2012].

Lieb, David A. "Adolescente de Misuri, condenada a cadena perpetua". *La Hora,* 8 de febrero de 2012 (en línea). Disponible en <http://bit.ly/2B2ReLw> [Consulta: octubre de 2018].

Miereles Cleto, Saawi. "Análisis psicológico Alyssa Bustamante". *Docsity* (en línea). Disponible en <http://bit.ly/2RUYaj9> [Consulta: octubre de 2018].

teinteresa.es. "La joven que asesinó a su vecina de 9 años es condenada a cadena perpetua revisable". *teinteresa.es,* 8 de febrero de 2012 (en línea). Disponible en <http://bit.ly/2DCCzcj> Consulta: agosto de 2012].

Saltzman, Sammy. "Father of Alleged Elizabeth Olten Killer Alyssa Bustamante Has Violent Past". *CBSNEWS Crimesider,* 25 de noviembre de 2009 (en línea). Disponible en <https://cbsn.ws/2OHY2S7> [Consulta: agosto de 2012].

Romano, Tricia. "Alyssa Bustamante and the Murder of Elizabeth Olten". *Scribd* (en línea). Disponible en <http://bit.ly/2QDG0lQ> [Consulta: octubre de 2018].

Torres, Vicglamar. "Alyssa Bustamante: ¿víctima de sus circunstancias o un demonio?". *Mamás Latinas. Noticias,* 09 de febrero de 2012 (en línea). Disponible en <http://bit.ly/2Q0CEfA> [Consulta: agosto de 2012].

Univisión, "Adolescente que mató a niña de nueve años reveló que lo disfrutó". *Univision Noticias,* 7 de febrero de 2012 (en línea). Disponible en <http://bit.ly/2B44W0p> [Consulta: agosto de 2012].

Cristian Fernández
(doce años)

Tienes que tragarte los sentimientos
y sacártelos de la cabeza.
CRISTIAN FERNÁNDEZ, a un consejero

La vida de Cristian Fernández fue marcada por el fierro de la violencia incluso antes de nacer. Cuando tenía once años, Biannela Marie Susana, hija de emigrantes dominicanos establecidos en Jacksonville, bajo condiciones precarias, fue violada sexualmente por un vecino y, como consecuencia de tal crimen, concibió al niño. Al menos eso indica la gran mayoría de los relatos. El periódico *El País* (Washington), que investigó el caso por cuenta propia, difiere un poco de la versión general: "El padre fue condenado por relaciones sexuales consentidas con la madre, porque ella era entonces menor".[1] No obstante, se trate de violación, estupro o de abuso, lo cierto es que el progenitor de Cristian fue enjuiciado y sentenciado a diez años de prisión,

---

[1] David Alandete. "Un fiscal de EEUU pide cadena perpetua para un niño de 12 años". *El País*, Washington, 12 de junio de 2011 (en línea). Disponible en <http://bit.ly/2OFwgFX> [Consulta: septiembre de 2013].

lo cual en todos los casos es inconsistente con la severidad que prevé la legislación de Florida en la materia.[2]

Entre los aspectos contemplados por la ley que sí se cumplieron encontramos la desatinada prohibición penal de que la niña abortara, por lo que a los doce años parió a Cristian convirtiéndose en madre soltera, como la suya propia, quien lo era desde los quince o dieciséis años.

El contexto de una niña que debía hacerse cargo de un bebé habiendo sido educada por una adolescente, en medio de violencia, discriminación, racismo y pobreza, difícilmente podía ser más sórdido… Pero lo era: la joven abuela era adicta a drogas pesadas, a las cuales dedicaba una atención mucho más solícita que al nieto a quien supuestamente ayudaba a cuidar. Cuando ella tenía unos treinta años,[3] su hija catorce y Cristian dos, los medios de comunicación informaron sobre una patrulla que a las dos de la mañana había encontrado a un varoncito, desnudo y sucio, vagando solo por las calles de Miami. La creatura, que apenas caminaba, se había salido de la desordenada y maloliente habitación de hotel donde la mamá de Biannela creía estarlo custodiando, mientras llevaba varios días de *viaje* interior.

El extraordinario percance pudo haber derivado en buenas consecuencias. Indagadas las circunstancias que permitieron el deambular del pequeño en la madrugada, se encontró que la madre, con

---

[2] "Según las leyes establecidas por el Estado de la Florida una persona de 16 años o más que comete abuso sexual o intenta cometerlo y perjudica los órganos sexuales de una víctima menor de 12 años comete una felonía capital, lo que significa la pena de muerte o la prisión de por vida. Una persona menor de 18 años que comete abuso sexual o intenta agredir […] sexualmente a un menor de 12 años comete una felonía castigable de por vida como se provee en la ley del Estado". "La violación da hasta pena de muerte". *El Tiempo.com*, 15 de julio de 1995 (en línea). Disponible en <http://bit.ly/2RRmrXp> [Consulta: septiembre de 2013].

[3] Sólo *Sipse.com* disiente en la edad: "su abuela de 34 años se encontraba sumergida en las drogas", adjudicando con ello cuatro años más a la inefable *nona*. "Dramático: niño de 12 años mata a golpes su hermano de 2 años". *Sipse.com*, 9 de junio de 2011 (en línea). Disponible en <http://bit.ly/2Pqhic5>, [Consulta: septiembre de 2013].

catorce años y una completa ignorancia acerca de sus responsabilidades, estaba igualmente menesterosa de la protección estatal. Sólo un reporte informa que la mamá de Susana fue encerrada por su increíble descuido, pero todos coinciden en que de su hija y su nieto se hicieron cargo los Servicios Sociales de Florida: "vivieron en albergues y hogares sustitutos debido a que la abuela estaba en la cárcel por cargos de drogadicción".[4]

Cabría esperar que bajo la tutela gubernamental se normalizara, en la medida de lo posible, la crítica situación de ambos menores. Error. La siguiente noticia que encontramos sobre Cristian –francamente la hallo incomprensible– es que a los tres años fue expulsado de la guardería por bajarle los pantalones a un compañero e intentar tener relaciones sexuales con él o simularlo. Como explicación de esta insólita conducta todos los testimonios –al parecer basados en investigación judicial, pero nunca acertadamente referidos– relatan que el niño había sido violado por un primo suyo y, en consecuencia, que al actuar de esa manera no hacía sino repetir lo que en carne propia estaba viviendo o había vivido hacía poco tiempo.

Doy por descontado, junto con todos esos informes, que Cristian había pasado por graves experiencias de abuso sexual: sólo así es comprensible el suceso de la guardería. No obstante, resulta al menos extraño que *el primo* al que todos aluden nunca sea nombrado (¿era quizás un menor?) y que tampoco se revele cuándo y cómo sucedieron los hechos, considerando que el niño vivía, precisamente, bajo la vigilancia del Estado.[5] ¿Debemos creer que los hogares que éste le asignaba no habían sido investigados y que, casualmente, eran en particular peligrosos? No es imposible, por cierto, pero resulta más fácil pensar que Florida se desentendió del caso y que Biannela Marie Susana regresó a la comunidad familiar, donde Cristian Fernández

---

4   Hola Noticias. "Cristian Fernández se declara culpable". *Hola Noticias*, Jacksonville, 15 de febrero de 2013 (en línea). Disponible en <http://bit.ly/2RPhJte> [Consulta: septiembre de 2013].

5   Otras fuentes indican que no fue un primo, sino un padrastro, el autor de los abusos, lo cual desde luego es poco aceptable. ¿Cuántos padrastros había tenido Cristian a los tres años, con una madre de catorce bajo la tutela gubernamental?

tuvo la desgracia de encontrarse con un primo sádico y pedófilo. Son meras conjeturas sin valor probatorio; pero, ¿cómo explicar de otro modo el contenido sexual del suceso?

La expulsión que se expone como corolario del hecho no es menos extravagante. Una institución educativa y social, dependiente directa o indirectamente del gobierno, no puede sacar de filas a su antojo a alumnos problema: justamente se le ha establecido para lidiar con ellos. Y en todo caso, ¡se trataba de un niño de tres años! ¿Quién lo puede considerar una amenaza incontrolable para los demás, sin oportunidad de redención ni siquiera en el ámbito de la formación preescolar? Se antoja realmente absurdo, aunque la realidad social suele ser muy permisiva en este renglón.

Nadie explica quién y cómo se cuidó al niño expulsado ni si ingresó en otra guardería. Así debió ser, y ciertamente con el concurso de las autoridades, porque cuando Cristian tenía seis años el Departamento de Menores en Jacksonville expresa su alarma al enterarse de que ha matado a un gato –faena nada fácil a ninguna edad, y menos a esa–, aduciendo como explicación que lo arañó. Acaso ya no necesitaba hacerlo: los rasgos psicopáticos son manifiestos y el chico ensaya su odio en los animales antes de probar su odio en los humanos. Las autoridades se escandalizan, o simulan hacerlo, y deciden someterlo a un tratamiento psicológico cuyo sensato objetivo era "tratar de corregir su comportamiento antisocial y con tendencias criminales".[6]

A los seis años, pues, Cristian Fernández estaba perfectamente tipificado por las instituciones especializadas en menores de Florida como un niño peligroso al cual era urgente corregir. Seis años más tarde asesinó sin compasión ni obstáculo a su medio hermano. Entre una edad y otra, ¿quiénes se equivocaron?, ¿cuál fue el destino del incierto tratamiento psicológico? La Seguridad Social y la familia,

---

[6] *Apud* Roberto Arnaz. "La terrible historia del reo más joven de EEUU: Cristian Fernández, de 13 años, se enfrenta a cadena perpetua por asesinato". *lainformacion. com*, 17 de septiembre de 2012 (en línea). Disponible en <http://bit.ly/2z5WVGT> [Consulta: septiembre de 2013].

ambas conscientes de la patente amenaza que representaba el menor, ¿le permitieron convertirse en fratricida sin oposición?

No es fácil responder a eso. Acaso Cristian haya experimentado lo que Freud llamaba el periodo de *latencia*; es decir, una fase que se verifica aproximadamente desde el final de la etapa edípica y el inicio de la pubertad, entre los seis y los doce años aproximadamente, en la cual el desarrollo del impulso sexual y de las cargas agresivas que lo acompañan se detiene o, al menos, disminuye de manera notable. Lo cierto es que, además, Biannela estaba muy ocupada para hacer caso a su hijo: cuando éste se encontraba a punto de cumplir los seis años ella se casó con Luis Alfonso Galarrago Blanc, un hombre del que sabemos poco y, aun eso, de modo contradictorio y fragmentario. Parece verdad que el matrimonio, de apenas cinco años y meses, no tuvo al principio sobresaltos mayores; en cualquier caso, no se hicieron públicos ni llegaron a las cortes. En ese lapso procrearon tres hijos;[7] el mayor de ellos de inmediato, de suerte que cuando más tarde Cristian lo violaba sexualmente el chico tenía cinco años y su agresor once o doce.

Es imposible tener la certeza de si el descubrimiento de este hecho precipitó el suicidio de Luis Alfonso Galarrago. Sabemos que su última acción antes de darse un balazo delante de sus hijos y de su hijastro[8] fue propinarle a Cristian una muy severa golpiza, pero en ninguna nota se registra que ésta haya implicado atención

---

[7] Este no es un hecho muy mencionado y tal vez esté equivocado; la única fuente que lo reconoce lo hace incidentalmente, al citar el pacto legal al que llegarían finalmente la fiscalía y los abogados de Cristian: "El acuerdo también implica que no podrá acercarse a sus otros dos medios hermanos". Hola Noticias. "Cristian Fernández se declara culpable", *op. cit.*

[8] Según *Presente*, Cristian no estaba, pero se trata de una excepción en medio de la información disponible y quizá sólo de un descuido: "Tras cinco años de difícil convivencia, Galarrago se pegó un tiro delante de los hermanastros de Cristian". DMG. "Niño asesino y violador alcanzaría cadena perpetua". *Presente, diario del sureste*, septiembre 22 de 2012 (en línea). Disponible en <http://bit.ly/2DD-1g8w>, [Consulta: septiembre de 2013]. Aprovecho la cita para aclarar que es incorrecto, como casi todos los testimonios registran, que se les llame a estos chicos "hermanastros" de Cristian, pues propiamente eran sus medios hermanos dado que compartían la misma madre.

hospitalaria (su madre, como veremos, prefería prescindir de los servicios médicos).

A propósito de la muerte del esposo de Biannela Susana se han redactado versiones sumamente cuestionables en la red. Un periódico peruano consigna: "Por si fuera poco, el padrastro del niño abusó de él y se suicidó frente a él en el 2010".[9] Aunque ya habíamos encontrado con anterioridad la idea de que "los padrastros" de Cristian lo violaban no se ofrece al respecto ningún apoyo documental ni testimonial; empero, si alguno tuvo la oportunidad de hacerlo fue Galarrago. Igualmente sin autor, el relato de *sipse.com* repite la especie, en esta ocasión como causa de la decisión de Luis Alfonso: "su padrastro se suicidó frente a la familia para evitar ser detenido por abusar continuamente de Cristian".[10] Aún menos razones hay para atender esta sorprendente variante, que invierte el orden de los hechos por medio año: "Aprovechando que nadie lo veía, Cristian mató a golpes a su hermanito de dos años y, cuando Luis Alfonso regresó, no podía creer lo que veía: su hijo asesinado por su hijastro. Furioso, Galarraga [*sic*] Blanc le da una brutal paliza a Cristian, toma una pistola, y se suicida delante de Biannela, de los hijos que había tenido con ella, y del propio Cristian".[11] Lo curioso es que el redactor anónimo de *Asesinos-en-serie* cita como fuente a *lainformacion.com*, donde de manera clara el autor explica, aludiendo al traumático suicidio: "Aquel hecho marcó profundamente la ya difícil personalidad del niño que, apenas seis meses después, fue detenido acusado de ser el responsable de la muerte de su hermanastro. Tenía 12 años".[12]

Cualesquiera que hayan sido las razones que empujaron a Luis Alfonso Galarrago a quitarse la vida, es seguro que el hecho no mejoró ni la convivencia de la familia ni la personalidad del preadolescente

---

9 El Comercio. "Cristian Fernández es acusado de matar a golpes a su hermanastro de dos años en Jacksonville, Florida". *El Comercio.pe*, 9 de junio de 2011 (en línea). Disponible en <http://bit.ly/2RRRz9j> [Consulta: septiembre de 2013].

10 Sipse, *op. cit.*

11 Asesinos en serie. "Los niños asesinos". En *Asesinos-en-serie*, 24 de abril de 2013 (en línea). Disponible en <http://bit.ly/2K5JWNI> [Consulta: septiembre de 2013].

12 Roberto Arnaz, *op. cit.*

problema, cuya violencia volvió a desatarse, si es que había tenido remanso, y se ensañó con sus hermanitos; el de cinco años, de quien ya se ha dicho que Cristian abusaba, y el menor, que tenía sólo dos años. A este último le rompió una pierna el 22 de enero de 2011, dando un nuevo aviso de alarma que Biannela insistió en ignorar olímpicamente. No sólo no se hizo cargo del asunto, sino que, con una estulticia próxima a imbecilidad clínica, "mintió a los agentes de policía y les dijo que la fractura la había provocado una caída. Tardó, además, dos días en buscar atención médica, esperando que la rotura se curara por sí misma".[13] En otras palabras: la madre cubre las espaldas del agresor y, con tal de que alguien se haga cargo de sus otros dos niños, aprueba o al menos no impide que Cristian los viole y golpee con libre encono.

Tal vez no previó la profundidad de las consecuencias, aunque se antoja imposible no sospecharlas. El aciago 14 de marzo de 2011 salió hacia su trabajo dejando a los niños encargados con su medio hermano. En su ausencia el más pequeño, David Galarrago, sufrió en manos de éste una tunda despiadada: valiéndose de un estante Cristian lo golpeó repetidamente en la cabeza, dejándole además de graves contusiones en nariz y ojos una fractura de cráneo que le provocó hemorragia cerebral y lo sumió en estado de coma. Así lo encontró su madre: tirado en el piso y sangrando por la nariz y los oídos. No me parece aceptable que haya creído la explicación del agresor, según la cual el niño había caído de la cama, pero actuó como si así fuese y "en lugar de llamar a una ambulancia, limpió la sangre de la cara del bebé, lo cambió de ropa y le puso hielo en la cabeza".[14] Una vez cumplido su deber, ¡y a pesar de que el niño seguía inconsciente!, Biannela Susana se dedicó a navegar en internet: consultó información sobre la vida de las celebridades, descargó música y realizó operaciones bancarias, lo cual se revelaría al analizar su computadora durante la investigación.[15]

---

[13] David Alandete, *op. cit.*

[14] EGC. "Niño de 12 años mata a su hermano, tendría cadena perpetua". *Excélsior*, 6 de junio de 2011 (en línea). Disponible en <http://bit.ly/2TdLZQ7> [Consulta: agosto de 2013].

[15] Véase Roberto Arnaz, *op. cit.*

Sólo un par de horas más tarde, viendo que David no reaccionaba, se comenzó a preocupar y sospechó que no se trataba de una contusión de la cual el pequeño "despertaría" espontáneamente. Sin embargo, en vez de pedir ayuda médica de urgencia se dedicó a buscar en la red información sobre los síntomas de un golpe en la cabeza. Su exploración dio resultados; la web hizo que por fin se percatara de la gravedad del asunto y decidió llevar ella misma al niño al Hospital St. Luke, sin llamar a la policía.[16] Allí, después de dos días de recibir cuidados intensivos, falleció David Galarrago el 16 de marzo a causa de una fractura de cráneo y del consiguiente derrame cerebral. "La autopsia confirmó que si Biannela Marie hubiera avisado a los servicios médicos nada más llegar a casa, el bebé habría tenido muchas posibilidades de sobrevivir".[17] Cabe observar a este respecto que si bien la mayor parte de los relatos computan en dos horas el tiempo desperdiciado por la madre antes de tratar de solucionar el problema, en el juicio a ésta su negligencia se reveló aún más grave: "Durante su comparecencia en la corte, Susana declaró que esperó ocho horas antes de buscar atención médica para David, luego de que llegara a la casa y lo encontrara inconsciente".[18]

El trabajo del médico forense, quien realizó la autopsia el 17 de marzo, demostró que la muerte del chico debía considerarse asesinato, no accidente, a pesar de que en sus primeras declaraciones Biannela Susana seguía tratando de encubrir a Cristian. En el hospital repitió la absurda historia de éste, asegurando que David se había caído de la cama, y pretendió explicar con pretextos similares las múltiples huellas de violencia que ostentaba el cuerpo del bebé,

---

[16]   Es la versión de *El País* (David Alandete, *op. cit.*); otros sitios afirman que llamó a una ambulancia e incluso "a las autoridades".

[17]   Roberto Arnaz, *op. cit.*

[18]   Hola Noticias. "Cristian Fernández …", *op. cit.* Otra versión afirma que "tardó cuatro horas en llevar a su hijo al hospital". MG. "La madre de Cristian Fernández, el niño que mató a su hermano, no irá a prisión". *teinteresa.es*, 21 de agosto de 2013 (en línea). Disponible en <http://bit.ly/2zQXJ28>, [Consulta: septiembre de 2013].

sabiendo que eran producto de las golpizas que le propinaba su medio hermano.

Por su parte Cristian fue apresado e interrogado por el *sheriff* de Jacksonville, incluso antes de que su hermano falleciera, lo cual no deja de ser un poco extraño. Como cabía esperar, no mostró remordimientos al rendir su declaración a detalle: "Fernández había sido arrestado el 15 de marzo. Se le leyeron sus derechos. Él confesó en el acto: la paliza, el modo en que la propinó, el desmayo de su hermanastro menor. '¿Sabes que lo que has hecho está mal?', le preguntó el agente. 'Sí', dijo".[19]

Lo que siguió fue un escandaloso *boom* mediático generado, no por la crudeza y helada gratuidad de un crimen evitable, sino porque la edad de su autor lo podía convertir en la persona más joven en recibir una sentencia de cadena perpetua en Estados Unidos. Debido a sus doce años Cristian debía en principio ser considerado menor de edad por las autoridades judiciales; en tal caso habría enfrentado una condena juvenil que lo liberaría por completo de la institución correccional al cumplir los veintiún años, la mayoría de edad en Florida. Sin embargo, debido a los precedentes del maltrato que solía ejercer sobre sus hermanos, incluyendo no sólo el incidente en el que apenas un par de meses antes le había quebrado la pierna al menor, sino también el abuso sexual ejercido sobre el otro, que se reveló junto con la indagatoria del homicidio, esta posibilidad fue descartada y la Fiscalía solicitó que el muchacho fuese tratado como adulto. Eso significaba, dado que el cargo era asesinato en primer grado, que de ser hallado culpable Cristian Fernández pasaría el resto de su vida en la prisión, sin posibilidad de que se le concediese libertad bajo palabra, ya que "de acuerdo con la jurisprudencia del Tribunal Supremo, es ilegal condenar a los menores de dieciocho años a pena de muerte. Y se les puede condenar a perpetua sin condicional sólo cuando se trate de homicidios, como este caso".[20] La responsable de

---

[19] David Alandete, *op. cit.*
[20] Opinión de Christopher Slobogin, director del Programa de Justicia Criminal de la Universidad de Vanderbilt, *apud idem.*

la acusación, Angela Corey, explicó a este respecto: "tenemos que proteger a la sociedad de este individuo. Aplicar la pena máxima a un niño de doce años es algo muy triste, pero es la única medida legal que tenemos para asegurar la seguridad de los ciudadanos".[21] La jueza de circuito, Mallory Cooper, aceptó la petición.

Se desató entonces un amplio debate en los ámbitos legal, académico y de la opinión pública acerca de tal decisión. Un grupo ciudadano tuvo la iniciativa de recolectar firmas con el fin de oponerse a que Cristian fuese juzgado como adulto: logró recabar ciento noventa mil. No puede decirse que hayan sido determinantes en el desenlace, pero sin duda ejercieron presión en una controversia que se hizo cada vez más compleja. En octubre de 2012 se agendó el juicio para el 4 de marzo de 2013, aunque ya era previsible que éste no se realizaría: el procedimiento estaba interrumpido a causa de un recurso interpuesto por la defensoría de oficio, representada por Rob Manson, para desechar la acusación. El alegato se basaba en "un reciente fallo de la Corte Suprema que desestimó las condenas máximas de este tipo para un menor de edad, por considerarla[s] 'inusual[es] y cruel[es]'".[22]

Las partes enfrentadas pudieron salir del atolladero a través de un acuerdo judicial, acaso cuestionable. El 8 de febrero de 2013 Cristian Fernández se declaró culpable de homicidio involuntario y asalto agravado, acción suficiente para evitar el juicio previsto al siguiente mes y, junto con él, el riesgo de ser condenado a cadena perpetua por la muerte de David Galarrago. La magistrada Mallory Cooper avaló el pacto y ordenó que el niño permaneciera en un centro de reclusión juvenil hasta cumplir diecinueve años. El convenio lo benefició más que si desde un inicio se le hubiese considerado menor de edad, aunque no le evitó pasar cerca de dos años en una cárcel para adultos (si bien separado de éstos): "Saldrá en enero de 2018, luego de recibir

---

[21] *Apud*, Roberto Arnaz, *op. cit.*

[22] Hola Noticias. "Deciden fecha para el juicio de Cristian". *Hola Noticias*, 19 de octubre de 2012 (en línea). Disponible en <http://bit.ly/2K4Jewl> [Consulta: septiembre de 2013].

terapia sicológica y continuar sus estudios académicos para obtener un diploma de preparatoria. El adolescente, tras su liberación, tendrá que cumplir, además, ocho años de libertad condicional".[23] En caso de que su buena conducta así lo amerite, incluso la libertad bajo caución podría reducirse a cinco años; si por el contrario, viola su palabra, podría ser encerrado en una cárcel estatal por quince años.

En cuanto al otro cargo imputado al muchacho –abuso sexual en la persona de su medio hermano de cinco años– simplemente fue desestimado el 8 de noviembre de 2012. ¿La razón?: "falta de pruebas materiales y testigos contra el menor".[24]

Por otra parte, la fortuna no fue con Biannela Susana menos generosa. Acusada por la Fiscalía debido a su participación, por negligencia y encubrimiento, en el crimen de su hijo, la muchacha de veinticuatro años aceptó su comportamiento omiso, con lo cual se le abrió un juicio del cual podía derivarse un fallo condenatorio a entre trece y treinta años de prisión. A lo largo del procedimiento tuvo el buen tino, o consejo, de nunca afectar inocencia, asumiendo las consecuencias de sus actos. El 28 de marzo de 2012 "se declaró culpable por el cargo de homicidio agravado y negligencia infantil en relación con la muerte de David".[25] La sentencia tardó en llegar, pero la espera valió la pena: en agosto de 2013 el juez James Daniel la condenó a pasar diez años en la cárcel, pero inmediatamente le hizo una sustanciosa rebaja: por un lado, tomó en cuenta los dos años y meses que llevaba detenida; por otro, sustituyó el resto de la deuda por un régimen de libertad condicional.

Así pues, quedó libre, aunque con ciertas restricciones para ella benéficas, como "pasar noventa días en una casa refugio para mujeres víctimas de violencia doméstica y después dos años en una institución en la que recibirá asistencia de salud mental y ayuda en general para

---

[23] Hola Noticias, "Cristian Fernández se declara culpable", *op. cit.*
[24] *Ibidem.*
[25] *Ibidem.*

continuar con su vida".[26] Igualmente, deberá esperar hasta que un psiquiatra apruebe el que vuelva a ver a sus hijos.

Cierto miembro del equipo de la defensoría legal que se hizo cargo del caso de Cristian Fernández, Hank Coxe, aseguró no tener la menor duda de que éste ya no causará más problemas. Basó su afirmación en la conducta que el adolescente ha mostrado en el reformatorio, en sus buenas calificaciones y en las aceptables relaciones que ha sostenido con sus compañeros.

Estadísticamente tal resultado podría considerarse un verdadero prodigio.

Referencias

ALANDETE, DAVID. "Un fiscal de EEUU pide cadena perpetua para un niño de 12 años". *El País*, Washington, 12 de junio de 2011 (en línea). Disponible en <http://bit.ly/2OFwgFX> [Consulta: septiembre de 2013].

ARNAZ, ROBERTO. "La terrible historia del reo más joven de EEUU: Cristian Fernández, de 13 años, se enfrenta a cadena perpetua por asesinato". *lainformacion.com*, 17 de septiembre de 2012 (en línea). Disponible en <http://bit.ly/2z5WVGT> [Consulta: septiembre de 2013].

ASESINOS EN SERIE. "Los niños asesinos". En Asesinos-en-serie, 24 de abril de 2013 (en línea). Disponible en <http://bit.ly/2K5JWNI> [Consulta: septiembre de 2013].

DMG. "Niño asesino y violador alcanzaría cadena perpetua". *Presente, diario del sureste*, septiembre 22 de 2012 (en línea). Disponible en <http://bit.ly/2DD1g8w> [Consulta: septiembre de 2013].

EGC. "Niño de 12 años mata a su hermano, tendría cadena perpetua". *Excélsior*, 6 de junio de 2011 (en línea). Disponible en <http://bit.ly/2TdLZQ7> [Consulta: agosto de 2013].

---

[26] MG, *op. cit.*

El Comercio. "Cristian Fernández es acusado de matar a golpes
a su hermanastro de dos años en Jacksonville, Florida". *El Comercio.pe,*
9 de junio de 2011 (en línea). Disponible en <http://bit.ly/2RRRz9j>
[Consulta: septiembre de 2013].

El Tiempo. "La violación da hasta pena de muerte". *El Tiempo.com,*
15 de julio de 1995 (en línea). Disponible en <http://bit.ly/2RRmrXp>
[Consulta: septiembre de 2013].

Hola Noticias. "Cristian Fernández se declara culpable". *Hola Noticias,*
Jacksonville, 15 de febrero de 2013 (en línea). Disponible en <http://
bit.ly/2RPhJte> [Consulta: septiembre de 2013].

Hola Noticias. "Deciden fecha para el juicio de Cristian". *Hola
Noticias,* 19 de octubre de 2012 (en línea). Disponible en <http://bit.
ly/2K4Jewl> [Consulta: septiembre de 2013].

MG. "La madre de Cristian Fernández, el niño que mató a su hermano, no
irá a prisión". *teinteresa.es,* 21 de agosto de 2013 (en línea). Disponible
en <http://bit.ly/2zQXJ28> [Consulta: septiembre de 2013].

Sipse. "Dramático: niño de 12 años mata a golpes su hermano de 2 años".
Sipse.com, 9 de junio de 2011 (en línea). Disponible en <http://bit.
ly/2Pqhic5> [Consulta: septiembre de 2013].

teinteresa.es. "La vida de Cristian Fernández está plagada de violencia
y abusos desde su infancia". *teinteresa.es,* 18 de septiembre de 2012
(en línea). Disponible en <http://bit.ly/2OKZmUz> [Consulta:
septiembre de 2013].

Mary Flora Bell
(diez años)

Matar no es tan malo, de cualquier modo
todos moriremos alguna vez.
MARY BELL, a uno de sus guardias

El 26 de mayo de 1957, en Newcastle-upon-Tyne, Inglaterra, Betty McCrickett estaba a punto de parir; tenía sólo 16 años e ignoraba u ocultaba el nombre del padre de su bebé. Cuando ésta nació y fue acercada al rostro de su madre, ella se volvió con gesto de repulsión y gritó: "¡Alejen esa cosa de mí!". Así fue recibida en el mundo Mary Flora Bell.

Betty había nacido en 1940, en Glasgow, y fue educada como una niña religiosa, papel que hizo suyo profunda y acaso obsesivamente. Su madre suponía con aprobación que pronto sería novicia. Su hermana Isa cuenta que "ella siempre dibujaba monjas y altares, tumbas y cementerios".[1] Como es de suponer, su familia afirma que

---

[1] Los entrecomillados, cuando no se señale otra cosa, son traducciones de: Shirley Lynn Scott. "Mary Bell". En *Crime Library, criminal minds & methods*. Disponible en <http://bit.ly/2QJgWdf> [Consulta: octubre de 2012]. Se trata, sin duda, del archivo mejor documentado en internet sobre este caso. La fuente impresa más reconocida, en la cual se basa la propia Lynn Scott, la constituyen los libros de la escritora húngara Gitta Sereny –*The Case of Mary Bell*. Londres: Arrow Books,1972; y *Cries Unheard. Why Children Kill: The Story of Mary Bell*. Nueva York: Metropolitan Books, 1999–, cuya autora, célebre por sus entrevistas a criminales nazis, fue testigo del juicio de Mary, el cual relata en el primer libro. Más tarde conversó largas horas con ella y continuó en contacto constante por largo tiempo para conocer su historia: la biografía de 1999 es el resultado, en el cual se revelan los detalles escabrosos del abuso físico y sexual al que la madre de Mary presuntamente la sometió.

no sufrió abusos de ninguna índole durante su infancia y que los castigos que se le aplicaron no eran excesivamente rigurosos.

¿Cómo entender entonces que ella se distanciara del núcleo familiar, aislándose y haciéndose huraña? Cualesquiera que fuesen las razones detrás de esta conducta –seguramente algunas de ellas psiquiátricas– eclosionaron cuando su padre murió. Entonces la conducta de Betty se hizo *dramática* y comenzó a actuar rabietas con gran aparato de pataleos, gritos y llanto, e incluso llegó a escenificar un suicidio por sobredosis de barbitúricos. Estos rasgos histéricos variarían a lo largo de su vida, sin nunca desparecer ni perder intensidad; constituyeron la parte esencial de la personalidad de la madre de Mary y fueron para ésta una fuente inagotable de sufrimiento y amargura.

La opresión de la que Mary Flora fue objeto inició muy temprano en su vida: la ansiedad de Betty por deshacerse de su hija, expresada la primera vez que la vio, perduraría al pasar de los años alternando con una contradictoria y asfixiante necesidad de posesión. La truncada infancia de la niña osciló entre una libertad que no era sino abandono, la coerción con que su madre la sometía a vejaciones lascivas y los intentos de asesinato de los que fue blanco por parte de su propia progenitora.

El primero de ellos, o al menos el primero del que tenemos noticia, tuvo lugar cuando la pequeña contaba apenas un año de edad: casi muere a causa de haber ingerido varios medicamentos narcóticos. Al parecer –se trata de la versión de Betty McCrickett– las pastillas estaban ocultas dentro del tocadiscos, en un sitio prácticamente inaccesible para una bebé de esa edad. ¿Debemos creer que además de apoderarse de ellas pudo abrirlas y tomar varias, a pesar de su sabor ácido y desagradable?

Ciertamente no se trata de un hecho aislado. A los tres años Mary Flora y su medio hermano fueron hallados por su tía Catherine, familiarmente *Cath*, comiendo "pastillitas azules", mezcladas con sus caramelos en una dosis capaz de matarlos. El descubrimiento fue oportuno y no hubo mayores consecuencias. Interrogada por su hermana, Betty respondería minimizando la importancia del episodio: "Deben haberlas sacado de mi bolsa".

Poco tiempo después Mary ingirió otra sobredosis de somníferos: perdió la conciencia y resultó imposible despertarla en casa; fue preciso trasladarla a un hospital donde le practicaron un lavado de estómago y la reanimaron. Las consecuencias del episodio en su sistema nervioso nunca fueron evaluadas, pero sabemos que muchas personas psicóticas padecieron en su infancia sobredosis de este tipo de sustancias. Con toda probabilidad existieron otros *accidentes* similares de los que no tenemos reseña, debido a que la corta edad de la niña no le permitió recordarlos o identificarlos como agresiones perpetradas por su madre.

Tenemos la certeza de que fue ésta quien administró los barbitúricos a Mary Flora. En el tercer caso mencionado, tanto la niña como un compañerito de juegos de su misma edad, entre cuatro y cinco años, aseguraron inocentemente que fue Betty McCrickett quien les dio los caramelos que los *enfermaron*. En el segundo caso, la propia hermana de la fallida asesina puso en duda su explicación; a tal grado era consciente del peligro que acechaba a su sobrina, y de los diversos indicios de que su mamá quería deshacerse de ella, que Catherine y su esposo le propusieron a Betty adoptar a Mary Flora y hacerse por completo cargo de ella. Extrañamente, la madre no sólo declinó el ofrecimiento sino que cortó de tajo la relación con *Cath* y con el resto de su familia... al menos por un tiempo.

Mary nunca tuvo dudas acerca de que Betty intentó envenenarla en diversas ocasiones. En cierta página de internet, relativamente confiable, encontramos el siguiente pasaje, repetido con mínimas variantes en diversos sitios de la red: "La misma Betty señaló tiempo después: 'Yo no quería a mi hija, varias veces la traté de matar, poniéndole drogas revueltas con sus dulces, causándole sobredosis, también la usé como juguete sexual con algunos de mis clientes desde que tenía un año de edad'".[2] Es significativo que no se consigne

---

[2] Angie Riddle. "Mary Bell". En *Taringa Inteligencia Colectiva* (en línea). Disponible en <http://bit.ly/2Fmn5uA> [Consulta: octubre de 2012]. La autora señala como fuente *Crímenes perfectos* –"Mary Bell". En *Crímenes perfectos, el mejor blog de ciencias forenses*. Disponible en <http://bit.ly/2TeqYVk> [Consulta: octubre de 2012]–, donde no se registran fuentes ni autor. La cita aparece también en "Mary Bell". *Policialocal.wordpress*, 25 de noviembre de 2009 (en línea). Disponible en <http://bit.ly/2B8ioQY> [Consulta: noviembre de 2012]–, sin autor ni fuentes.

en ningún lado la fuente de esta declaración, tal vez falsa. Existen muchos indicios que hacen suponer que Betty hizo casi todo lo ahí descrito –no de iniciar sexualmente a la bebé al año de nacida– pero no es verosímil que quien durante toda su vida adoptó el papel de víctima para ser compadecida, se atreviera a quebrantar su propia mala fe y a declarar una verdad que le había llevado minuciosos y fatigados esfuerzos *ocultar-se*. Ella escogió para sí el rol de mártir injustamente castigada por los reveses de la fortuna; sería extraño que de pronto se hiciera cargo de un modo abierto y hasta descarado del de verdugo retador.

En todo caso, cuando años más tarde Mary fue interrogada por Gitta Sereny, confió no sólo los episodios de envenenamiento inducido por Betty, sino también que ésta –quien poco después de su maternidad había pasado de ser aspirante a monja a sexoservidora– la obligaba a acompañarla a su trabajo y a tomar parte en los encuentros carnales con sus clientes. Era una prostituta especializada en *bondage*, una variante del sadomasoquismo, de manera que la chica presenciaba cómo su madre *disciplinaba* a la clientela con fuetes y otros juguetes sexuales, si bien –según propia declaración– no dejaba que sus hijos tocaran tales objetos en casa.[3] Desde los cuatro y hasta los ocho años Mary se limitaba a practicar la *felatio,* mientras su madre la sostenía para que no abandonara la tarea. A esa edad su virginidad fue vendida y la niña tuvo que satisfacer la lujuria de pedófilos.[4] La veracidad de este perverso pasaje no está del todo clara. Gitta Sereny, la biógrafa más próxima a Mary Bell, no lo pone en duda; de hecho, lo califica como "uno de los peores casos de abuso sexual

---

[3] "Siempre oculté los látigos de los niños" (Shirley Lynn Scott, *op. cit.*).
[4] Véase el siguiente fragmento, no del todo confiable (por ejemplo, Mary *no* declaró a la policía el maltrato sexual del que había sido objeto): "Desde los cinco años su madre la hacía participar en juegos sexuales y a los ocho años la vendió a un cliente para que la desflorara. Luego la usaba para ofrecerla a sus clientes. Mary declararía a la policía que su madre la sujetaba, desnuda, mientras los hombres que pagaban por ella le introducían el pene en la boca, hasta eyacular. Según su testimonio, siempre terminaba vomitando el semen". Asesinos en seriO. "Mary Bell 'La niña asesina'". En *El pensante. Tejiendo el mundo* (en línea). Disponible en <http://bit.ly/2ONL1GS> [Consulta: diciembre de 2012].

infantil con que yo me haya encontrado jamás" (y tomando en cuenta la experiencia de la escritora, no es poca cosa). Sin embargo, la infame conducta de Betty no fue ni tratada de prevenir ni confirmada por ningún pariente, incluyendo al medio hermano menor de Mary y a sus tías *Cath* e Isa, quienes sin duda se preocuparon por proteger a la pequeña durante su desdichada infancia.

Ahora bien, por una parte Mary era una mentirosa consuetudinaria y patológica, lo cual sucede con frecuencia entre quienes tienen rasgos sociópatas, y no hay duda de que tenía razones de peso para guardarle rencor a su madre y tratar de afrentarla públicamente, de manera que puede tratarse de una historia más o menos ficticia; por otra, la terrible iniquidad de la cual fue objeto, dado el caso, ayuda a explicar las acciones de la pequeña asesina, quien habiendo sido ultrajada procuraba mancillar, por venganza y para arreglar –de una manera oscura y sorda incluso para ella– cuentas con el mundo y con la vida. Me inclino por la segunda opción, consistente no sólo con la conducta de Mary, sino también con la personalidad y el oficio particular de Betty.

Según sugiere Shirley Lynn Scott,[5] quien no especifica si al hacerlo se apoya en el diagnóstico de un médico profesional, esta mujer se hallaba afectada por lo que en español se conoce como *síndrome de Munchausen por poderes* (*Munchausen by Proxy Syndrome*), "una forma de maltrato infantil en la que uno de los padres induce en el niño síntomas reales o aparentes de una enfermedad, [...lo que puede incluso] ser mortal para el niño implicado".[6] Se trata de un padecimiento muy raro, que fue diagnosticado por primera vez en 1977; es decir, casi diez años después de los acontecimientos abordados en esta crónica. Si el síndrome de Munchausen consiste en provocarse o simular enfermedades para llamar la atención y convertirse en el centro de simpatías y consideraciones por parte de los demás,

---

5   Shirley Lynn Scott, *op. cit.*, cap. 18.
6   US Department of Health and Human Services. "Síndrome de Munchausen por poderes". *MedlinePlus*. Disponible en <http://bit.ly/2OKJem3> [Consulta: enero de 2013].

esta variante, más cómoda, genera secretamente malestar y sufrimiento en *otra* persona, un niño que se tiene bajo cuidado, con el fin de obtener los mismos resultados. Aunque francamente la madre de Mary me parece menos enferma que malvada, es preciso aceptar que el síndrome de Munchausen por poderes embona a la perfección en su conducta y permite comprender algunas actitudes difíciles de explicar por otra vía.

Por ejemplo, sabemos que Betty dejaba a su hija *encargada* con sus hermanas y aun con vecinas por largas temporadas –a causa de su oficio tenía que viajar a menudo a Glasgow, donde la aguardaban clientes especiales–, pero siempre volvía por ella. Hemos visto que intentó eliminarla de manera reincidente, a pesar de lo cual nunca cedió ante la constante solicitud de sus familiares para que les permitieran recoger formalmente a la pequeña y hacerse cargo de ella. En 1960 llevó a Mary Flora, de escasos tres años, a un orfanato y allí la entregó sin más trámite a una mujer que estaba incapacitada legalmente para adoptar en Inglaterra, porque pronto se mudaría a Australia. "Traje a ésta para que la adopten. Tenga". Quizá para desgracia de la niña, ¡y de sus futuras víctimas!, su tía Isa había seguido a Betty hasta la agencia y luego a la mujer que se la había llevado, con la intención de rescatarla. Lo hizo cuando la desconocida ya estaba comprando a Mary ropa para su nueva vida.

En otra ocasión Betty interpretó el personaje de madre plañidera y desolada frente a sus hermanas, a quienes contó que Mary había sido brutalmente arrollada por una camioneta. Familiares y conocidos se apresuraron a consolarla y ella recibía las muestras de afecto entre sollozos, aunque íntimamente regocijada. Al día siguiente esta mujer descentrada confesó que su hija estaba con unos amigos que la habían "adoptado temporalmente". Más adelante tendremos ocasión de referir otras descabelladas puestas en escena protagonizadas por Betty, en especial durante el juicio por asesinato que se le formó a su hija.

Cabe preguntar aquí si Billy Bell, el esposo de Betty McCrickett (su apellido de soltera), representaba de algún modo un contrapeso a la conducta melodramática de la madre. Se habían casado poco después del nacimiento de Mary Flora, quien creyó durante su niñez que él era su padre biológico. Y es que este padrastro complaciente trataba de igual forma a sus hijos menores, un niño y una niña, que a la mayor, media hermana de ellos. En efecto, a los tres les exigía que le llamaran *tío*, en vez de *papá*, con el fin de que en una aleatoria visita de los inspectores de Newcastle Welfare, la institución que dispensaba la asistencia estatal, no hubiera descuidos y Betty pudiera seguir cobrando la pensión de ayuda a las viudas y madres solteras. También les prohibía que hablaran con policías, con personas vinculadas al gobierno, y que tocaran el tema del oficio de su cónyuge o el del suyo propio: ladrón. Aunque había sido arrestado por robo a mano armada, no hay noticia de que fuera particularmente violento con los niños. Al parecer Mary le tenía alguna estimación; durante el juicio y posterior encierro de ésta, su padrastro la visitó con cierta regularidad, hasta que fue nuevamente detenido y preso por reincidir en el hurto en 1969. Su tibia conducta respecto al protagonismo de su pareja, el que avalara la prostitución de ésta, el que no interviniera cuando Betty humillaba o avergonzaba a los niños o cuando los abandonaba mientras hacía sus viajes de *negocios*, ya nos pone en la pista de que este mequetrefe era un cero a la izquierda en la vida de Mary. Si además suponemos que él estaba al tanto de las acciones perpetradas por su esposa para asesinar a la niña y prostituirla, entonces resulta algo menor a cero: un alma negra que envolvió a Mary Flora en su indiferencia criminal y sin duda contribuyó de manera activa a destruir su autoestima y a impedirle la ponderación de cualquier valor o virtud.

Considerando el contexto, no puede sorprender que desde los dos años esta niña hubiese establecido una suerte de barrera invisible frente al mundo, para no ser (tan) dañada por el medio hostil que la rodeaba. Mary aprendió rápidamente a no vincularse con los demás. Desde luego interactuaba de un modo que a primera vista parecía *normal*, pero ni se comprometía ni se identificaba. Había empezado a desarrollar una de las características principales de los psicópatas: no sentía empatía. Y llevó las cosas tan lejos que la distancia emocional que guardaba para con los demás también la separaba de ella misma: cuando se golpeaba o la golpeaban, cuando su madre la humillaba, cuando la reprendían o sus compañeros se burlaban de ella, no lloraba. Fría, ecuánime, seria, pretendía ser más testigo que víctima de tales episodios. ¿Orgullo? Sí, por cierto. Pero éste no es sino la vergüenza puesta al revés, como un guante, según sugiere Sartre.

En todo caso, el recurso no fue suficiente para asimilar tanta violencia: apenas sabía decir algunas palabras y ya gustaba de golpear con sus juguetes a quienes la cargaban. Para 1961, año de su entrada en el jardín de niños, los compañeritos que tenían la mala ocurrencia de mofarse de ella debido a su preferencia por apartarse del grupo y permanecer solitaria, recibían pellizcos, golpes y puntapiés en respuesta a su atrevimiento. Sus maestras la identificaron desde el inicio como traviesa y maldosa. Una de ellas comentó que alguna vez la vio poner las manos alrededor del cuello de un chico y apretar; cuando le prohibió hacerlo la niña preguntó con curiosidad: "¿Por qué? ¿Eso puede matarlo?". Más tarde, después de los asesinatos por ella perpetrados, los inspectores encontraron escrita en su cuaderno de notas la misma inquietud: "Qué sucede si asfixias a alguien, ¿muere?".[7] Su profesora también dio testimonio de la constante invención de historias inverosímiles generadas por su fantasía y contadas a los demás párvulos como hechos consumados; más les valía fingir que las creían.

Cuando tenía cinco años Mary atestiguó cómo un camión arrollaba a un amiguito de su misma edad, matándolo de manera sangrienta. Desde luego este hecho traumático tampoco ayudó a que la realidad fuera menos furiosa para la niña. ¿Contribuyó a que ella misma ejecutara actos crueles? Es difícil decirlo; a esa edad ya había adquirido otra de las características de los psicópatas: agredir y torturar animales hasta quitarles la vida. No tenemos certeza de cuándo comenzó a realizar esta práctica, pero no hay duda de que la cultivaba con esmero y gozaba martirizando a seres vivos más débiles que ella. A los once años, mientras estuvo encerrada en la cárcel durante su proceso, una vigilante la sorprendió presionando el cuello de una gata que andaba por ahí y le ordenó soltarla; ella repuso: "Oh, ella no

---

[7] Encontraremos la misma frase citada por su amiga Norma al declarar durante la investigación de un incidente. Véase *infra*, p. 92.

siente eso y, de cualquier modo, me gusta herir a las cositas que no pueden regresármela".[8] En otra ocasión respondió a una policía quien le preguntó por qué quería ser enfermera, según le acababa de confiar Mary: "Porque así podría meterle agujas a la gente. Me gusta herir a la gente".

En la base de estas desviaciones se escondían el estrés y la ansiedad aguda, como sugiere el hecho de que Mary Flora Bell sufriera de incontinencia mingitoria nocturna desde pequeña y hasta joven adulta. La enuresis, como se conoce médicamente el fenómeno, se considera un problema apenas pasando los cinco años, edad en la que un niño puede controlar a lo largo de todas las horas de sueño sus esfínteres vesical y anal. Además de algunas causas de origen físico, de las cuales no había rastro en Mary, este trastorno reconoce en la angustia y la incertidumbre psicológicas su probable génesis. Entre los factores de riesgo destaca "el abuso físico o sexual",[9] lo cual nos da otra razón para creer que la niña era usada por su madre como *juguete* erótico con el fin de complacer a sus clientes. Por ello resulta aún más repugnante el que Betty aplicara a su hija, siempre aterrorizada a la hora de irse a dormir por miedo a orinarse en la noche, humillantes correctivos con el fin de obligarla a abandonar el *mal hábito*: frotaba con saña el rostro de la niña en la cama empapada y luego ponía a secar el colchón verticalmente a la vista de los vecinos, de manera que todos se enteraran de lo sucedido (y vieran cuánto su hija la hacía padecer).

El filósofo Marshall McLuhan afirma que la violencia, espiritual o física, es una búsqueda de identidad y de sentido. Esta niña con infancia quebrada, cercada por un mundo absurdo y avasallador, encontró en ella su camino. El 11 de mayo de 1968, aún con diez años de edad, Mary empujó a su primo de tres años de la cornisa de un cobertizo. La altura desde la que cayó no fue suficiente para matarlo, pero

---

8 Muy poco antes, al dictar su declaración, había asegurado: "Yo no podría matar un pájaro por el cuello o la garganta o lo que sea, eso es horrible".
9 Debra Wood. "Bed-wetting". En *Keck Medical Center of University of Southern California*. Disponible en <http://bit.ly/2Fps6CS> [Consulta: enero de 2013].

sí para que ser hallado en el piso, con la cabeza sangrando. El incidente fue confesado por la chica sólo después de haber sido atrapada por los homicidios. No obstante, hubo otros anuncios que podrían haber puesto a los adultos sobre aviso, si alguno se hubiera preocupado en prestar atención.

El día siguiente al que intentó matar a su primo, Mary y Norma Bell –su mejor amiga, quien a pesar del apellido no era pariente suya– merodeaban por una guardería infantil cercana al lugar donde vivían. Ahí jugaban tres niñas de manera despreocupada; una de ellas diría después: "[Mary] rodeó con sus manos mi cuello y me apretó duro […], luego le hizo lo mismo a Susan". Esta vez se dio aviso a la policía que llegó rápidamente y retuvo a las infractoras para interrogarlas. En su declaración Norma dejaría asentado: "Mary fue hacia la otra niña y dijo: 'Qué sucede si asfixias a alguien, ¿muere?'. Luego puso ambas manos alrededor de la garganta de la niña y apretó. La niña empezó a tornarse púrpura […]. Entonces yo salí corriendo y dejé a Mary. Ahora no soy amiga de ella".

Las chicas quedaron libres. El reporte oficial de las autoridades, fechado el 15 de mayo, registraba de manera un tanto risible: "Las chicas Bell han quedado advertidas respecto de su futura conducta"; se trataba de todo lo contrario: eran las autoridades quienes habían sido advertidas, pero no supieron o no quisieron aprovechar el aviso. Diez días más tarde Mary concretaría su primer asesinato, con la complicidad o al menos con la simpatía de Norma.

La curiosa amistad entre estas niñas es digna de comentarse. Norma, la tercera de once hermanos, era dos años mayor que Mary, quien sin embargo solía llevar la voz cantante cuando estaban juntas. Quizá no sólo se debía a su mayor inteligencia e iniciativa –tal diferencia sería destacada por el propio fiscal en los tribunales–, sino al carácter de Norma, más taimado, menos audaz e impulsivo; sin embargo, por ello mismo, era calculadora y astuta para escamotear sus responsabilidades. Según dijo Mary Flora Bell, defendiéndose de la acusación de ser la *más fuerte* y, en consecuencia, la manipuladora activa sobre la cual debía recaer todo el castigo: "La más débil hace a la otra más fuerte siendo débil". Como veremos más adelante, las chicas se culparían e insultarían mutuamente a lo largo del proceso judicial, con tal de salvar el pellejo; a pesar de ello durante el juicio, sabiendo cada una que la otra había declarado en su contra, "sus ojos se buscaban, sus rostros repentinamente descubrían una expresión y curiosidad similares, ellas siempre parecían, por una suerte de comunión silenciosa y exclusiva, reafirmar y reforzar su vínculo". ¿En qué consistía esta unión advertida por Gitta Sereny? ¿Qué guardaban dentro de su relación más allá de las traiciones y de las desavenencias, como algo secreto y único entre las dos? ¡Pobres niñas! Escondían sólo el humilde deseo de alejarse de sus insoportables casas, aunque tuvieran que pagar un alto precio por ello. Habían fraguado la fantasía de ser un par de criminales que huirían a Escocia. Mary reflexionó sobre ello ya adulta: "Ahora me parece que nosotras teníamos la esperanza de ser arrestadas y enviadas lejos. Nunca hablamos de nada salvo de hacer cosas terribles y ser llevadas lejos".

La víspera de su onceavo cumpleaños, el 25 de mayo de 1968, Mary se hizo acompañar de Martin Brown, un niño de cuatro años vecino de ella y de Norma, a una casa sellada y abandonada. Subieron al piso más alto; la niña indicó al pequeño que se asomara… y lo empujó. La caída no fue fatal, pero no tenemos noticia de que el niño haya gritado pidiendo ayuda o chillado; sin embargo, estaba consciente cuando Mary Flora se acercó a él una vez que hubo bajado. Quizás él pensó que lo ayudaría. En cambio, presionó su cuello hasta estrangularlo. De nada le sirvió oponerse: la chica era más fuerte y el golpe recibido en la cabeza al caer lo había vuelto aún más vulnerable. Eran apenas unos minutos después de las 15:15, hora en la cual, según declararon algunos testigos, habían visto a Martin Brown por última vez (nadie lo recordó acompañado por Mary). De inmediato la niña salió de la ruinosa construcción, no huyendo avergonzada de lo que había hecho, sino apresurada para invitar a Norma a ver el cadáver que probaba su *hazaña*. Unos minutos después, a las 15:30, entraron tres muchachos a la vivienda abandonada buscando pedazos de madera y hallaron el cuerpo de Martin tirado boca arriba, en medio del charco de sangre generado por la herida que se había hecho en la cabeza al caer. Rápidamente llamaron a los albañiles que trabajaban en la calle cerca de ahí, quienes trataron de reanimarlo sin fortuna. Algunos de ellos recordarían más tarde haber regalado al niño golosinas esa mañana.

Entretanto, Mary regresaba a la escena del crimen acompañada por Norma;[10] uno de los chicos que habían descubierto el cuerpo sin vida de Martin se apresuró a contarles el hallazgo. Sin inmutarse, la niña pidió permiso a los trabajadores para entrar, empeñada como estaba en que su amiga viera muerto al pequeño. Les fue negado. Entonces se dirigieron a la casa de la tía de Martin para avisarle que su sobrino había sufrido un percance.

—Había sangre por todas partes; le mostraré dónde está —dijo Mary.

El reporte final de la muerte de Martin registraba la causa de su fallecimiento como "abierta". Esto es bastante extraño, pues hasta donde sabemos nadie puso en duda en ese momento que se trataba de un lamentable accidente y que el cráneo del pequeño se había estrellado en el piso sin ayuda. Supuestamente el forense no advirtió marca alguna en su cuello ni en ningún otro sitio, salvo la herida en la cabeza a la cual, en buena lógica, se debería haber adjudicado el motivo del deceso. Nadie encontró significativo el frasco vacío de aspirinas hallado cerca del cuerpo, cuyo contenido quizá Martin consumió

---

[10] Sigo las versiones de Shirley Lynn Scott y de Guita Sereny. La de Angie Riddle (*op. cit.*) difiere en varios detalles: "Mary Bell confesó que junto con Norma, llevaron al niño engañado a una construcción, y cuando se encontraba parado en una barda, Mary lo empujó, y el niño quedó inmóvil en el piso, pero consciente. En ese momento, Mary y Norma bajaron hasta donde estaba Martin, y al verlo indefenso, pero todavía con vida, Mary puso sus manos alrededor de su cuello y lo apretó muy fuerte, él trató de defenderse, pero tenía más fuerza que él, no lo soltó hasta que vio que ya no se movía. Según declaró: 'lo disfruté'". La autora no cita fuente directa respecto a estos hechos. En cuanto a la declaración "lo disfruté", debe haberla confundido con la referida al segundo asesinato, como se verá más adelante. Por último, cabe observar que la policía no halló rastros físicos de Norma en la escena del crimen de Martin Brown.

o fue obligado a consumir. La prensa divulgó que el chico se había caído mientras jugaba.[11]

El Departamento de Investigaciones Criminales no fue llamado, ni siquiera informado. ¿Por qué entonces la causa de muerte continuaba "abierta"? A falta de otra explicación es lícito suponer que las autoridades aguardaban los resultados de la marcha de protesta realizada por los habitantes de Scotswood –un distrito económicamente deprimido, ubicado 275 millas al norte de Londres, donde tuvieron lugar los hechos– quienes a raíz del fatal evento protestaron por las "peligrosas condiciones de los edificios clausurados en el barrio".

Sintiéndose a salvo, Mary y Norma encontraron entretenido bombardear a la tía y a la madre del niño fallecido con preguntas sobre sus sentimientos de pérdida y duelo: "¿Extraña a Martin?", "¿llora por él?", "¿lo recuerda a menudo?", etcétera. No pasó inadvertido a la tía que las chicas intercambiaban sin discreción miradas y sonrisas de complicidad cuando formulaban tales interrogatorios. Por supuesto, no llegó a sospechar el significado profundo de estos gestos, pero al menos se sintió objeto de una burla del peor gusto y acabó por correrlas ordenándoles no volver. En cuanto a June Brown, la mamá de Martin, explotó cuando una Mary carialegre apareció en su puerta y le pidió ver a su hijo. La pobre mujer le respondió: "No linda, Martin está muerto". Sin borrar del rostro su sonrisa, la chica repuso: "Oh, ya sé que está muerto: quiero verlo en el ataúd". June agregaría al contar el episodio: "Me quedé sin palabras al ver que una niña tan joven quería ver a un bebé muerto y le cerré la puerta en las narices".

Como puede suponerse, estas conductas serían redimensionadas y reinterpretadas a la luz de los acontecimientos posteriores. Sus protagonistas tuvieron entonces la profunda y acertada convicción de que habían tenido frente a sí valiosos detalles que señalaban a las niñas, y los dejaron pasar sin darles importancia. Otro tanto cabe decir del papá de Norma, quien al siguiente día de la muerte de

---

[11] Véase Sheiikee. "Niños asesinos, parte I, El caso de Mary Bell". En *El Ojo*, enero 26 de 2010 (en línea). Disponible en <http://bit.ly/2zUkimB> [Consulta: diciembre de 2012].

Martin Brown vio, durante el decimoprimer cumpleaños de Mary, cómo ésta aplicaba una llave en el cuello a una de las hermanas menores de su amiga. El padre las separó y le dio un leve golpe en el hombro, a manera de sanción. Por supuesto, no era suficiente. Esa misma noche Norma y Mary cumplirían cierta fechoría que habían ideado para escandalizar al barrio.

El lunes 27 de mayo, al abrir la guardería de Woodlands Crescent, el personal se encontró con un inesperado panorama: la escuela se hallaba en total desorden, los materiales didácticos estaban embarrados en piso y paredes, muchos muebles se encontraban tirados y algunos rotos, los líquidos de limpieza derramados por el piso. Cuatro notas con caligrafía y ortografía descompuestas, firmadas por Fanny y Faggot, los pseudónimos usados por las chicas, habían sido dejadas a manera de amenazas. Aquí la traducción aproximada de sus textos:

- "Yo asesino así QUE YO puedo volver" (*I murder so THAT I may come back*).
- "jódanse nosotros matamos cuídense Fanny y Faggot" (*fuch of we murder watch out Fanny and Faggot*).
- "nosotros matamos a Martain brown Jódete Bastardo" (*we did murder Martain brown Fuck of you Bastard*).
- "Están molestos Porque matamos a Martin Ve Brown ten cuidado Bete hay asesinos por AHÍ, de parte De FANNYY y la vieja Faggot Idiotas" (*You are micey Becurse we murdered Martain Go Brown you Bete Look out THERE are Murders about By FANNYAND and auld Faggot you Srcews*).

Estas notas no fueron tomadas en serio por la policía, la cual las archivó hasta el inicio del proceso judicial en el que salieron a relucir como pruebas del asesinato de Martin Brown. El hecho no deja de ser significativo, pues a raíz de este acto vandálico la escuela, que ya antes había sufrido saqueos, instaló una alarma. Hacia la noche del viernes de la misma semana Norma y Mary se deslizaron nuevamente en la guardería, con la intención de volver a desvalijar el local y atemorizar a los afiliados. Esta vez la sirena empezó a sonar y las niñas

fueron atrapadas *in fraganti*. Durante el interrogatorio negaron naturalmente que hubiesen irrumpido en el lugar antes de esa ocasión.
La policía, siguiendo el principio del menor esfuerzo, les creyó: a nadie se le ocurrió hacer una comparación caligráfica con las ominosas
notas que apenas cuatro días antes habían sido abandonadas en el
mismo lugar; mucho menos contrastar huellas dactilares. Las chicas
fueron liberadas bajo la custodia de sus padres, después de haber recibido un citatorio para presentarse en la Corte Juvenil. Con un poco
de atención se podría haber evitado el asesinato de otro niño.

La mañana del lunes 27 de mayo, mientras el personal de la guardería ponía orden en el lugar, Mary trazaba un dibujo escolar en su
cuaderno de notas. En él se podía ver a un niño muerto en la misma
postura en la que Martin Brown fue encontrado; había un charco
de sangre alrededor de su cabeza y junto a su cuerpo se veía un frasco con el letrero "tabletas". Un hombre caminaba hacia el pequeño.
Al pie del dibujo se leía con mala ortografía: "El sábado estaba en
la casa, y mi mamá Me mandó a preguntar a Norma si Podía subir
conmigo. nosotras [...] caminamos por Magrets Road y había una
muchedumbre al lado de una casa vieja. Yo pregunté qué pasaba.
Encontraron ahí estaba un niño tirado y muerto". Ningún maestro
advirtió nada extraño en el relato, quizá razonablemente: después
de todo, si una niña había visto la horrible escena era lógico que
quedara impresionada. De nueva cuenta todos pasaron por alto detalles como el del frasco de tabletas o la posición del cadáver, no
asequibles para alguien a quien no se le había permitido entrar en la
casa abandonada.

Una semana después de la visita de Norma y Mary a la comisaría
las chicas se pelearon a golpes entre sí, con un niño como testigo. La
mayor llevó la peor parte: su amiga la tiró al suelo y la pateó en un
ojo. Acaso se había atrevido a poner en duda la *proeza* de Mary, pues
el chico rompió en risotadas cuando escuchó que gritaba a voz en
cuello: "¡Soy una asesina!". Luego señaló hacia la construcción en la
que había estrangulado a Martin Brown y siguió su furiosa perorata:
"Esa casa por ahí, esa fue donde lo maté". ¿Por qué el chico continuaba riendo? Es que la fama que se había hecho Mary Flora como

mitómana empedernida y audaz fabuladora tenía por consecuencia que nadie creyera sus historias.

No hubo quien lo lamentara más que la familia de su vecino Brian Howe. Poco antes de la muerte de éste Mary visitó su casa y, de una manera inesperada, reveló lo siguiente:

—Yo sé algo acerca de Norma que la enviará al manicomio inmediatamente. Norma puso sus manos en la garganta de un niño. Era Martin Brown. Ella lo apretó y él sólo cayó.[12]

Para ilustrar su relato Mary presionaba su propio cuello mientras sacaba la lengua y extraviaba los ojos. Nadie pensó que hablara en serio; acaso los presentes rieron con la imitación del ahorcado. Si hallaron algo inquietante en la representación lo guardaron para sí. Mary había cometido un error y ellos no tuvieron oportunidad de advertirlo en ese momento: como se creía que Martin había muerto de una caída accidental, sólo su asesina, y la amiga a quien ésta atribuía el hecho, sabían que había fallecido asfixiado. Pocos días después Brian Howe, de tres años, moriría estrangulado en manos de quien les había dado a sus allegados una demostración anticipada del crimen en su propia casa.

El 13 de julio *Pat* Howe, la hermana de diez años de Brian, lo buscaba en las proximidades de su casa, pues el niño nunca se había alejado de las inmediaciones. Mientras lo hacía se topó con Norma y Mary, quienes de manera inmediata y con entusiasmo un tanto excesivo se adhirieron a la tarea de dar con el paradero del pequeño rubio. Haciéndose cargo de la pesquisa, guiaron a *Pat* a diversos sitios del vecindario, con el fin de que no advirtiera que desde el inicio sabían dónde se hallaba el chico. Revisadas las cercanías, traspasaron las vías del tren y entraron en la zona industrial del barrio, un área lúgubre donde abundaban materiales para construcción, escombros, carros abandonados y todo tipo de desperdicios fabriles.

---

[12] "I know something about Norma that will get her put away straight away [...]. Norma put her hands on a boy's throat. It was Martin Brown —she pressed and he just dropped".

—Quizás esté jugando tras esos bloques —dijo Mary señalando hacia una larga fila de piezas de concreto, entre las que se encontraba el cadáver de Brian.

Su hermana se sentía crecientemente nerviosa, pues apenas hacía algo más de un mes un infante había muerto en una casa clausurada cercana al lugar. Por tal razón, porque receló de sus guías o porque creyó que el niño no se habría aventurado tan lejos de casa, *Pat* regresó a informar el fracaso de su búsqueda. Con ello frustró el mayor deseo de Mary en ese momento: sorprender el horror de la chica ante el cuerpo sin vida de su pequeño hermano. "[Mary] Quería que [*Pat*] tuviera un *shock*", precisaría más tarde Norma al relatar su versión de los hechos.

Fue la policía quien lo encontró, a las 23:10 horas del 13 de julio. El cuerpo yaciente estaba en parte oculto bajo pasto y maleza. En los muslos tenía varias llagas y su pene había sido despellejado con torpeza. Por el suelo estaban desperdigados mechones de pelo, segados sin orden ni concierto de su cabeza. Cerca del cadáver un par de tijeras rotas, utilizadas para realizar los cortes, habían sido abandonadas por la homicida. Ignoro si fue la tenue luz nocturna, la prisa por levantar los restos, la naturaleza de la herida o el simple descuido, pero de momento los inspectores no advirtieron que en el vientre de Brian había quedado grabada con una navaja de afeitar la letra "M". Una observación más minuciosa reveló luego que originalmente se había trazado la inicial de Norma, "N", y que sólo más tarde se agregó, acaso no por la misma mano, la cuarta línea, para completar la inicial de Mary. Como causa de la muerte se determinó asfixia por estrangulamiento.

Entrevistado por Gitta Sereny, el detective James Dobson, quien se hizo cargo del caso, describió la escena con un espíritu poético más bien fuera de lugar: "Había una terrible gracia en todo ello, una terrible gentileza si se quiere, y de alguna manera la gracia lo hacía más, antes que menos, terrorífico".[13] Confieso que no comprendo

---

[13] "There was a terrible playfulness about it, a terrible gentleness if you like, and somehow the playfulness of it made it more, rather than less, terrifying". Angie Riddle (*op. cit.*) traduce fiel al sentido de la cita: "Existía una terrible sensación de juego, algo de ternura y de alguna manera, el toque juguetón hacía ver monstruoso aquel asesinato".

qué encontraba este hombre de "grácil" o "juguetón" en los genitales parcialmente mutilados de un chico, pero en todo caso ello le hizo suponer correctamente que la obra había sido realizada por niños o adolescentes; por eso dio órdenes para entrevistar a todos los habitantes de la zona de entre tres y quince años. Como era de esperar llegó el turno de Norma y Mary, quienes *actuaron* de un modo sospechoso durante la entrevista y, como se aclaró después, también fuera de ella. Mary Flora Bell se comportó a la defensiva y esquivó las preguntas con inteligencia, pero sin ocultar sus intenciones de no responder; Norma sonreía constantemente, "como si se tratara de una gran broma", según dijo un policía.

En *Taringa, Inteligencia colectiva* se asegura que "La familia de Brian dijo que sospechaban de Mary Bell y [de] su mejor amiga, Norma, pues las dos niñas los habían estado acosando preguntándoles si extrañaban a Brian, si lo querían, incluso en tono de burla".[14] No hay confirmación de ello en las fuentes directas, aunque desde luego no es imposible que tal denuncia condujera a los inspectores a enfocarse en las chicas. Tampoco lo es el que la familia de Martin Brown, atando cabos, hiciera la acusación tardíamente. En efecto, eran muchas personas quienes pensaban, a raíz de la muerte de Brian Howe, que el supuesto accidente de Martin también podría haber sido asesinato.

Conforme la investigación reducía la lista de sospechosos, los nombres de Norma y Mary volvían a aparecer, así que fueron entrevistadas de nueva cuenta. Como resultado de la presión, la autora del homicidio *recordó* de pronto haber visto con Brian a un conocido suyo, de unos ocho años, el día en que éste fue asesinado. Según declaró, golpeaba al pequeño "sin ninguna razón". Con la idea de dar verosimilitud a su relato y desviar la atención de la Policía, Mary –presa como siempre de su desenfadada fantasía– agregó que el chico jugaba con un par de tijeras; y esperando de verdad implicarlo, dio una descripción detallada de las mismas, incluyendo el dato de estar torcidas y rotas. Para su infortunio, el niño acusado tenía una coartada

---

[14] *Ibidem.*

que rápidamente quedó comprobada: la tarde en que murió Brian había acompañado a sus padres al aeropuerto de Londres. El círculo empezaba a cerrarse sobre la pequeña embustera: dado que el hallazgo de las tijeras se había reservado en calidad de "evidencia confidencial", ¿cómo es que Mary conocía pormenorizadamente su aspecto? La indiscreción la colocaba sin dudas en la escena del crimen, pero aún no podía determinarse si durante o después de él.

La entrevista a Norma tampoco benefició a la asesina. Su amiga dijo al detective Dobson que Mary le había confesado la muerte de Brian y la llevó a ver el cuerpo inerte entre los bloques de concreto. Según la declaración de Norma, ella le contó: "Apreté su cuello y apachurré sus pulmones: así es como los matas". Refiriéndose al cadáver, Norma agregó: "Su boca estaba púrpura. Mary pasó los dedos por sus labios. Dijo que lo había disfrutado". Ante tales revelaciones, se mandó traer a la sospechosa a la estación de policía, despertándola a media noche. Otra vez fue el inspirado inspector James Dobson quien narró el siguiente pasaje a Gitta Sereny: "Ella parecía verse a sí misma en una suerte de cliché escénico dentro de una película de policías y ladrones: nada la sorprendía y no admitía nada". Y en efecto, el interrogatorio al que fue sometida la niña, el cual duró hasta las 3:30 de la mañana, fue más bien un divertimento a costa del detective Dobson. Enseguida parte de él:

—Tengo razones para creer que cuando estabas cerca de los bloques con Norma —le dijo el inspector— un hombre le gritó a unos niños que estaban por ahí y ustedes dos huyeron desde donde yacía Brian en el pasto. Este hombre probablemente te conoce…

—Él debe tener muy buena vista —repuso Mary.

—¿Por qué necesitaría buena vista? —le preguntó Dobson, seguro de que la chica estaba a punto de delatarse.

—Porque él era… muy abusado para verme donde yo no estaba. —Luego le informó al policía:— ¡Ya me voy a casa… esto es un lavado de cerebro!

Por supuesto, el detective no le permitió retirarse, aunque no tenía pruebas para retenerla y ella insistía: "No estoy declarando. Yo he hecho una gran cantidad de declaraciones. Siempre es por mí por quien vienen. Norma es una mentirosa, ella siempre intenta meterme en problemas". Finalmente Mary quedó libre, aunque no por mucho tiempo.

Pocos días más tarde, el 7 de agosto, tres semanas después del homicidio (¡!), tuvo lugar el funeral de Brian Howe, donde Mary cometió otro error para ella costoso. El detective Dobson, quien estaba observando la ceremonia, narra lo siguiente: "Mary Bell estaba parada frente a la casa de Howe cuando sacaron el féretro. Yo estaba, por supuesto, mirándola. Cuando la vi ahí supe que no podía arriesgarme otro día. Ella estaba parada ahí, riendo. Riendo y frotando sus manos. Yo pensé: 'Dios mío, tengo que encerrarla o lo hará de nuevo'".

La aberrante conducta de Mary, algunas frases que había dejado escapar en las anteriores entrevistas –como "Brian Howe ya no tenía mamá, así que no lo van a extrañar"– y una nueva sesión con Norma hicieron al detective llamar a la niña de nuevo a la comisaría. Esta vez se le obligó a realizar una declaración formal, pues ya había aceptado estar presente cuando Brian murió. Cito el documento *in extenso*:

> Yo, Mary Flora Bell, deseo hacer una declaración. Quiero que alguien escriba lo que tengo que decir. Se me ha dicho que no necesitaba decir nada hasta que quisiera hacerlo, pero que cualquier cosa que dijera podría ofrecerse como evidencia.
>
> Mary F. Bell
>
> Brian estaba en la calle de enfrente y yo y Norma caminábamos hacia él. Pasamos junto a él y Norma dijo, "¿Vienes a la tienda Brian?", y yo dije "Norma, no tienes dinero, ¿cómo puedes ir a la tienda?, ¿de dónde lo vas a conseguir?". Ella dijo, "¡No seas

metiche!".[15] El pequeño Brian nos siguió y Norma dijo, "Camina enfrente". Yo quería que Brian se fuera a casa, pero Norma se puso a toser para que Brian no nos oyera.

Llegamos a Crosshill Road con Brian todavía delante de nosotras. Estaba un chico de color y Norma intentó iniciar una pelea con él. Ella le dijo, "Prietito, te voy a dar una blanqueada, es hora de que te laves". El hermano mayor salió y la golpeó. Ella gritó, "Órale, ponte en guardia". El chavo se alejó y la miró como si estuviera loca.

Llegamos al lado de la tienda Dixon y trepamos sobre la verja, quiero decir, a través de un hoyo próximo a la vía. Después yo dije, "Norma, ¿a dónde vamos?", y Norma dijo, "¿Conoces esa pequeña charca donde están los renacuajos?". Cuando llegamos ahí había un gran estanque largo, con un gran hoyo y pequeños hoyitos alrededor. Norma le dijo a Brian, "¿Vienes acá?, porque hay una señora que viene al número 82 y tiene cajas de dulces y cosas así".

Todos entramos, luego Brian empezó a llorar y Norma le preguntó si tenía dolor de garganta. Ella empezó a apretar su garganta y él empezó a llorar [sic]. Ella dijo "Aquí no es donde viene la señora, es por allá, junto a esos grandes bloques". Nosotros fuimos hacia los bloques y ella dijo, "tendrás que acostarte" y él se acostó al lado de los bloques donde fue encontrado. Norma dijo, "Levanta tu cuello" y él lo hizo. Luego ella lo agarró del cuello y dijo, "aflójalo". Ella empezó a manosear su cuello para arriba y para abajo. Lo apretó fuerte, podías decir que lo hizo fuerte porque las puntas de sus dedos se pusieron blancas. Brian forcejeaba, y yo jalaba [a Norma] de los hombros, pero ella se volvió loca. Yo estaba jalando su barbilla, pero ella me gritó.

Para entonces ella había estrellado la cabeza de Brian en algo de madera o en una esquina de madera y Brian estaba tirado sin sentido. Su cara estaba toda blanca y azulada, y sus ojos

---

[15] *Nebby*, modismo que equivale a "*Keep your nose clean*", algo así como "no te metas en broncas".

abiertos. Sus labios eran púrpuras y estaba todo lleno como de baba, se convirtió en algo como espumoso. Norma lo cubrió y yo dije, "Norma, no tengo nada que ver con esto, debería delatarte, pero no lo haré". La pequeña Lassie estaba ahí llorando y ella dijo, "No empieces o te voy a hacer lo mismo a ti". Seguía llorando y ella fue a tomarla de la garganta, pero [Lassie] le gruñó. Ella dijo, "Ya, ya, no te aceleres".

Fuimos a casa y yo llevé a la pequeña Lassie a casa y todo. Norma estaba actuando de manera rara, hacía caras nerviosas y estiraba sus dedos. Ella dijo, "Este es el primero, pero no será el último". Yo entonces tuve miedo. Cargué a Lassie y la bajé sobre las vías del tren y tomamos por el camino de Crosswood Road. Norma entró a la casa y consiguió un par de tijeras y las puso bajo sus calzoncillos. Dijo, "Ve y consigue una pluma". Yo dije, "No, ¿para qué?". Ella dijo, "Para escribir una nota en su estómago", y yo no quise ir por una pluma. Ella tenía una cuchilla de afeitar Gillette. Regresamos a los bloques y Norma cortó su cabello [a Brian]. Ella intentó cortar su pierna y su oreja con la navaja. Trató de mostrarme que estaba filosa, tomó la parte de arriba de su vestido donde estaba deshilachado, y lo cortó, le hizo un corte.

Un hombre venía por la orilla de la vía del tren con una niña de largo cabello rubio, él tenía una camisa a cuadros roja y unos *jeans* de mezclilla azul. Yo me alejé. Ella escondió la navaja de rasurar bajo un gran bloque de concreto cuadrado. Dejó las tijeras al lado de él. Ella llegó antes que yo al patio que está rumbo a Scotswood Road. No pude correr sobre el pasto porque traía mis chanclas negras. Cuando nos alejamos un poco ella dijo, "May, no debiste hacer eso porque te vas a meter en problemas" y yo no había hecho nada, yo no tengo las tripas para hacerlo. Yo no podría matar un pájaro por el cuello o la garganta o lo que sea, eso es horrible. Cuando subimos los escalones y llegamos a casa estaba a punto de llorar. Yo dije, "Si *Pat* se entera te matará, no importa haber matado a Brian porque *Pat* es más como una marimacha". Ella siempre trepa en los viejos edificios y eso.

Más tarde yo estaba ayudando a buscar a Brian y trataba de decirle a *Pat* que yo sabía que estaba entre los bloques, pero Norma dijo, "Él no está por ahí, él nunca va ahí",[16] y convenció a *Pat* de que no estaba ahí. Me gritaron [de mi casa] como a eso de las siete y media y me quedé ahí. Me levanté como a las once y media y nos paramos en la puerta cuando Brian fue encontrado: al otro día Norma quería que la internaran en un orfanatorio. Ella dijo, "¿Huirás con nosotros?", y yo dije "No". Ella dijo "Si consigues que te metan a un orfanatorio y alimentas a los pequeños y los matas, entonces huye otra vez".

He leído la declaración de arriba y me han dicho que puedo corregir, alterar o añadir cualquier cosa que desee, esta declaración es verdad. Yo la he hecho por mi libre voluntad.

Mary Flora Bell (firmada a las 18:55)

Resulta difícil ponderar hasta dónde es verídico el relato anterior. Sabemos que muchos de los actos que Mary adjudica a Norma en verdad los realizó ella misma, pero no tenemos certeza de cuáles. El principal, es decir, el estrangulamiento de Brian Howe, fue seguramente llevado a cabo por ella, sin ayuda física directa. Pasajes como los que cuentan el enfrentamiento de Norma con el muchacho de color o el intento de asfixiar a la perrita demuestran, al margen de que sean o no ciertos, la fina inteligencia de esta niña de apenas once años, quien se ocupó en inventar o referir ante el inspector Dobson motivos secundarios para *ayudarlo* a integrar la índole violenta de Norma.

Sin embargo, esta vez no lograría zafarse tan fácilmente. El detective decidió dejar en manos del proceso judicial el reparto de culpas

---

[16] En efecto, Norma había respondido "Oh no, él nunca va ahí" después de que Mary sugirió: "Quizás esté jugando tras esos bloques" (véase *supra*, p. 99), aunque en la versión de Norma se supone que no estaba evitando ser descubierta, sino tratando de ahorrarle a *Pat* el encuentro con el cadáver de su hermano.

entre Mary y su amiga, de modo que ambas fueron procesadas por el asesinato de Brian Howe. Al serle notificados los cargos por los que se la apresaba Mary Flora respondió, siempre sin llorar, siempre retadora: "Por mí está bien". Norma reaccionó de modo más emotivo: "Yo nunca... Te haré pagar por esto". A las dos se les encarceló, en celdas separadas, en la estación policial de West End. La primera noche que pasaron encerradas se escuchó a cada una gritar de reja a reja insultos y acusaciones rabiosas contra la otra, hasta que una celadora las obligó a callar.

¿Podría sorprender que después, sola y amedrentada por el lugar y el ominoso juicio a punto de iniciarse en su contra, Mary maldijera a su madre en voz alta? Quizá sí; después de todo, prácticamente nada de lo que en las líneas anteriores se ha dicho sobre Betty Mc-Crickett fue conocido por quienes decidirían el destino de la niña –policías, detectives, corte, abogados, fiscal y juez– hasta después de terminado y decidido el proceso. No queda claro si fue por miedo, condicionamiento, o incluso por lealtad o amor, pero Mary no inculpó de nada a sus padres: si ellos fueron "de alguna manera responsables por la conducta de la joven Mary, ésta no habló acerca de ello".[17]

El 5 de diciembre de 1968 inició en el Newcastle Assizes Moothall el juicio contra las chicas Bell. Aunque en principio se juzgaría sólo el asesinato de Brian Howe, el representante de la Corona, Rudolph Lyons, inició su alegato asegurando que quien hubiese matado a éste también había dado muerte a Martin Brown. No le faltaban razones para afirmarlo: la equívoca conducta de las niñas en la escena del crimen, los perturbadores interrogatorios con los que habían aquejado a la madre y a la tía del pequeño, el asalto a la

---

[17] En efecto, fue hasta la aparición de *Cries Unheard: the Story of Mary Bell,* el libro de Gitta Sereny de 1999, que los detalles sobre el abuso sexual de su madre salieron a la luz. Ahora bien, dado que Mary recibió regalías por su participación en el libro, lo cual causó un considerable escándalo en Gran Bretaña, cabe la posibilidad de que la fantasiosa chica agregara algunos pasajes de su cosecha. En contra de ello habla la indudable seriedad de su biógrafa. De cualquier modo, es preciso tener presente que el jurado conocía sólo parcialmente la historia familiar de Mary al juzgarla.

guardería y las notas incriminatorias dejadas en ella, el hecho de que Mary hubiese representado frente a la familia Howe la muerte de Brian por estrangulamiento en manos de Norma (dato secreto de la investigación), sin mencionar el detallado dibujo dado a su maestra del cadáver con el frasco de tabletas y el charco de sangre, todo ello facilitó a la Fiscalía la presentación del caso. Añádase a lo anterior que en ambos cuerpos el forense encontró fibras provenientes de un vestido de lana de Mary, sobre quien recaían las sospechas. No todas: si bien insistía en su inocencia, Norma no tenía manera de explicar por qué había escrito de su puño y letra al menos la nota en la que confesaba: "Yo asesino así QUE YO puedo volver", según había revelado el peritaje caligráfico practicado sobre los siniestros mensajes plantados en la guardería de Woodlands Crescent. Además, hebras de su blusa color guinda fueron halladas en los zapatos de Brian Howe, lo que parecía indicar que había tenido participación al menos en el segundo crimen.

Como era de esperar, a lo largo de los nueve días que duró el juicio se desarrolló un espectáculo mediático en la abarrotada sala. El gentío y la insana curiosidad de público y prensa amarillista hubieran bastado para intimidar a personas que triplicasen la edad de las acusadas. Sin embargo, mientras que Norma vivía la traumática experiencia rodeada por una familia afligida y considerada, y mostraba su arrepentimiento a través del nerviosismo propio de la situación y del llanto profuso que la acometía al escuchar a los testigos, lo cual le granjeaba la simpatía o la piedad de muchos de los presentes, incluyendo los miembros del jurado, el caso de Mary era distinto. Sabiendo que en el mundo sólo contaba consigo misma, esta niña se había hecho el propósito de ser *dura*. Como ya se comentó, evitaba llorar: encontraba que hacerlo era una afrentosa prueba de debilidad. Quienes estaban en la corte lo consideraron en cambio la prueba irrefutable de que la chica era insensible al sufrimiento e incapaz de arrepentirse. Ciertamente ese era el caso, pero aquellos que la calificaron de "monstruo" y de "mala semilla" no sabían, y no estaban interesados en saber, por qué era así.

Esa barrera que lograba crear para separarse de los otros y evitar ser dañada era al mismo tiempo remedio y enfermedad. Si por un lado la hacía inmune a los pesares de la culpa y aun del dolor físico, por otro la excluía de la comunidad de los seres humanos, quienes se movían a su alrededor incomprendidos e incomprensibles. Gitta Sereny la describe inteligente y aparentemente atenta a los pormenores del juicio; no obstante, al entrevistarla más tarde, Mary le confesaría que guardaba de todo el evento un recuerdo "borroso". ¿Cabe sorprendernos de que la misma autora, al detallar el aspecto de la niña, destaque su belleza, el cabello oscuro enmarcando el rostro armónico, y unos nítidos ojos azules de "mirada emocionalmente vacía en su ira" (*in anger looked emotionally blank*)? Más patético todavía resulta el comentario de Mary a un oficial de policía que la custodiaba durante el juicio: "Una mujer en la sala me sonrió, pero yo no le devolví la sonrisa. No es una cuestión de sonrisas. Al jurado no le hubiera gustado que yo sonriera, ¿o sí?". La niña no tenía idea de la necesidad de conectarse con los demás para ganar su *compasión*. ¿Cómo podría hacerlo si era incapaz de sentir empatía? Es verdad que tenía habilidad para manipular a sus semejantes, lo cual supone una cierta astucia y el ejercicio de ponerse en los zapatos de otro, pero tal aptitud la debía a su inteligencia no a su destreza emotiva, la cual estaba embotada y acaso definitivamente muerta.

Mucho menos competente para generar simpatía era la madre de Mary, lo cual quizá tuvo consecuencias en el juicio de su hija. Le importaba un comino, desde luego: estaba realmente en su elemento sintiéndose el centro de la atención general; cuando advertía que eso no era cierto, pues la niña era quien en verdad captaba la luz de los reflectores, echaba mano de sus dotes histriónicas en una farsa grotesca y chocante: Betty interrumpía la sesiones con falsos lamentos y sollozos estentóreos; gemía a voz en cuello, simulaba que le faltaba el aire y se estremecía de dolor mientras su vulgar peluca rubia se ladeaba cómicamente, obligándola a retocarse en mitad de su lastimosa interpretación. Ante esto Billy Bell, abochornado entre el público, fingía no conocer a su esposa e incluso ignorarla, pretensión ridícula si tomamos en cuenta que ésta a menudo se levantaba y abandonaba con estrépito el recinto, supuestamente indignada por las declaraciones. Poco después volvía a entrar, de manera no menos teatral, en tanto que a su marido sólo le faltaba silbar con despreocupación para completar el papel de desentendido. No es preciso señalar que la prensa aprovechó de maravilla la inesperada función; muy pronto el romance entre Betty y los periodistas dio a luz una serie de notas, declaraciones y artículos crecientemente escandalosos, que servían a éstos para incrementar sus tirajes a costa del morbo del público y a aquélla para obtener dinero vendiendo *exclusivas* sin dejar de ser foco de atención. Por supuesto el material periodístico así publicado, tanto en Inglaterra como a escala internacional –por ejemplo en la revista alemana *Stern*– no debe ser considerado fidedigno, al menos no sin confirmación de otra fuente. Betty no sólo inventó verbalmente, sino que al parecer también falsificó documentos atribuyéndoselos a la acusada: "La madre de la niña vendió en varias oportunidades historias acerca de ella y dio muchas entrevistas a la prensa sobre Mary, escribiendo historias y diciendo que eran de la niña".[18]

Entretanto el verdadero drama progresaba atropelladamente, entre exclamaciones de los concurrentes y amenazas de desalojar la sala por parte del juez. Cuando Norma subió a la tribuna su abogado defensor, R. P. Smith, le pidió que narrara los acontecimientos en torno a la muerte de Martin Brown. La chica relató que en esa ocasión Mary asomó la cabeza por la cerca entre sus casas contiguas y le dijo: "Ha habido un accidente"; después la condujo a la casa abandonada donde el cadáver del pequeño acababa de ser encontrado. El fiscal preguntó: "¿Mary alguna vez te mostró cómo las niñas y los niños pequeños podían ser asesinados? ¿Alguna vez te enseñó eso?". Norma respondió a Lyons que sí, provocando la indignación de su amiga, quien no dudó en manifestarla ostentosamente. Tales interrupciones se sucedieron de continuo por parte ambas niñas, hasta que el juez ordenó mantenerlas separadas durante los procedimientos. Gitta Sereny, quien estuvo en el Newcastle Assizes Moothall a lo largo

---

[18]   Angie Riddle, *op. cit.*

del juicio, describe así la reacción de cada acusada ante las delaciones o embustes de su compañera:

> Agitaban las cabezas incrédula o furiosamente según lo que una u otra decía; se volvían abruptamente, mirándose con encono cuando escuchaban que habían acusado a la otra de algo atroz; y comentaban audiblemente –en el caso de Norma con lágrimas y llantos gritos desesperados de 'no, no'; en el de Mary con apostillas altas y furiosas– acerca y en contra de la evidencia de la otra.

La noche anterior a que Mary fuera llamada al estrado, lo cual sucedió en el sexto día del juicio, le reveló a la mujer policía que la custodiaba una duda que no le permitía conciliar el sueño: "El abogado dijo que Norma es más inmadura. ¿Significa eso que si yo soy más inteligente tengo toda la culpa?". Al parecer el jurado así lo consideraba. Para su desgracia era manifiesta la ventaja que en ese terreno sacaba a su amiga, lo cual quedó claro al iniciar el interrogatorio. Tranquila, racional, concentrada, Mary Flora tenía respuesta para todas las preguntas que le planteaban, incluyendo aquellas que ocultaban una doble intención.

—¿Por qué solicitó ver a Martin Brown en su ataúd?
—Norma y yo habíamos hecho una apuesta y una de nosotras no quería ser gallina o algo así.
—En el dibujo que hizo en su cuaderno escolar del cuerpo de Martin Brown muestra un incriminatorio conocimiento de la escena del crimen.
—Rumores… La gente andaba diciendo que había un frasco con tabletas que habían caído junto a él. Lo hice sólo para que se viera mejor.
—¿Por qué les dijo a los Howe que Norma había matado a Martin Brown?
—Porque me había peleado con Norma ese día y no pude pensar en nada más [para vengarme].
— ¿De dónde obtuvo la idea de que Norma lo había estrangulado?

—Puedes ver eso en la televisión, en [el programa] *Apache* y todo eso.

Cuando los peritos en caligrafía rindieron su testimonio mostraron que las dos chicas habían escrito las notas dejadas en la guardería. De hecho, fue preciso examinar cada palabra e incluso a veces cada letra, pues las autoras de estos mensajes siguieron para redactarlos un método ideado por ellas, al que llamaron "escritura conjunta", que consistía en alternar su letra. Se reveló que Mary firmaba como *Faggot* [19] y Norma con el nombre de *Fanny*.

Según el testimonio de esta última, el proyecto de realizar los escritos surgió cuando, estando juntas en el cuarto de su vecina, ésta le dijo que quería escribir algunas notas. ¿Con qué fin? La pregunta la hizo vacilar: "para... poner en sus zapatos".

En cambio, a su turno, Mary Flora respondió que la idea de redactarlos fue de ambas, pero de Norma la propuesta de dejarlos en Woodlands Crescent. Estuvo de acuerdo, explicó con cinismo, porque ya habían irrumpido antes en el local. Y agregó: "fuimos destructivas, pensábamos que era una gran broma".

Este breve pasaje del juicio nos revela su carácter general: mientras Norma se desconcierta y quiere ocultar con pretextos infantiles su responsabilidad y sus motivos, Mary se muestra dueña de sí y, aunque no acepta su culpa, se evade como una persona adulta. Resultado: el papel de las niñas se invierte y la mayor, por ser más pueril, recibe la simpatía que se acostumbra reservar a la menor, cuyas afirmaciones de plano chocan con las sensibilidades del juez y del jurado. No es para menos: decididamente Mary no se muestra como una chica arrepentida. En *Taringa, Inteligencia Colectiva* la autora registra lo siguiente: "Entre otras declaraciones, Mary dijo: 'Siento placer lastimando a los seres vivos, animales y personas que fueran más débiles que yo, que no se pudieran defender' [*sic*]". [20] Probablemente

---

[19] Cuyo significado, de carácter ofensivo, equivale a "puto".
[20] Angie Riddle, *op. cit.*

el testimonio es inventado o, por lo menos, está fuera de contexto,[21] pero no es contrario a los hechos.

Durante el proceso, tanto Norma como Mary negaron cualquier responsabilidad por la muerte de Martin Brown, pero no podían hacer lo mismo a propósito de la de Brian Howe, con quien ambas habían sido vistas el día de los acontecimientos. No sin desdoro, se atribuyeron la culpa una a la otra. Mary declaró que su compañera había estrangulado "maniáticamente" al niño. Le preguntaron entonces si no temía que Norma la agrediera, pues después de todo era casi dos años mayor. Ella respondió con un tono de desafiante suficiencia que en nada la beneficiaba: "No se atrevería, porque yo me daría la vuelta y le daría un buen golpe". En verdad no eran las palabras de una pequeña aterrorizada por una asesina maniática.

Por su parte Norma, inclinando la verdad a su favor a través de la adición u omisión de detalles, afirmó que *May* –el sobrenombre familiar de Mary– ordenó a Brian que se acostara y comenzó a golpearlo, y a aplastarle nariz y garganta para asfixiarlo. Cuando el chico se puso morado por la falta de oxígeno Norma intentó, siempre en su versión, quitar las manos de su amiga del cuello del muchacho, sin éxito. Mary le dijo: "Norma, hazte cargo, mis manos se están hinchando". Entonces Norma abandonó el lugar, según aseguró entre lágrimas, mientras Brian aún respiraba. El que de ahí se dirigiera no a denunciar el hecho, sino a casa de sus amigas a hacer pompones, no hace más verosímil su pretendido rechazo a los actos de Mary. Tampoco el que, como también admitió, haya regresado junto con ésta a donde estaba el cadáver para raparlo con unas tijeras y cortarlo con una navaja de afeitar en el vientre (recordemos que fueron las

---

[21] Tengo reservas respecto de la veracidad del hecho porque no sólo no lo he hallado en otras fuentes reconocidas, sino que tampoco es consistente con la inteligencia alerta con la que Mary Flora Bell trataba de ocultar su responsabilidad sobre los hechos. Quizá la frase no fue dicha en el juicio, sino durante el tratamiento psiquiátrico que recibió después de sentenciada; ello haría más probable la confesión, pero por desgracia Angie Riddle no describe el contexto de esta información, la cual se registra en *crímenesperfectos.com* (*op. cit.*) –referencia ofrecida por la escritora– que, como he señalado, no da crédito a ningún autor, incluyendo el de su propio artículo, ni registra su fuente.

iniciales de las dos, N convertida en M, las que se imprimieron en el cuerpo del niño; que los cortes de cuchilla se hicieron también en sus genitales, no sólo en su barriga; y que le trozaron varios mechones de cabello).

Acaso también pueda considerarse como señal de la culpabilidad de Norma el que, según dijo Mary en el estrado, quisiera fugarse y apremiara a su amiga para que la acompañara. Ante la pregunta de por qué deseaba hacer Norma tal cosa la testigo respondió, de manera un tanto críptica: "Porque podía matar a los pequeños, por eso, y para huir de la policía". Los menores a los que se alude en la frase son los niños de un supuesto orfanato al que las chicas fantaseaban con entrar: hasta ese grado rechazaban la insoportable cotidianeidad en sus casas. En cualquier caso, lo interesante de la declaración es que confirma el tema que nebulosamente las obsesionaba en ese tiempo: la idea de perpetrar un homicidio y huir; o mejor dicho: *para* huir.

Años más tarde Mary recordaría esta época entre neblina. Cuestionada sobre sus vivencias durante los arrebatos de violencia, ella apenas lograba reconocerse en el oscuro deseo de asfixiar a otros niños. Incuso su versión sobre la muerte de Martin Brown fue cambiando, dice Lynn Scott, "de un accidente a una inexplicable compulsión". Mary Flora afirmaba que ese día había peleado con su madre y, por primera vez, le había devuelto un golpe. Luego, mientras apretaba el cuello del chico, describe haber pasado por un extraño momento de patética desolación: "No estoy enojada. No es un sentimiento [...] es un vacío que llega, un abismo, va más allá de la cólera, más allá del sufrimiento, es una fuga de sentimientos. Yo no planee herir a Martin; ¿por qué lo haría? Él era sólo un pequeñín que pertenecía a una familia a la vuelta de la esquina".

Pasada la etapa de testimonios y descarga de pruebas físicas, el juicio se concentró en las consideraciones de peritos psiquiátricos y jurídicos, insólitamente relevantes tratándose de un caso tan peculiar desde ambos puntos de vista. La culpabilidad, al menos en lo concerniente a Mary Flora, no parecía estar en duda, pero para formular un veredicto y una sentencia satisfactorios aún debía cubrirse un intrincado recorrido. El juez Cusack notificó al jurado, formado por cinco mujeres y siete hombres, que desde 1957 el Parlamento había aprobado la figura de *responsabilidad disminuida,* según la cual una persona no sería convicta de asesinato si padecía alguna anormalidad mental que limitara la consciencia de sus actos.

Así pues, las opciones de Mary consistían en recibir un fallo condenatorio por asesinato o por homicidio imprudencial, lo cual significaba una enorme diferencia en cuanto a la pena que debería cumplir.[22] Con el fin de obtener el dictamen más benevolente, su abogado debía demostrar la incapacidad psicológica de la chica para controlarse y su falta de comprensión respecto del alcance de sus acciones, por lo cual se exigía el testimonio de expertos.

El doctor Robert Orton fue el encargado de examinar a la inculpada y dictaminar su estado mental. Esta es una parte de su diagnóstico:

> Pienso que debe considerarse que la niña padece de personalidad psicótica, [manifestada por] su falta de sensibilidad respecto de otros seres humanos [y] una propensión para actuar impulsivamente y sin reflexión previa. [...] Ella no mostró en absoluto remordimientos, ni llanto ni ansiedad. Es completamente indiferente acerca de todo el asunto y sólo está resentida por su detención. [...] No puedo ver una motivación real para el crimen. [Más tarde añadiría:] He visto una gran cantidad de niños psicópatas, pero nunca conocí ninguno como Mary: tan inteligente, tan manipuladora ni tan peligrosa.

En su discurso de cierre Rudolph Lyons, presa de su propio entusiasmo, describió a la niña de once años como un demonio desalmado que gracias a su perversa capacidad de manipulación, "casi como la de Svengali",[23] se apoderó de la voluntad de Norma obligándola a delinquir. A ésta el excesivo fiscal la retrata en términos de

---

[22] En principio debía decirse otro tanto a propósito de Norma, pero su caso era distinto: no sólo estaba menos implicada, sino que además atraía la simpatía del jurado, con lo que la expectativa oscilaba entre si habría o no castigo para ella.

[23] Malvado personaje que en la película homónima de Archie Mayo (1931) seduce y domina a sus víctimas a través de irresistibles poderes hipnóticos.

"una simple niña retrasada de subnormal inteligencia"; mientras que de Mary dice que es "la niña más anormal, agresiva, viciosa, cruel, incapaz de remordimiento; una niña, por otra parte, poseedora de una personalidad dominante, con una inusual inteligencia y un grado de malicia casi espantoso".

De manera extraña el abogado defensor, R. P. Smith, actuó como si estuviera de acuerdo con su colega: en vez de contradecir, o al menos atenuar, la enconada opinión de la Fiscalía, se redujo a preguntar por qué Mary había actuado como lo hizo. "Es muy fácil vilipendiar a una niñita comparándola con Svengali [–observó–], sin hacer una momentánea pausa para ponderar cómo toda esta lamentable situación llegó a suceder". Por cierto tenía razón, aunque no es clara la forma en la que tal argumento actuaba en favor de su cliente.

Los doce miembros del jurado se retiraron a deliberar y unas cuatro horas más tarde anunciaron su veredicto, que desde luego no satisfizo a todos los interesados, en particular a los familiares de las víctimas. Norma Bell fue hallada "no culpable" de homicidio imprudencial por las muertes de Martin Brown y Brian Howe; se le puso tres años bajo régimen de libertad condicional por haber allanado y vandalizado la guardería de Woodlands Crescent y se dispuso que permaneciera ese tiempo bajo supervisión psiquiátrica. En otras palabras: salió libre.

Diversa fue la suerte de Mary Bell, a quien la corte consideró "culpable de asesinato en segundo grado debido a responsabilidad disminuida", por el homicidio de los dos niños. El juez Cusack dictó como sentencia *"Detention for Life"*, lo cual no implicaba por necesidad lo que llamamos cadena perpetua, sino un tiempo indeterminado –a gusto (o criterio) de Su Majestad (*at Her Majesty's Pleasure*)–, que podía reducirse según la conducta observada por la prisionera.

Apareció con ello un nuevo problema: ¿dónde encerrarla? En Inglaterra no había correccionales para chicas con el historial de Mary, quien representaba una amenaza seria para los niños internos en tales sitios; la penitenciaría ni siquiera podía ser legalmente visitada por personas de once años y los manicomios no tenían personal ni instalaciones para albergarla. Las autoridades tardaron poco más de un mes –desde la emisión del fallo, a mediados de diciembre de 1968, hasta febrero de 1969– en improvisar una salida, cuando Mary Flora ingresó al Red Bank Special Unit en St. Helens, un reformatorio que en aquel tiempo era exclusivamente para varones, al menos en la práctica,[24] y entre los cuales había otros asesinos precoces (un poco mayores que ella) confinados en el área de alta seguridad.

La convicta guardaría un recuerdo, si no precisamente grato, al menos cálido y decoroso del lugar. Considerando el caos al que su madre la sometía, la existencia de un sitio ordenado, regulado por normas claras, administradas con rigor pero sin injusticia ni inconsistencia, le debe haber parecido a Mary un inesperado refugio del vértigo por el que había pasado. Acaso exagere Gitta Sereny al afirmar –o al creer sin crítica– la versión de su entrevistada: que James Dixon, quien dirigía el establecimiento "con una poderosa influencia moral", representó para ella la "fuerte y benevolente figura paterna que le hacía falta a su vida". En cualquier caso, no todas las personas[25] consideran el Red Bank Special Unit una institución "cómoda y estructurada", y ni qué decir tiene que Mary distaba de ser una interna modelo. Manipuladora y violenta, ella misma explica su primera riña con un muchacho entrometido, la cual distó mucho de ser la última que protagonizara en el establecimiento: "Él me llamó 'asesina' y yo lo agarré del cabello y hundí su rostro en la cena".

---

[24] En un crudo artículo en donde aborda el problema de estas cárceles para menores, que "desde hace más de 40 años han sido unidades de seguridad en Gran Bretaña para contener la pequeña minoría de niños que cometen los peores crímenes", Winifred Robinson observa que, de los aproximadamente doscientos noventa chicos con un promedio de catorce años recluidos en las Red Bank de Gales e Inglaterra, "hace diez años [1999] sólo dos de cada diez eran mujeres. Ahora son cuatro de cada diez". Podemos imaginar con ello cuántas niñas había encerradas en 1969. Véase Winifred Robinson. "Children Behind Bars: The Young Murderers, Arsonists and Rapists at Britain's Forgotten Jails". En *Daily-Mail*, 18 de abril de 2009 (en línea). Disponible en <https://dailym.ai/2DKI-6Oj> [Consulta: agosto de 2013].

[25] Véase *ibidem*.

Y es que las fuentes de inquietud no cesaban para Mary Flora. En primer lugar, ya lo sabemos, su madre. Esperaba con anhelo sus visitas –¿de qué otro modo podía ser?: ¡tenía once años!–, que eran frecuentes, pero cuando esta mujer insoportable abandonaba el lugar después de realizar su consabido número teatral, la chica quedaba confundida y reincidía en conductas agresivas. El personal de la Unidad Especial del Red Bank en St. Helens detestaba que acudiera a ver a su hija, no sólo por las consecuencias que tales encuentros traían consigo, sino porque les era antipático el lastimoso papel de víctima que seguía adoptando. En alguna ocasión llegó a quejarse: "Jesús sólo fue clavado a la cruz, yo estoy siendo martillada", en busca de que el mundo le tuviera piedad por ser la sacrificada madre de una célebre asesina. Tal fama, claro está, era real, pero en buena parte dependía de ella, pues alentaba a Mary a escribir poemas y cartas narrando su historia para poder venderlos a la prensa y continuar en el ojo del huracán. Cómo no suscribir la opinión de un maestro que describió así su conducta: "Está jugando a ser madre". Para evitar mayores estragos, un doctor que trabajaba en la institución intentó suspender el acceso de Betty al local, iniciativa que no podía prosperar legalmente.

Fue lamentable, entre otras cosas porque según el Red Bank resultaba perjudicial que los internos rumiaran constantemente su pasado; ellos apostaban porque éste quedara atrás y se dirigiera la vista al futuro, lo cual no se facilitaba si Mary debía componer constantemente escritos alusivos a sus delitos. Presionada por un lado para olvidar sus crímenes y, por otro, para evocarlos, la chica hubo de arreglárselas con el fin de encontrar una solución de compromiso. Lo logró a medias: ideó la existencia de una hermana melliza llamada Paula, a quien adjudicaba lo que podríamos llamar su *lado oscuro*. Años más tarde explicó a Sereny: "Creo que estaba inventando una gemela que pudiera haber hecho lo que yo realmente hice". No era, por supuesto, la respuesta. El sombrío dictamen del psiquiatra del reformatorio es al respecto elocuente. Opinaba que en su paciente había "una extraordinaria intensidad interior [...], una necesidad que realmente uno no puede entender ni manejar".

El convivir sólo con varones se hacía crecientemente inadmisible conforme el cuerpo de Mary maduraba. En noviembre de 1973, a los dieciséis años y medio,[26] fue trasladada a la cárcel de Styal. Ahí tendría que aprender a residir únicamente con mujeres, lo que no fue un cambio fácil y, de hecho, en *Cries Unheard* la autora lo califica de "destructivo" para su biografiada. Como siempre, reaccionó de forma rebelde y pendenciera, y soportó las severas medidas disciplinarias con obstinado orgullo. Eventualmente consiguió una suerte de original adaptación gracias a su lucidez: "Lo que tuve que hacer fue, sí, continuar enfrentando al sistema, pero tuve que pasar de ser una prisionera a ser una convicta, y eso significaba que antes que ser extrovertida e iracunda tuve que ser introvertida y astuta".

Otra medida de emergencia, un tanto más radical, consistió en afectar una conducta machorra para gran alarma de la prostituta especializada Betty, quien con su habitual sentido de la oportunidad comentó: "Jesucristo, ¿qué sigue? Eres una asesina y ahora ¡lesbiana!". Según el psiquiatra que realizaba en el penal terapias de grupo semanales, Mary en efecto se empeñó en convencer a los demás de que era un hombre. Y no se conformaba con medias tintas: además de adoptar las formas de andar y los modales de los varones, se maquillaba una barba cerrada y colocaba permanentemente unos calcetines enrollados dentro de su ropa interior para dar la impresión de poseer dotados genitales masculinos. Llegó incluso a solicitar al médico que le practicara una cirugía de cambio de sexo, a lo cual éste no accedió. Cuestionada más tarde acerca del descabellado proyecto, explicaría con parquedad: "Era la idea de no ser yo". El propósito de duplicidad, sin embargo, no estaba tan errado si atendemos a que un tiempo después, cuando se le concedió la libertad condicional, el oficial consejero adujo en su favor: "Mary se ha convertido a sí misma en dos personas distintas por su propio bien".

---

[26] Otros opinan, con más base legal que histórica, que fue transferida al reclusorio hasta los dieciocho años; véase David Bamber, Joe Murphy y Andrew Alderson. "Mary Bell advises on Bulger release". *The Thelegraph*, 24 de junio de 2001 (en línea). Disponible en <http://bit.ly/2zmxotx> [Consulta: agosto de 2012].

En 1977 la reclusa daba menos problemas a las autoridades penitenciarias de los que solía causar al inicio de su encarcelamiento; su conducta se había estabilizado y, aparentemente, adaptado. Por ello fue transferida a un reclusorio de menor seguridad en el condado de Suffolk, lo cual aprovechó para escapar junto con un compañero. Rápidamente fueron capturados; para entonces Mary ya había conseguido mantener relaciones sexuales, consentidas por primera vez. Hizo una mala elección: el oportunista a quien cedió lo que cabría llamar su *virginidad voluntaria* aprovechó el escándalo de la fuga para vender el relato a los periódicos y hacerse de algún dinero. Aseguró que la chica le había confiado su intención de huir para quedar embarazada, testimonio no necesariamente verídico, si bien a la luz de cierto acontecimiento posterior tampoco improbable: durante las audiencias sobre su libertad bajo palabra, al iniciar los años ochenta, Mary fue hospedada en una residencia; ahí conoció a un hombre casado quien, en efecto, la dejó encinta. No sin una intención específica, según narró la propia muchacha: "Dijo que estaba decidido a mostrarme que yo no era lesbiana".

Los dos sucesos registrados son un tanto incomprensibles. En ambos casos Mary Bell se abandonó a su sexualidad apenas tuvo oportunidad. Ello no es extraño en una chica de veintidós años; sí lo es cuando ésta confiesa, refiriéndose a aquellos días: "Era difícil para mí no pensar en el sexo como algo sucio". ¿Se trata de la promiscuidad compulsiva generada por el abuso sexual infantil? Tal vez, aunque hasta donde sabemos tal conducta no se reprodujo en los años posteriores. En cuanto al deseo de embarazarse, es poco probable tomando en cuenta que abortó al producto del breve romance, no sin experimentar remordimientos (¡!): "si pienso que la primera cosa que hice después de doce años en prisión por matar a dos bebés fue matar al mío...".

El 14 de mayo de 1980 Mary Flora Bell quedó en libertad bajo caución. Tenía apenas veintitrés años y había pasado más de la mitad de su vida encerrada. Deseaba vivir, pero además del acoso de la prensa –las familias de sus víctimas calificaron la corta condena como una "burla" y la noticia se reactivó– la realidad no le fue dócil. Se instaló en Suffolk y obtuvo su primer empleo en la guardería local, ¡cuidando niños! Los oficiales a cargo de vigilar su libertad condicional finalmente advirtieron que se trataba de un despropósito y se le obligó a dejar el trabajo. Consiguió varias oportunidades como camarera mientras estaba matriculada en la universidad, pero pronto abandonó estas actividades y volvió al norte a vivir con su madre. ¿Cómo entender que otra vez se expusiera voluntariamente a sus atropellos y chantajes? Los doce años pasados lejos o al menos aparte de ella le dieron seguramente la suficiente perspectiva para identificar en Betty el origen de su tragedia. No obstante, cuando Mary inició una relación sentimental con un hombre con quien concibió una niña, la cual nació en 1984, la vinculó con su disparatada abuela y le permitió a ésta participar en sus juegos y en su educación. A la luz de ello, quizá los testimonios de abuso ofrecidos a Sereny durante las sesiones para la elaboración de *Cried Unheard* hayan sido parcialmente exagerados, sea por excusar su propia conducta, por asegurar mayores ventas al libro –la autora cedió sus derechos a la hija de la entrevistada–, por rencor hacia su progenitora o simplemente como parte de su exuberante imaginación. Conviene considerarlo con prudencia; después de todo, gran parte de la descripción que aquí se ha hecho de Betty McCrickett –el administrar sedantes a la niña, su fingido sufrimiento para lograr simpatía, el abandono y la crueldad con que trataba a su prole, su oficio, los beneficios económicos que se ocupó de obtener explotando a la chica encarcelada, etcétera– está documentada más allá de las declaraciones directas de Mary Flora Bell.

Dado que ésta fue juzgada bajo la condición de infanticida, su hija estuvo legalmente bajo la custodia del Estado hasta 1992, lo cual en la práctica no afectó su convivencia. No se trató de un triunfo gratuito: ella luchó por quedarse con la pequeña. Al propósito argumentaba que se había reformado por completo y que el propio nacimiento de la niña le había dado una nueva conciencia sobre sus crímenes: "si pudieran ver mi interior con rayos x, podrían ver que cualquier cosa averiada en mí [ya está] arreglada".

¿Podemos creerle? Psiquiatras, psicoanalistas y psicólogos coinciden en que los psicópatas son reacios a toda terapia y es notable su falta de remordimientos, pero en realidad no hay noticia de que Mary haya reincidido en actos violentos de ninguna índole, y asevera estar arrepentida. Acaso el que haya cometido los asesinatos a los once años permitió que su personalidad aún fuera lo suficientemente maleable para corregir el rumbo. También cabe la posibilidad de que esté fingiendo en una escala capaz de opacar la teatralidad de Betty. No tenemos manera de saberlo con certeza. Gitta Sereny creía en la "posibilidad de una metamorfosis" y aseguraba que en Mary Bell podían hallarse dos personas: "la niña y la adulta", en quien reconocía a una madre amorosa. Por otra parte, estamos hablando de una homicida que, siendo ya mayor de edad, declaró a propósito de su pasado: "Todo lo que importaba era mentir bien".[27] ¿Ya no?

Referencias

Asesinos en serio. "Mary Bell 'La niña asesina'". En *El pensante. Tejiendo el mundo* (en línea). Disponible en <http://bit.ly/2ONL1GS> [Consulta: diciembre de 2012].

Bamber, David, Joe Murphy y Andrew Alderson. "Mary Bell advises on Bulger release". *The Thelegraph*, 24 de junio de 2001 (en línea). Disponible en <http://bit.ly/2zmxotx> [Consulta: agosto de 2012].

Crímenes perfectos. "Mary Bell". En *Crímenes perfectos, el mejor blog de ciencias forenses* (en línea). Disponible en <http://bit.ly/2TeqYVk> [Consulta: octubre de 2012].

Riddle, Angie. "Mary Bell". En *Taringa Inteligencia Colectiva* (en línea). Disponible en <http://bit.ly/2Fmn5uA> [Consulta: octubre de 2012].

---

[27] Mary Flora Bell se estableció con su nueva pareja y su hija en cierto pueblo, donde al ser reconocida y denunciada por la prensa fue expulsada por los demás habitantes. El caso fue llevado a la corte y el 21 de mayo de 2001 se les concedió a ella y a su hija el anonimato de por vida, a pesar de los alegatos de los parientes de Martin Brown y Brian Howe.

ROBINSON, WINIFRED. "Children Behind Bars: The Young Murderers, Arsonists and Rapists at Britain's Forgotten Jails". En *DailyMail,* 18 de abril de 2009 (en línea). Disponible en <https://dailym.ai/2DKI6Oj> [Consulta: agosto de 2013].

SCOTT, SHIRLEY LYNN. "Mary Bell". En *Crime Library, criminal minds & methods* (en línea). Disponible en <http://bit.ly/2QJgWdf> [Consulta: octubre de 2012].

SERENY, GITTA. *The Case of Mary Bell.* Londres: Arrow Books, 1972.

SERENY, GITTA. *Cries Unheard. Why Children Kill: The Story of Mary Bell.* Nueva York: Metropolitan Books, 1999.

SHEIIKEE. "Niños asesinos, parte I, El caso de Mary Bell". En *El Ojo,* enero 26 de 2010 (en línea). Disponible en <http://bit.ly/2zUkimB> [Consulta: diciembre de 2012].

US DEPARTMENT OF HEALTH AND HUMAN SERVICES. "Síndrome de Munchausen por poderes". *MedlinePlus.* Disponible en <http://bit.ly/2OKJem3> [Consulta: enero de 2013].

WOOD, DEBRA. "Bed-wetting". En *Keck Medical Center of University of Southern California.* Disponible en <http://bit.ly/2Fps6CS> [Consulta: enero de 2013].

Piedad Martínez del Águila
(doce años)

> *No hagas eso, que puedes hacer mucho daño a alguien.*
> Piedad Martínez del Águila,
> delatándose ante un inspector

El año 1965 no fue menos turbulento que otros de la misma década. Quizá más: Estados Unidos, bajo el gobierno de Lyndon B. Johnson, entra formalmente en la Guerra de Vietnam, bombardeando con napalm aldeas civiles; sondas espaciales investigan por primera vez a Venus y a Marte; el movimiento antisegregacionista y las reacciones a él están en plena efervescencia: es asesinado Malcom X; ese año también muere Winston Churchill en Inglaterra y en Kansas son ejecutados los asesinos cuya historia refiere Truman Capote en *A sangre fría*. El rock ha tomado al mundo por sorpresa: los Beatles publican los álbumes *Help* y *Rubber Soul*, y son declarados "caballeros del Imperio Británico"; los Rolling Stones estrenan *(I can't get no) Satisfaction*; se forman los grupos Doors y Pink Floyd; Bob Dylan lanza el paradigmático *Highway 61 Revisited* (que incluye "Like a rolling stone").

Con toda probabilidad tales hechos fueron ignorados en su mayoría por las familias proletarias de España, quienes preferían escuchar a la muy joven Rocío Dúrcal cantando *Más bonita que ninguna*, o *La chica ye-ye* con Concha Velasco. Los Brincos triunfaban con piezas populares como *Flamenco* y *Borracho*; Encarnita Polo era considerada la cantante de moda y Raphael hacía su exitosa presentación en el Teatro de la Zarzuela.

El impulso al turismo dado por el régimen franquista rendía frutos, de suerte que la extrema miseria generada por la Guerra Civil cedía terreno (sin que por ello se pudiera hablar de abundancia). Su dependencia de las democracias europeas había obligado al obstinado militar a realizar algunas concesiones, como permitir que los The Beatles, por quienes no abrigaba ninguna simpatía, cantasen dos días consecutivos en Las Ventas de Madrid o que los *Evangelios* pudieran leerse en español durante las homilías dominicales.

Por supuesto continuaba ejerciendo mano dura frente a las manifestaciones de protesta –y las había, sobre todo por parte de estudiantes y obreros– y ante cualquier señal de que se rebasaran los severos límites de la *decencia*, rígida combinación de religiosidad, higiene, nacionalismo y costumbres burguesas. Admitía ciertas influencias extranjeras, como los programas de televisión *Alfred Hitchcok presenta, La familia Munster* y *Perdidos en el espacio*, y publicaciones de escaso nivel cultural: el tebeo *Din Dan*, las series *Brigada secreta y espionaje,* y la historieta de *El pequeño Sioux*, pero rechazaba la minifalda y montaba un indignado escándalo por la mera existencia de la píldora anticonceptiva, que en España fue legal hasta octubre de 1978, tres años después de muerto el dictador.

Como cabía esperar, el resultado fue que las familias trabajadoras, muchas de ellas de origen campesino, recientemente integradas a los centros urbanos, solían tener una descendencia numerosa y una casi total falta de recursos –no sólo económicos, sino particularmente educacionales– para atenderla. Era el caso de la formada por Andrés Martínez del Águila, primero hortelano y después obrero de la construcción, y Antonia Pérez Díaz, quien más que consagrarse "al hogar", como afirmó, se dedicaba a permanecer embarazada. Con buen éxito. En 1965 su hijo mayor, José Antonio, tenía dieciséis años y asistía a su padre en las labores de albañilería; le seguían Manuel, que con catorce años se dedicaba a lo que en España llaman chapista y en México, hojalatero; Piedad, con sólo doce, ya había dejado de estudiar y se ocupaba en cuidar a sus hermanos menores. Cuando le quedaba algo de tiempo libre tenía la obligación de pulir piezas de motocicleta, pues arreglar éstas era uno de los negocios que la familia improvisaba para sobrevivir. Jesús, Manolita y Cristina, de diez, ocho y seis años respectivamente, ayudaban en el hogar y en el limado de motos, pero representaban una carga más que una dispensa de obligaciones. Seguían Andrés, Fuensanta, Mariano y María del Carmen, quienes debido a sus cortas edades no tenían mayor ocupación que ser cuidados.

Para finales de 1965, cuando sucedieron los hechos que enseguida narraremos, Antonia estaba por duodécima vez embarazada, con siete meses de gestación. Además de los diez vástagos vivos y del que venía en camino, había perdido cinco años antes a un bebé de dos meses, por razones que no son claras pero sobre las que prácticamente no hay duda de que fueron naturales (en todo caso, nunca fueron objeto de investigación judicial).

La multitudinaria familia había habitado en las *chabolas* –palabra que en euskera refiere a los asentamientos marginales donde se refugian los relegados sociales–, pero hacia el tiempo que nos interesa había logrado cambiarse a un edificio del Carril de la Farola, en la capital murciana. Las unidades habitacionales (también conocidas como "casas protegidas del Carril de la Farola") habían sido desarrolladas por Mariano Aroca López, párroco-arcipreste que trabajaba en la Parroquia del Carmen, quien logró hacer prosperar el sitio bajo un esquema de lo que ahora llamaríamos "casas de interés social", con el fin de apoyar a las familias pobres y numerosas que constituían el ejército industrial de reserva español.

El 4 de diciembre de 1965 la tragedia se desgranó súbita e irresistible sobre la apenada familia. Sin aviso previo, sin malestar que advirtiera, María del Carmen, la más pequeña de la casa, con tan sólo nueve meses de edad, moría sorpresivamente. Notificado "el puericultor del Seguro" –es decir, el pediatra de la Seguridad Social, como ahora lo reconocemos–, asistió al lugar de los hechos y determinó que la bebé había fallecido a causa de una meningitis. No era un diagnóstico disparatado, aunque sólo se apoyaba en el *buen ojo* del médico: esta enfermedad, causada de manera indistinta por virus o por bacterias, suele ser fulminante y atacar con especial frecuencia a los niños. Sus síntomas más característicos –dolor de cabeza, fiebre, intolerancia a la luz y trastornos de la conciencia– con facilidad podrían haber pasado inadvertidos a la ocupadísima madre y a Piedad, quien la asistía en el cuidado de la pequeña. ¿Cabe agregar que entre las familias humildes y llenas de hijos la pérdida de al menos uno era casi una tradición? En cualquier caso pasaba como algo *normal*, aunque no por ello dejaba de ser doloroso.

Mucho menos corriente era que a los cinco días exactos se repitiera la desdicha: Mariano Martínez, de dos años, quien había ocupado el sitio del menor de la casa a la muerte de Carmen, fallecía de forma igualmente imprevista el 9 de diciembre. El doctor José Vicente Hurtado dio el mismo veredicto médico: meningitis. Tampoco en esta ocasión se realizó la punción lumbar que podría confirmarlo.

¿Qué se le va a hacer? ¡Las coincidencias suceden!

Sin embargo, aunque el infortunio es tan impredecible como inescrutables los caminos de dios, la defunción de Fuensanta, de cuatro años –en turno la más chica del hogar–, sucedida cinco días exactos después del deceso de su hermano, el 14 de diciembre, ya no fue vista como producto del azar: alborotó al barrio y las autoridades se vieron presionadas para tomar cartas en el asunto. El doctor Hurtado perdió su fe en el poder destructor de la meningitis y acabó dudando de sus actas previas. Las hipótesis iban y venían: se conjeturó sobre una nueva infección que tardaba cinco días en incubarse, se buscó una enfermedad que siempre atacara al más pequeño; los vecinos especularon sobre maldiciones, ritos y anatemas; hubo quien murmuró la palabra "asesinato", apenas audible. Por si o por no, se alejaron de los Martínez del Águila: las dolencias pueden ser tan contagiosas como la suerte adversa y el mal de ojo.

El jefe provincial de Sanidad en Murcia, cuyo (adecuado) nombre era Ángel Fernández Nafría, determinó aislar a la familia para prever una epidemia y realizar estudios, pero no halló nada y devolvió a los sobrevivientes a su hogar, en consideración de las fiestas decembrinas: "Después de esa tercera muerte se decretó la reclusión de la familia en el Hospital Provincial para someter a observación a padres e hijos. Como usted sabe y, dada la normalidad de todos ellos, fueron autorizados a regresar a su domicilio del Carril de la Farola para que celebrasen la Navidad en casa".[1]

Esa generosa deferencia costaría la vida al siguiente en la lista de los más pequeños: Andrés Martínez del Águila, de sólo cinco años, murió el 4 de enero de 1966 esperando ver la Cabalgata de Reyes[2] al día siguiente.

Con el último fallecimiento se hizo insostenible aguardar que la muerte se detuviera por sí misma. Ante el fracaso de las averiguaciones epidemiológicas se inició la investigación en toxicología. ¿Se trataba, no de un virus misterioso, sino del consumo de algún alimento tósigo? Con el fin de indagarlo, "las vísceras de Andresín [y de Fuensanta] fueron enviadas a Madrid [...], para su examen".[3]

Sin embargo, el escándalo ya había rebasado con mucho a las autoridades sanitarias, de modo que tuvieron que intervenir las judiciales. El juez De la Cruz Belmonte-Cervantes, titular de Instrucción número 1 de Murcia, se hizo cargo del caso y ordenó que "un grupo de especialistas constituido por la Brigada de Investigación Criminal y médicos forenses, se desplazara al cementerio de Nuestro Padre Jesús de Espinardo para exhumar los cuerpos de los dos primeros hermanos fallecidos, y proceder a la toma de muestras para su análisis".[4]

El Instituto de Toxicología tardó en hacer público su dictamen, pero no tuvo duda acerca de la naturaleza de los fallecimientos: los cuatro niños habían sido envenenados. La sustancia homicida –que representaría un indicio sobre la identidad de quien había llevado a cabo los homicidios– aún permanecía en el misterio: "Al doctor

---

[1]   *Apud* Francisco Umbral. "La muerte en Murcia: 'Sólo puedo decirle que se ha abierto sumario'". ABC *de Sevilla*, 22 de enero de 1966, pp. 92-95 (en línea). Disponible en <https://bit.ly/2TmkDHx> [Consulta: agosto de 2013].

[2]   Tradicional desfile nocturno en el que los Reyes Magos marchan por las calles de España en vísperas de dejar obsequios a los niños.

[3]   Francisco Umbral, *op. cit.*, p. 92.

[4]   Ricardo Fernández. "Piedad creó cuatro ángeles". *laverdad.es*, edición Murcia, 14 de diciembre de 1965 (en línea). Disponible en <https://bit.ly/2RUgxF8> [Consulta: agosto de 2013].

Nafría y a otros sanitarios les hemos oído preguntarse cómo ha sido posible utilizar un tóxico tan fulminante y fantasmal, apenas si existen tóxicos de esas características".[5]

Inmediatamente se abrió la causa criminal y, como resulta lógico, las sospechas recayeron en Andrés y Antonia, padres de los niños muertos. Los medios de comunicación españoles se volcaron sobre la noticia, que acaparó la atención pública; los periodistas hicieron malabares con el fin de obtener entrevistas. Los miembros de la redacción del diario *La Verdad* narraron con cierta ambigüedad el obsequio de juguetes e historietas (tebeos) a los pequeños, enclaustrados junto con sus padres en el Hospital Provincial, bajo una laxa vigilancia policiaca: "Ayer se nos impidió la entrada en la habitación 503 de la quinta planta, donde están los niños [...]. Sólo nos fue posible hablar con don Andrés, a quien se le consiente, aunque de manera excepcional, que salga a la calle para adquirir objetos de aseo. El hombre recibió con gusto los juguetes [que llevamos los reporteros] y dijo que significarían una gran alegría para los niños".[6]

El mismo día en que se publicó esa nota se decretó prisión provisional a Andrés y Antonia, y al siguiente, 15 de enero, la familia fue separada. Debido al avanzado estado del embarazo de la esposa –a lo largo del cual ya había perdido cuatro pequeños– ella permaneció con las niñas en la sala de maternidad del Hospital Provincial San Juan de Dios. Su marido fue trasladado, junto con los hijos varones, al Centro Psiquiátrico de El Palmar, para evaluar su estado mental. Los menores, a diferencia de sus progenitores, podían entrar y salir libremente de los nosocomios que los albergaban.

Como observa la autora de la crónica en *Tejiendo el mundo*: "si sospechas que unos padres han matado a cuatro de sus hijos, ¿los sigues dejando [al resto] con ellos?".[7] Pues bien, aunque sea un disparate, parece que sí: *dura lex sed lex*. Por cierto, también cabe la posibilidad

---

[5] Francisco Umbral, *op. cit.*, p. 93.
[6] *La verdad*, 14 de enero de 1996. *Apud*, Ricardo Fernández, *op. cit.*
[7] Angelika. "Piedad. La pequeña envenenadora". *Tejiendo el mundo. Tantas cosas por contar y tan solo una vida para hacerlo*, 18 de abril de 2012 (en línea). Disponible en <https://bit.ly/2TlVhJZ> [Consulta: agosto de 2013].

de que en el fondo no se desconfiara del matrimonio, como parecen indicar las crónicas de la época –*ABC, La Verdad, Blanco y Negro, La Vanguardia*– en donde la pareja siempre es descrita con afabilidad y hasta con cierta simpatía, aun cuando ya ha quedado claro que los chicos habían sido deliberadamente envenenados. Me inclino a pensar que Piedad ya estaba en la mira de los profesionales de la noticia y de las autoridades responsables de la indagatoria, pero no tenían todavía pruebas, ni valor, para acusarla.

El asunto no deja de ser ambiguo. En el reportaje publicado el 22 de enero en *ABC* se le atribuye a la adolescente una especial importancia, que va mucho más allá de su –hasta lo que se sabía entonces– *nula* participación en los hechos. Por lo pronto, era un nombre más en la lista; y el realmente importante, en función de cómo se habían desarrollado los acontecimientos, era el de Cristina, quien ocupaba en ese momento el temible sitio de la menor de los hermanos. "Ante esta criatura la muerte ha dado un paso hacia atrás", dice el texto de Francisco Umbral,[8] mientras que a Piedad se le dedica una especial atención, en texto y fotografías, no exenta de un tono inquietante. ¿Exagero? Júzguese este pasaje en el contexto. Habla el reportero:

> Me acerco al lecho de Piedad. Piedad sujeta su pelo con una cinta blanca.
>
> —¿Qué le pasa a esta niña?
>
> —Que quiere ser mujer —responde el padre.
>
> Piedad es casi guapa. Una mellita graciosa le separa los dientes centrales. "Una niña, aunque tenga tanto cuerpo", ha dicho en algún momento el padre. Doce años. Piedad, la niña de luto. Me sonríe y deja sus tebeos.
>
> —¿No te aburres aquí?
>
> Me asomo a sus ojos como al fondo de un enigma. Esos ojos de niña han visto las cuatro muertes sucesivas.[9]

---

8   Francisco Umbral, *op. cit.*, p. 94.
9   *Ibidem*, p. 95.

Imposible no conjeturar que el autor sabe o sospecha más de lo dicho; e incluso que la posibilidad le atrae de un modo oscuro. No es un caso aislado: antes de ser denostada por fratricida, es el *injustificado* centro de atención de medios gráficos y escritos, los cuales se ceban en detallarla: "Las crónicas de la época la describieron como 'extraña, irónica, juguetona, morena, gordezuela de labios, viva de pupilas, graciosa de andares, socarroncilla de sonrisas y muy asustada'".[10] No creo que lo estuviera tanto: sabía fingir. El 14 de enero, antes de la escisión de la familia, la chica sufrió ciertos dolores abdominales para los cuales el doctor Guillamón no encontró razón alguna:[11] ¿estaba nerviosa por los actos realizados, o simulaba estar en peligro para evitar suspicacias?

Decididamente es más probable lo segundo: cuando advirtió ser el blanco de las sospechas policiacas por estar a cargo de alimentar a sus hermanos, fallecidos en cada caso poco tiempo después de comer, y una vez aclarado que la vía de entrada del tósigo fue la digestiva, comprendió la imposibilidad de esquivar el alud que había formado. Entonces, en conformidad con una inteligente personalidad psicótica, en vez de aceptarlo o negarlo obstinadamente, como haría un retrasado mental, desplazó la culpa: su madre, dijo, la había obligado a envenenar a sus hermanos.

El pobre Andrés ya no sabía qué creer: después de cuatro muertes devastadoras su hija acusaba a su esposa de la autoría intelectual de los homicidios. Él continuó en prisión preventiva, en calidad de sospechoso, y quizá fue lo mejor que podía pasarle.

La madre no estaba menos desolada. Y para variar, a punto de parir. Los hermanos: entre horrorizados y distraídos. Ubicados en su angosto horizonte, dan la impresión de considerar *normal* la enormidad que está pasando. El 21 de enero *La Verdad*, bajo el encabezado "Cierto: Los cuatro niños, envenenados. Los padres, detenidos",[12] comunicó formalmente a la nación el empleo de un "potente tóxico".

---

[10] Ricardo Fernández, *op. cit.*
[11] Véase *ibidem.*
[12] *Idem.*

Si el Instituto de Toxicología no lo pudo encontrar (o revelar a los medios) antes fue porque se trataba de una mixtura que potenciaba cada uno de los venenos que la formaban: "cianuro presente en un matarratas hallado en la casa con el cloro de unas pastillas, que la menor manejaba asiduamente para limpiar metales".[13] La combinación era inmejorable; con consciencia o sin ella, esta muchachita que apenas había cursado la educación elemental formó una rápida mezcla letal. Después de administrada, un par de horas bastaban para acabar con la vida de quien la había consumido, dejando pocos rastros. No es muy probable que Piedad lo supiera, pero con seguridad después de la primera vez aprendió a ser una asesina eficaz.

Pretendió frente a las autoridades no ser más que un instrumento pasivo en el asunto: únicamente obedecía las infames instrucciones de su madre.[14] Nadie creyó que sólo siguiese las dolosas órdenes de Antonia, pero resultaba igualmente inverosímil aceptar que una niña de doce años había perpetrado "por propio impulso", con absoluta tranquilidad y sin el menor rastro de arrepentimiento los asesinatos de cuatro de sus hermanos.

Al igual que en la ficción o en las improbables novelas policiacas, la astucia de un inspector perspicaz logró la prueba elusiva a la ciencia del momento. Estando frente a Piedad añadió con ostentación a la leche que le ofrecía, mientras charlaban, una de las pastillas tan bien conocidas por ella. Provocó la reacción esperada, que la delató de manera flagrante: "No hagas eso, que puedes hacer mucho daño a alguien".

Hablando estrictamente, el dicho no bastaba para condenarla, pero de cierto modo el caso estaba resuelto. El 10 de marzo de 1966 se liberó a Andrés Martínez del Águila. El hombre había perdido a

---

13 *Idem.*

14 Según el artículo de Juan Rada, Piedad habría declarado ante la policía, aceptando una participación más activa: "—Fui yo quien mató a los cuatro. Los tres primeros por orden de mi madre. / —¿Y el último? / —Lo maté yo sola, por mi propio impulso". Juan Rada. "Piedad, la niña de 12 años que envenenó a sus cuatro hermanos harta de cuidarlos". *El Español. Los grandes casos de El Caso*, 4 de diciembre de 2016 (en línea). Disponible en <https://bit.ly/2S0gQhz> [Consulta: octubre de 2018].

cuatro hijos, se sospechaba en ese momento de su hija y su esposa –esta última aún no estaba disculpada–, y su paternidad se había refrendado con un pequeñito al cual ni siquiera se le había ocurrido cómo nombrar (más tarde decidió bautizarlo Andrés Mariano, en recuerdo de sus hermanos muertos). No deja de ser conmovedor, según se hizo patente en la prensa hispana,[15] que el enamorado, confiado u obstinado Andrés nunca dudara de la inocencia de su cónyuge. Tuvo razón. Con seguridad, ella no participó en las muertes de María del Carmen, Mariano, Fuensanta y Andrés.

Piedad, que cultivaba inquietudes a la vez infantiles y adultas –lo mismo jugar a las muñecas y leer tebeos que maquillarse– fue remitida al Tribunal Tutelar de Menores, en donde confirmó haber asesinado *motu proprio* a sus hermanos menores.

La elección de las víctimas, claramente, indica que no podía, quería ni había aprendido a ser madre. Casi con seguridad era una niña psicópata … y no tenía ninguna obligación de ejercer como mamá.

Acerca de ella y de su relación con los hermanos restantes y sus padres no hay información. Es como si se la hubiera tragado el Convento de las Oblatas de Murcia, donde ingresaban a "niñas descarriadas" y las forzaban a *hacer calceta*. Algunas versiones sugieren que tomó los hábitos; según otras, fue liberada después de un tiempo y emprendió una vida anónima, al margen de su familia.

No es imposible que medio siglo después siga realizando labores manuales, mientras recuerda, quizá sin emoción, su aterradora historia personal.

Acaso sean eventos independientes, pero no sobra consignar que en 1978 su hermano mayor, José Antonio, logró fugarse de la cárcel murciana en donde se le tenía preso por el asesinato de un taxista

---

[15] Véanse, por ejemplo: Juan José Benito. "Fue puesta en libertad la madre de los niños Martínez del Águila". *ABC*, edición de Andalucía, 10 de mayo de 1966, p. 43 (en línea). Disponible en <https://bit.ly/2RYev72> [Consulta: agosto de 2013]; y Manuel E. Marlasca, "Antonia Pérez, esposa de Martínez del Águila, ha sido puesta en libertad. Su hija Piedad la había acusado falsamente de la muerte de sus cuatro hijos menores". *ABC*, edición de la mañana, 10 de mayo de 1966, p. 60 (en línea). Disponible en <https://bit.ly/2zl3O7o> [Consulta: agosto de 2013].

al que quiso robar. Él también había crecido adoptando obligaciones que no le correspondían.

Referencias

ANGELIKA. "Piedad. La pequeña envenenadora". *Tejiendo el mundo. Tantas cosas por contar y tan solo una vida para hacerlo*, 18 de abril de 2012 (en línea). Disponible en <https://bit.ly/2TlVhJZ> [Consulta: agosto de 2013].

BENITO, JUAN JOSÉ. "Fue puesta en libertad la madre de los niños Martínez del Águila". *ABC*, edición de Andalucía, 10 de mayo de 1966, p. 43 (en línea). Disponible en <https://bit.ly/2RYev72> [Consulta: agosto de 2013].

BOLARÍN, ANDRÉS. "La niña Piedad Martínez, severamente incomunicada, no ha podido ser visitada por su padre". *ABC*, 11 de marzo de 1966, p. 51 (en línea). Disponible en <https://bit.ly/2zeBtzP> [Consulta: agosto de 2013].

FERNÁNDEZ, RICARDO. "Piedad creó cuatro ángeles". *La Verdad*, edición Murcia, 18 de abril de 2013 (en línea). Disponible en <https://bit.ly/2Q6aRdN> [Consulta: agosto de 2013].

MARLASCA, MANUEL E. "Antonia Pérez, esposa de Martínez del Águila, ha sido puesta en libertad. Su hija Piedad la había acusado falsamente de la muerte de sus cuatro hijos menores". *ABC*, edición de la mañana, 10 de mayo de 1966, p. 60 (en línea). Disponible en <https://bit.ly/2zl3O7o> [Consulta: agosto de 2013].

MEMBA, JAVIER. "Sonrisas envenenadoras". En *Crónica* (suplemento de *El Mundo*) 9 de junio de 2002, núm. 347 (en línea). Dinsponible en <https://bit.ly/2Q4dNb3> [Consulta: agosto de 2013].

RADA, JUAN. "Piedad, la niña de 12 años que envenenó a sus cuatro hermanos harta de cuidarlos". *El Español. Los grandes casos de El Caso*, 4 de diciembre de 2016 (en línea). Disponible en <https://bit.ly/2S0gQhz> [Consulta: octubre de 2018].

UMBRAL, FRANCISCO. "La muerte en Murcia: 'Sólo puedo decirle que se ha abierto sumario'". *ABC DE SEVILLA*, 22 de enero de 1966, pp. 92-95 (en línea). Disponible en <https://bit.ly/2TmkDHx> [Consulta: agosto de 2013].

Niños anónimos
(siete y nueve años)

Sabían lo que estaban haciendo, comprendían ese dolor,
pero no los conmovió. Fueron fríos y de alguna manera les dio placer.
MARTA PASCUAL, jueza

En el precario barrio de San José, perteneciente a la localidad de Almirante Brown, al sur de Buenos Aires, el domingo 18 de mayo de 2008 fue un día atroz. El lugar, donde se multiplica una pobreza sin decoro y a menudo pendenciera, está poblado por estrechas casuchas improvisadas con cartón, techos de lámina y materiales de desecho. En una de ellas vivía Jáquelin Milagros Belizán, hacinada con sus padres y otros seis pequeños.

La niña tenía dos años y medio la tarde en que siguió los pasos de uno de sus hermanos, apurado por salir a la calle. Al advertirlo, el niño la devolvió a casa y abandonó nuevamente el hogar, esta vez sin reparar o sin importarle que lo persiguiera. El hecho, con probabilidad, no era infrecuente: en esos lugares se crece al garete y se confía en el azar, esperando que éste supla una atención imposible de fraccionar entre tantos hijos, tantas ocupaciones y tanta fatiga. Según aseguró Verónica –la hermana de Mirta, madre de la bebé– al diario *Página 12*, la familia debería ser más numerosa, pues a *Bocha* (como le apodaba familiarmente) se le malograron un par de críos:

uno "porque se electrocutó y el nene nació deforme [...]. Después perdió una beba de dos meses que se murió de un paro cardíaco".[1] Aun así no se daba abasto: Milagros dejó la vivienda a mediodía y sólo fue buscada horas más tarde. Los padres suponían que acompañaba a su hermano, aunque de manera un tanto contradictoria su progenitor, Óscar Belizán, afirmaría más tarde en entrevista radiofónica: "Fueron segundos que desapareció de mi casa. Después vinieron a avisarme que había una nena muerta a doce o trece cuadras. Era ella. Nadie vio nada, fueron segundos. Yo estaba lavando".[2]

La declaración anterior es imprecisa: Leonel, un chico de diez años, presenció cómo dos niños más chicos que él la arrastraban, sin ocultarse ni prohibirle que gritara, descalza y ensangrentada, mientras "le pegaban con un palo". Otros dos infantes aseguraron a las autoridades haber visto a los menores llevársela entre empellones y golpes. Un joven de veinticinco años recordó en la comisaría, más atónito que horrorizado, la misma imagen.[3] Con seguridad hubo más testigos. Nadie consideró necesario intervenir o denunciar, lo cual no es explicable sólo por la estupidez y la indiferencia: es preciso agregar el hábito impasible de convivir con la violencia.

Al menos a ello estaban acostumbrados los asesinos: dos niños de siete y nueve años que vivían en una choza de metro y medio de alto, en la que difícilmente podía permanecer erguida una persona adulta. Cohabitaban con su abuela, su madre de veinticuatro años, y dos hermanos menores: un varoncito de doce o trece meses y una nena de seis años, quien por ser mujer estaba ya encargada de lavar

---

[1] Emilio Ruchansky. "El barrio san José, la marcha por Milagros. Crónica de un día de tristeza". *Página 12*, 20 de mayo de 2008 (en línea). Disponible en <https://bit.ly/2TrWpvu> [Consulta: septiembre de 2012].

[2] Raúl Kollmann. "Todo el horror a la edad de la inocencia". *Página 12*, 20 de mayo de 2008 (en línea). Disponible en <https://bit.ly/2TrLO3B> [Consulta: septiembre de 2013].

[3] La Nación. "Acusan a dos chicos de matar una nena". *La Nación*, 20 de mayo de 2008 (en línea). Disponible en <https://bit.ly/2PBKpcw> [Consulta: septiembre de 2013].

la ropa de la casa y la de eventuales clientes.[4] El padre, muerto o desertor, no formaba parte del horizonte familiar ni siquiera a título de mito. Desde 2006 los chicos no asistían a la escuela.

Mónica, la madre de los homicidas, intentaba imponer, con más ira que dirección, una disciplina arbitraria y sin código a través de cadenas y palos. Los vecinos coinciden en que ejercía una brutalidad reincidente. Laura Cuevas, moradora de la localidad, dijo: "Era una familia violenta […]. La madre a veces se excedía con los golpes".[5] Y otra mujer expresó, acaso sin malevolencia: "Era una zarpada,[6] fumaba *paco*[7] y les pegaba a los chicos. Así crecieron. Eran tremendos".[8]

Varios testimonios registran la índole perversa de los niños. Se aseveró, sin pruebas, que pobladores del barrio habían avisado al Centro Zonal acerca de su comportamiento incontrolado.

"Algunas mamás denunciamos que estos chicos solían manosear a las nenas más pequeñas",[9] señaló una colona que no dio más detalles. Otros acusaron a los hermanos por atacar con piedras a niños y automóviles.

Es arduo comprender estas declaraciones. ¿Nadie pensó que era inexcusable tomar en serio la conducta de los infantes?, ¿cómo concebir que, con una jactancia próxima a la soberbia, varias personas sostuvieran que habían advertido los indicios de la tragedia y no hicieran nada?

En cualquier caso, ninguna persona impidió a los hermanos arrastrar a Milagros a lo largo de doce cuadras hasta un terreno baldío, mientras jugaban con ella "como si fuera un perro atado a una

---

[4] Algunas versiones periodísticas sostienen que en total eran cinco hermanos o que la más pequeña era la niña de seis años; la información que reproduzco es la más repetida.

[5] La Nación. "Los niños eran conscientes del crimen". *La Nación*, 21 de mayo de 2008 (en línea). Disponible en <https://bit.ly/2zgFkfs> [Consulta: septiembre de 2013].

[6] Zarpada: desubicada (en Argentina).

[7] Paco: *crack* (en Argentina).

[8] La Nación, "Acusan a dos chicos…", *op. cit.*

[9] La Nación, "Los niños eran conscientes…", *op. cit.*

soga", según expresión de un entrevistado por el diario *La Nación*. Allí le quitaron la ropa, ya ensangrentada, y continuaron apaleándola en el rostro y la espalda. Después enredaron un cable de teléfono en su cuello, hasta asfixiarla. Su agonía fue prolongada y dolorosa: los niños, a causa de sus edades y de su condición anémica, no tenían ni la fortaleza ni la habilidad suficientes para ultimar a la pequeña. Finalmente, la colgaron de una puerta abandonada en el terreno.[10] Parece claro que al momento de levantarla en el horcón ya había fallecido.

Así la encontraron más tarde los agentes, con los pies rozando el suelo.[11] Al lado del cadáver hallaron su ropa, un pañal y un chupón. La autopsia determinó muerte por estrangulamiento; el cuerpo tenía diversos moretones y magulladuras, particularmente en la cara y el dorso. No se encontraron indicios de abuso sexual.

De inmediato se iniciaron las diligencias, a cargo del fiscal Héctor Toneguzzo. Manuel Ortega, tío de la víctima, que se encontraba entre los declarantes, informó: "Les pregunté a los dos chicos y ellos me dijeron que habían visto lo que pasó".[12] Al día siguiente fueron interrogados por las autoridades; casi con naturalidad el más pequeño narró lo sucedido. ¿Inocencia? Ciertamente no: los hermanos se culparon uno al otro, de manera oportunista y sin atisbos de solidaridad, revelando ser conscientes de la gravedad de sus actos.

Toda vez que el resto de los testimonios fue compatible con lo confesado se descartó la participación de algún adulto, lo cual generó recelo y desconcierto entre la familia de la víctima[13] y en la comunidad de San José. El fiscal envió el legajo al Segundo Juzgado de Menores de Lomas de Zamora, cuyo titular era Mariano Alessandrini. Ahí un grupo de psiquiatras aplicó a los niños una batería de exámenes;

---

10   A decir de algunos impresos, de la pared.
11   Según otras versiones, de rodillas.
12   La Nación, "Los niños eran conscientes…", *op. cit.*
13   "Aunque la Justicia parece haber descartado la participación de un mayor, los vecinos insisten en que en el asesinato tuvo que haber intervenido alguien más. 'La Justicia nos aseguró que hay tres testigos, que vieron a los chicos que se llevaban a los golpes a mi hija. No lo puedo creer, para mí tiene que haber alguna persona mayor en el asunto', concluyó Óscar Belizán, padre de la víctima". *Ibidem.*

el contundente *Informe* derivado de los estudios fue parcialmente dado a conocer por la jueza Marta Pascual. Vale la pena citarla:

> [Milagros] tuvo una agonía muy larga, porque [a los chicos] les faltaba fuerza y la nena oponía resistencia. Ahí podrían haber parado ese acto y, sin embargo, no lo hicieron. Sabían lo que estaban haciendo, comprendían ese dolor, pero no los conmovió. Fueron fríos y de alguna manera les dio placer. Trataban de echarse la culpa uno a otro y los dos relataron perfectamente lo que habían hecho, incluso la forma en que murió la menor.[14]

La cita permite conjeturar que quienes elaboraron y firmaron el documento no tenían dudas sobre la alevosía y la ventaja con la cual el crimen se realizó. El dilatado suplicio, cuya extensión ofreció tiempo suficiente para desandar el camino y dar otro final al episodio, sirvió en cambio a los hermanos para ensañarse en el dolor de una víctima que, de sobrevivir, no hubiera podido denunciarlos, y eso "de alguna manera les dio placer". El hecho de haberse inculpado después uno al otro revela prístinamente que eran capaces de discriminar las ideas sociales de bien y mal.

El doctor Hugo Marietan caracteriza este homicidio sin rodeos: "tiene todo el 'formato' de un crimen ejecutado por un psicópata. Sólo la edad de los ejecutantes impide darle esa configuración".[15]

Otras voces, acaso más complacientes, insisten en la pureza inherente a la niñez. Aparecidas en *Página 12*, las inefables opiniones de Osvaldo Raffo –"uno de los decanos de la psiquiatría forense", quien no entrevistó a los agresores ni analizó el cadáver– son un buen ejemplo al respecto:

---

[14] JIGH. "Sabían lo que hacían hermanos que mataron a niña en Argentina". *El Universal*, 21 de mayo de 2008 (en línea). Disponible en <https://bit.ly/2R3eVZq> [Consulta: octubre de 2013].

[15] Hugo Marietan. "Los rasgos psicopáticos en la niñez. La violencia entre niños". En *Semiología Psiquiátrica y Psicopatía* (en línea). Disponible en <https://bit.ly/2OTZiSf> [Consulta: octubre de 2013].

Hay veces que los chicos juegan a que uno le dispara a otro apuntando con el dedo. En ese marco, ha ocurrido que algún chico tomó el arma de su padre y mató a otro. Esto es igual [¡!]. Juegan a hacerle daño a otro [...], pero a esa edad está claro que no comprenden en toda su dimensión lo que están haciendo. No se puede hablar de niños asesinos.

El colgamiento a medias es típico de chicos pequeños [¿?]. Es que son muy bajitos y entonces cuelgan a alguien a la altura a la que llegan. De todas maneras, no es tan sencillo saber si la chiquita se ahorcó tratando de zafar[se] de los golpes, si fue el colgamiento o si los chicos apretaron el cable en su cuello hasta sofocarla.[16]

Al margen de los diversos enfoques sobre este delito, lo cierto es que la explicación oficial transmitida por la magistrada Marta Pascual resulta muy pobre: "Son nenes muy chiquitos que evidentemente tuvieron como parámetros otras conductas violentas [...]. Fueron educados con tanta violencia que este es el producto".[17]

Por otra parte, Horacio Barberis, juez del Tribunal Oral de Menores, declaró que "no hay jurisprudencia en la Justicia argentina para un homicidio de estas características".[18] De cualquier modo, según las leyes del país austral los menores de dieciséis años son "inimputables", por lo que resulta gratuita la petición de Nora Shulman, directora ejecutiva del Comité Argentino de Seguimiento y Aplicación de la Convención Internacional de los Derechos del Niño (CASACIDN), quien solicitó "no culpabilizar [a los hermanos] y entender qué les pasó [...], para no condenarlos a un presente en un instituto de menores y a un futuro en la cárcel".[19]

---

[16] *Apud* Raúl Kollmann, *op. cit.*

[17] Los Tiempos. "Hermanos que mataron a niña en Argentina, sabían lo que hacían". *Los Tiempos*, 22 de mayo de 2008 (en línea). Disponible en <https://bit.ly/2O-QR912> [Consulta: octubre de 2013].

[18] Página 12. "Estos chicos también son víctimas". *Página 12*, 20 de mayo de 2008 (en línea). Disponible en <https://bit.ly/2S1S5S2> [Consulta: octubre de 2013].

[19] *Ibidem.*

Lejos de ello, seguramente los pequeños homicidas, de acuerdo con los códigos argentinos, recibieron asistencia social y psicológica. En sigilo, con apoyo de las autoridades, la familia desapareció del barrio San José y, por supuesto, los niños de la escuela a la que de todos modos ya no asistían. Recomenzaron de nuevo, donde no los conocen.

Ojalá no lleguen a hacerlo.

Referencias

CLARÍN. "Analizan reubicarlos junto a toda su familia para hacerles un tratamiento". *Clarín Policiales*, 20 de mayo de 2008 (en línea). Disponible en <http://bit.ly/2I7yi2V> [Consulta: octubre de 2013].

INFOABE. "Los hermanos del crimen de Milagros volverían a la casa". *Diario Infobae*, 20 de mayo de 2008 (en línea). Disponible en <https://bit.ly/2DB5fBV> [Consulta: agosto de 2012].

JIGH. "Sabían lo que hacían hermanos que mataron a niña en Argentina". *El Universal*, 21 de mayo de 2008 (en línea). Disponible en <https://bit.ly/2R3eVZq> [Consulta: octubre de 2013].

KOLLMANN, RAÚL. "Todo el horror a la edad de la inocencia". *Página 12*, 20 de mayo de 2008 (en línea). Disponible en <https://bit.ly/2TrLO3B> [Consulta: septiembre de 2013].

LA NACIÓN. "Acusan a dos chicos de matar una nena". *La Nación*, 20 de mayo de 2008 (en línea). Disponible en <https://bit.ly/2PBKpcw> [Consulta: septiembre de 2013].

LA NACIÓN. "Los niños eran conscientes del crimen". *La Nación*, 21 de mayo de 2008 (en línea). Disponible en <https://bit.ly/2zgFkfs> [Consulta: septiembre de 2013].

LOS TIEMPOS. "Hermanos que mataron a niña en Argentina, sabían lo que hacían". *Los Tiempos*, 22 de mayo de 2008 (en línea). Disponible en <https://bit.ly/2OQR912> [Consulta: octubre de 2013].

MARIETAN, HUGO. "Los rasgos psicopáticos en la niñez. La violencia entre niños". En *Semiología Psiquiátrica y Psicopatía* (en línea). Disponible en <https://bit.ly/2OTZiSf> [Consulta: octubre de 2013].

MARIRRODRIGA, JORGE. "La frialdad de dos niños argentinos que apalearon y asesinaron a una bebé de dos años 'con placer'". *El País*, 22 de mayo de 2008 (en línea). Disponible en <https://bit.ly/2qUjERS> [Consulta: septiembre de 2012].

PÁGINA 12. "Estos chicos también son víctimas". *Página 12*, 20 de mayo de 2008 (en línea). Disponible en <https://bit.ly/2S1S5S2> [Consulta: octubre de 2013].

PSICOLOGÍA JURÍDICA-FORENSE. "Niños asesinos". En *Psicología jurídico-forense* (en línea). Disponible en <https://bit.ly/2BiDBaV> [Consulta: octubre de 2013].

RUCHANSKY, EMILIO. "El barrio san José, la marcha por Milagros. Crónica de un día de tristeza". *Página 12*, 20 de mayo de 2008 (en línea). Disponible en <https://bit.ly/2TrWpvu> [Consulta: septiembre de 2012].

Natsumi Tsuji
(once años)

You're in my head like a boxcutter, baby […].
Every afternoon I contemplated the knife […].
Does your violence want me?
Could your right side love me?
LOVE OUTSIDE ANDROMEDA, "Boxcutter Baby"

Conocemos poco de Natsumi Tsuji: las leyes niponas resguardan severamente la identidad del menor que delinque, de suerte que incluso su nombre es incierto.

Sabemos que nació el 21 de noviembre de 1992; que en los primeros años de su vida fue una niña alegre y bien adaptada al competido medio escolar japonés; que se la consideraba una estudiante sobresaliente cuyo coeficiente intelectual –según se afirma en varios sitios de la red, los cuales no indican su fuente–[1] estaba muy por encima de la media; que le entusiasmaban los deportes, en especial

---

[1] Véanse, por ejemplo: "Un test de coeficiente intelectual indicó que su inteligencia era altísima: casi 140 puntos". Izzz. "Natsumi Tsuji: Nevada-tan, niña asesina". En *Taringa inteligencia colectiva* (en línea). Disponible en <http://bit.ly/2DE29gf> [Consulta: octubre de 2013]; y "Era una alumna excelente, siempre obtenía las mejores calificaciones, y no le costaba, ya que su coeficiente intelectual era de casi 140 puntos". Bonuloft. "La niña nevada: historia real de una niña asesina". En *Universo paranormal*. Disponible en <http://bit.ly/2zotnVr> [Consulta: octubre de 2013].

el basquetbol; que adoraba a los gatos, el *anime* –dibujos animados japoneses–, navegar en internet y ver películas; que había establecido lazos a través de la red con una niña de su escuela llamada Satomi Mitarai y que luego "se hicieron amigas IRL (*in real life*)".[2] Sabemos también que el 1 de junio de 2004, en la escuela primaria de Sasebo, Prefectura de Nagasaki, la degolló.

¿Por qué una niña de once años, sin estar (hasta donde sabemos) sometida a violencia familiar o social y –según se comprobó después del evento funesto– en estado física y mentalmente sano, realizaría un acto de naturaleza tan desastrada? Aunque parezca mentira, una gran cantidad de las notas consultadas coinciden en adjudicar el quiebre psicológico de Natsumi a su fortuito encuentro con una película.[3] Es una inocentada –para hablar con civilidad– pues tal hipótesis ignora que si este filme o sus similares tuvieran por sí mismos el poder para conducir a una adolescente sensata al camino del crimen, habría entre nosotros varios millones de asesinos con los rostros cubiertos de acné. Sin embargo, es preciso tomar en cuenta la experiencia generada en la chica por esta cinta, pues los testimonios coinciden en que marcó un *antes* y un *después* en su conducta.

El argumento de *Battle Royale* –producción nipona de corte futurista, sobre el *best seller* homónimo de Koushun Takami (*Batoru Rowaiaru*), y que más tarde serviría de base para la saga estadounidense *The Hunger Games* (*Los juegos del hambre*)– no es muy ingenioso, pero sí sumamente sangriento: la violencia de los adolescentes, ejercida en primer lugar contra sus atribulados maestros, obliga al gobierno japonés a deshacerse de los muchachos. No sólo de los más revoltosos, sino de todos: el grupo que peleará la batalla a la que refiere

---

2   Naho Saenoki. "The Sasebo Slashing Case". *Naho's Paranormal Notebook*. Disponible en <https://bit.ly/2Ts7Rre> [Consulta: octubre de 2013]

3   Un ejemplo entre muchos posibles: "Nevada Tan vio una película llamada *Battle Royale* y su vida cambió, comenzó a empeorar en los estudios, su comportamiento fue cada vez más asocial, la película llegó a marcarla de tal manera que incluso llegó a crear su propia página *web* [con el fin de generar contenidos similares]". Alexa DeLarge Von Hofstadter. "Natsumi Tsuji". En *The woman who kill*, disponible en <http://bit.ly/2r2xUIt> [Consulta: octubre de 2013].

el título es elegido al azar, entre los estudiantes de nivel secundario. Una vez seleccionada una chica o un chico no hay escapatoria: se le envía a una isla no habitada salvo por quienes están en su misma condición; es decir, encadenados a un collar del que no pueden desprenderse so pena de explotar junto con él, y que está programado para reventar de todos modos en un tiempo perentorio. Si se quiere evadir este ominoso destino únicamente hay una vía: aniquilar a los demás contendientes. Dos *veteranos* de anteriores encuentros, uno voluntario y otro obligado, asesoran a los participantes en el arte de asesinar con eficiencia. Sólo el último sobreviviente, el guerrero o la guerrera más letal, si borra a sus congéneres antes del lapso predeterminado, recibe la gracia del indulto. Por supuesto, todos intentan ocupar este lugar… y la sangre fluye a borbotones.

La trama es simple e insustancial, aunque de una manera apenas velada establece significativos paralelismos con la comunidad escolar del Japón actual, buscando la identificación de su público objetivo. La salvaje competencia entre estudiantes, la cual en tasas alarmantes induce crecientemente al suicidio; la figura intocable del maestro que, al no ser debidamente respetada, obliga a la autoridad a adoptar medidas extremas contra los jóvenes, cuya valía es inferior; la idea, tradicional en Oriente y al mismo tiempo fascista-occidental, de que sólo el más fuerte merece reconocimiento, mientras todos los demás son sacrificables; y en fin, la manera de combinar cierto erotismo con una estética de la violencia, son elementos que propenden a la fusión –no necesariamente a la *con-fusión*– de la fantasía y la realidad. El mensaje no es oscuro; ni siquiera un niño con menos edad o capacidades que las atribuidas a Natsumi se descontrolaría por él; mucho menos al grado de asesinar por recibirlo.

Ella tampoco, desde luego, aunque la seducción ejercida por ese primer (¿?) encuentro con la violencia extrema le fue tan gratificante que lo reprodujo incesantemente con los medios a su alcance; vale decir: con internet. En efecto, para las últimas generaciones de la sociedad tecnológica del siglo xx y las primeras del xxi la palabra "película" remite menos al cine que a la red y, eventualmente, a la televisión "inteligente". Además del tamaño relativo y la omisión de la ceremonia asociada con ir a ver una cinta en la pantalla grande, la diferencia estriba en la repetición: los chicos reproducen innumerables veces el video o el filme que les agrada, llegando incluso a quedar literalmente *fascinados* por él.[4]

Otra serie televisiva que al parecer detonó las fantasías mórbidas en la imaginación de Natsumi fue un programa coreano titulado *Monday Mystery Theatre* (*Teatro de misterio del lunes*), donde abundaban los asesinatos sorpresivos llevados a cabo con un cúter igual al que la chica emplearía más tarde para matar a Satomi.

Sea como causa o como consecuencia de esta clase de experiencias, o de ambas cosas a la vez, Natsumi comenzó a aislarse y a dedicar cada vez mayor tiempo a internet, visitando sitios de carácter grotesco, siniestro y violento como *The Red Room,* y páginas con animaciones y secuencias de tipo *gore,* subgénero caracterizado por mostrar mutilaciones explícitas, cantidades ingentes de sangre y todo tipo de actos de horror físico. Tanto la entusiasmaron esas imágenes que muy pronto decidió subir a la red su propio blog, en donde no sólo se podía encontrar una colección de secuencias de terror creadas por ella en animación *flash,* sino también una continuación *fanfic* de *Battle Royale.*[5] El sitio pronto tuvo un creciente número de adeptos, lo cual estimuló a Natsumi a incrementar su contenido e incluir en él una suerte de diario personal. Se dice que también podían hallarse ahí *animes* y *mangas* tipo *hentai* –es decir, animaciones y cómics de

---

[4] De manera incomprensible, muchos sitios de internet agregan la coreana *Voice* a la lista de las películas violentas preferidas por Natsumi, las cuales supuestamente propiciaron su inclinación al crimen, sin reparar en que la cinta se estrenó en 2005, ¡un año después del asesinato cometido por la niña! Véanse este par de sitios a manera de ejemplo: Bonuloft, *op. cit.*; y Jonathan Préstamo Rodríguez. "Nevada-tan". En *TeknoPLOF.* Disponible en <http://bit.ly/2TBsqS7> [Consulta: octubre de 2013].

[5] Los relatos de ficción *fanfic* o *fanfiction,* "ficción de *fans* o de aficionados", consisten en la adopción franca y explícita de un personaje, situación, ambiente y/o argumento célebre de película, novela, programa de televisión, videojuego, anime, etcétera, para realizar variaciones de las tramas originales. Aunque este tipo de trabajos derivados han existido desde hace mucho –piénsese por ejemplo en la cantidad de cuentos, novelas y películas no escritos por Arthur Conan Doyle que han adoptado a Sherlock Holmes y sus características como personaje propio– se suele reservar la palabra *fanfiction* para las obras de esta índole perpetradas en internet.

tipo pornográfico o semipornografico– asociados con la violencia; sin embargo, ninguna fuente seria confirma este punto y el sitio de internet fue suprimido casi inmediatamente después del asesinato. La niña estaba encantada con la popularidad lograda a través de su página, pero en la vida real pasaba largas horas solitarias trabajando aislada y obsesiva con programas y videos, sin hablar con nadie ni salir de su cuarto.

Como cabía esperar, sus calificaciones no tardaron en resentir las consecuencias de su nueva afición: se deslizaron cuesta abajo de manera vertiginosa para una estudiante acostumbrada a ocupar siempre los primeros lugares de su clase y aún de la escuela. Su preocupada madre, con una presteza digna de mayor inteligencia, no halló mejor recurso que disciplinarla sacándola del equipo de básquetbol hasta que sus notas volvieran al nivel de excelencia que solían tener. Error costoso: los estudios permanecieron en el olvido, pero Natsumi perdió el único vínculo con personas reales que le interesaba e impulsaba a salir de su encierro voluntario. Con retraso, la madre advirtió su desatino y le permitió a su hija reintegrarse al equipo de baloncesto, pero la rectificación se había demorado demasiado: el aislamiento y el carácter perturbador de sus afanes en la computadora habían raptado el alma de la chica, quien no quiso o no supo volver a establecer relaciones sanas y equitativas con las y los muchachos de su edad. Éstos empezaron a excluirla de las actividades del grupo y ella optó por abandonar la camarilla definitivamente, esta vez por decisión propia. En su diario dejó escrito al respecto un breve comentario que, me parece, evoca la fábula *La zorra y las uvas*: "A mí en realidad no me gusta jugar con mis amigos".[6]

No es improbable que este episodio contribuyera a acrecentar y cultivar el odio más tarde surgido en forma tan terrible, sobre todo si consideramos que la futura víctima, Satomi Miratai, pertenecía al mismo equipo de básquetbol. También coincidían en la clase de arte que tomaba Natsumi, compartían un diario grupal y aportaban notas

---

[6] Anonymous. *All About Nevada-tan: The Preteen Japanese Killer* (en línea). Disponible en <https://bit.ly/2K7OEca> [Consulta: octubre de 2013].

para el boletín del pizarrón electrónico. Como sucede con frecuencia, la amistad que originalmente fue estrecha, íntima y de una confianza sin resquicios, al cambiar de signo no por ello modificó su intensidad, y terminó convirtiéndose en un resentimiento exacerbado.

El pretexto para esta inversión de sentimientos fue mínimo, por lo cual debe considerársele más un detonante que el verdadero explosivo causante de la catástrofe. Inició con un debate acerca de la popularidad de ambas amigas, que disputaban para sus respectivos diarios electrónicos ser el más visitado y apreciado por la comunidad escolar. Una sola fuente adjudica al de Satomi mayor notoriedad,[7] pero el punto no tiene mayor relevancia que haber desatado una serie de acontecimientos cuya culminación fue la muerte de la adolescente. Después de haber recibido el desaire de su amiga, quien insistía de manera grosera en minimizar la cantidad de seguidores de Natsumi, mientras ella sólo vivía para conseguirlos, ésta solicitó con formalidad oriental una disculpa pública por parte de Satomi, la cual se limitó a responder burlonamente que la peticionaria –no la petición– era "pretenciosa".

Con ello iniciaron las hostilidades personales; ya no se trataba de cuál página era más divulgada o incluía los contenidos más atractivos u originales, sino de afrentar y ridiculizar a la rival empleando internet como foro. En este terreno Satomi llevaba a Natsumi cierta ventaja, lo cual a fin de cuentas contribuyó a fraguar su desgracia. Tanto en el blog de esta última como en el propio aquélla se ocupó en inventar y difundir sobrenombres hirientes y acusatorios, como "mosquita muerta" y "lambiscona".[8] Ahora bien, mientras ella expresaba verbal y públicamente su agresividad, Natsumi tendía a interiorizarla y acumularla, aunque ni de lejos podía pasar inadvertida. La chica comenzó a tener severos problemas de conducta en el colegio, donde algunos de sus compañeros se quejaron de que les asestaba

---

[7] "Su buena amiga Satomi Miratai se convirtió en su enemiga después de despreciar a Nevada en su propio y mucho más popular diario". *Ibidem*

[8] En inglés *"goody-goody"* y *"teacher's pet"*, respectivamente. Snaisybelle. "Nevadatan". En *Oh Internet* (en línea). Disponible en <http://bit.ly/2OYSSBF> [Consulta: octubre de 2013].

puñetazos y puntapiés, y los acosaba en pasillos y aulas. De hecho, unos días antes de matar a Satomi, Natsumi amenazó con el cúter a un compañero de clase por motivos aún desconocidos.[9] El incidente no pasó a mayores y a la atacante ni siquiera le fue incautada la navaja, que se convertiría en arma homicida. Quienes se enteraron del incidente, ocurrido al interior de la escuela, lo desestimaron con una negligencia en verdad pasmosa, pues se trata de una señal de alerta roja que anuncia con claridad la posibilidad de un asesinato.

En este contexto, Satomi Miratai infligió otra humillación a su ex amiga, sin medir las consecuencias directas y fulminantes que le acarrearía: la calificó como "gorda" en los sitios de ambas en la red. Confieso mi estupor: ¿qué la impulsó a endilgar semejante adjetivo a una niña delgada hasta los huesos, ciertamente más esbelta que ella misma, y qué llevó a ésta a ofenderse hasta el delirio por un calificativo palpablemente falso y, de hecho, estúpido? Acaso la calumnia tenía la intención de hacer creer a los usuarios de la página electrónica que Natsumi era obesa, pero ello supondría la completa ausencia de sus fotografías e incluso la imposibilidad de subirlas para desmentir el embuste (por lo demás no injurioso), lo cual es absurdo. No lo es menos el que este evento, más bien cándido y de apariencia inocua, supusiera la gota que derramó el vaso colmado de la paciencia de Natsumi.[10]

El 1 de junio del año 2004 ambas chicas aparecieron en una foto de su grupo escolar; paradójicamente las dos, al igual que la mayoría de sus compañeros, están formando con sus dedos índice y medio la seña hippie para "paz y amor" o, si se prefiere un significado

---

9 No todas las crónicas consultadas consignan el significativo hecho de que Natsumi ejerciera violencia física sobre sus condiscípulos en los días previos al crimen. Entre los que sí incluyen la información –por ejemplo, Naho Saenoki, *op. cit*– ninguno aclara si tales ataques estaban o no asociados con la toma de partido entre las dos rivales.

10 "La niña dijo a la policía que decidió matar a Mitarai cuando en su último mensaje comentó acerca de su peso". Anonymous, *op. cit.* "Specifically that she was 'heavy' i. e. overweight" ("Específicamente que era pesada, esto es, con sobrepeso"). Juan Ignacio Blanco. "Nevada-TAN". En *Murderpedia* (en línea). Disponible en <http://bit.ly/2FFjtUZ> [Consulta: octubre de 2013].

asociado con la Segunda Guerra Mundial, la "V" de la victoria. Se trata de la última imagen de Satomi con vida. Unas horas más tarde, durante el receso para el almuerzo, Natsumi condujo a su víctima a un aula vacía, la sentó en un pupitre y le advirtió que la iba a matar. ¿Satomi pensó que se trataba de un juego? Lo considero probable, pues no sólo no huyó, también permitió a Natsumi despojarla de sus gafas y colocarlas en un escritorio cercano. Luego su ex amiga le preguntó si deseaba que le vendara los ojos;[11] Satomi rehusó la oferta y su victimaria, quien no quería ser mirada por ella, le cubrió el rostro con una mano y con la otra sacó el cúter del bolsillo de su sudadera. De un solo tajo le cortó la garganta. Después añadió algunos navajazos en las muñecas para estar segura de que la chica falleciera. La abandonó en el piso del salón, aún con vida, sangrando copiosamente.[12]

La escena descrita en el párrafo anterior es casi increíble, aunque corresponde con exactitud a los hechos en la medida en que los conocemos. ¿Cómo entender, en primer lugar, que Satomi haya acompañado a su rival a un aula vacía? ¿Por qué, si creyó que se trataba de una farsa, se prestaría a seguirle el juego a una persona con quien estaba enemistada? Y de no ser así, ¿por qué no gritó pidiendo ayuda o intentó salir corriendo cuando Natsumi le anunció que iba a matarla? ¿Por qué no presentó su cadáver heridas defensivas (los tajos en las muñecas no pueden considerarse tales, según ya se explicó)? Si el corte en la garganta la enmudeció, ¿no pudo hacer ruido por otro medio para llamar la atención y solicitar ayuda? ¿Por qué en todo el episodio Satomi parece haberse prestado dócilmente a la voluntad de Natsumi, sin asomo de resistencia? Estas y muchas otras preguntas permanecen sin respuestas; quizás algún día las tengan, pues una de las dos protagonistas del truculento episodio sigue con vida.

---

[11] Este detalle únicamente lo registra Naho Saenoki, *op. cit.*, a quien sigo en la descripción general del asesinato.

[12] En la mayoría de las versiones, Natsumi lleva a Satomi al salón con los ojos vendados y simulando explícitamente que se trata de un juego. Es más creíble, pues en efecto los lentes de la chica se encontraron en el aula, que se los haya quitado ahí. Por lo demás, a pesar de la enorme difusión dada al supuesto velo sobre los ojos de la víctima, cuando se le encontró, aún con vida, *no* llevaba puesta venda alguna.

Al salir del salón donde había perpetrado el crimen, Natsumi se dirigió a las escaleras para bajar a su aula. Ahí otros estudiantes descubrieron sus ropas manchadas con sangre y le pidieron detenerse para sacarle fotografías, la mayoría de las cuales sería más tarde incautada por la policía. En una de ellas, que no fue confiscada y dio la vuelta al mundo, se ve a la chica con tenis y calcetas blancas, falda corta de mezclilla y sudadera gris con la leyenda "Nevada" (por la Universidad de Nevada, en Reno; de ahí se derivaría el sobrenombre con el que la adolescente se hizo tristemente célebre: Nevada-tan).[13] Del bolsillo de la prenda deportiva sobresale el cúter teñido de rojo. Como apunté, el atuendo, así como el rostro, manos y piernas de la niña, muestran las huellas del crimen, de lo cual tal vez no estuvo consciente sino hasta ese momento, cuando sus condiscípulos se lo señalaron. En cualquier caso, su semblante se muestra sereno y en su boca se delinea una sutil sonrisa de satisfacción. Nada en esta imagen sugiere, como se afirma sin fundamento en muchos sitios de internet, que la muchacha estuviera en un estado emocional perturbado, agobiada por la culpa y el remordimiento. Más bien al contrario: parece, por su gesto tranquilo y un lenguaje corporal en el cual se refleja seguridad y aplomo, que ni siquiera le afectó la adrenalina descargada en el evento.

No obstante lo anterior, y de manera un tanto incomprensible, al ingresar a su salón de clase y ser interrogada por su maestro, Natsumi –según parece–[14] se *quebró* y lo guió al aula donde yacía Satomi, mientras repetía entre llantos "he hecho algo malo". El profesor la halló todavía con vida, pero antes de llegar la ambulancia, que se solicitó inmediatamente, la chica había muerto por pérdida de sangre.

---

[13] El sufijo "tan" que se agrega al sustantivo "Nevada" es una fórmula honorífica que se aplica a niños y niñas y equivale al "chan" ("san") que se destina a los adultos. Una traducción posible sería "niña Nevada", aunque tiene el defecto de omitir el carácter protocolario del término.

[14] Véase entre otros Naho Saenoki, *op. cit.* Otras versiones retrasan el momento del arrepentimiento (¿sincero?) hasta su declaración ante la policía.

Al entrar la policía Natsumi se apresuró a confesar y a ofrecer disculpas: "He hecho algo malo, ¿cierto? Lo siento, lo siento mucho". Rápidamente la trasladaron a la comisaria, donde describió los triviales motivos que ya conocemos como causa del crimen. La noticia cundió por todo el país, y después por el ancho mundo, como fuego en hojas secas. La corta edad de la asesina; el que la trasgresión sucediera en una de las escuelas primarias del Japón, instituciones célebres por su disciplina y el merecido respeto a su alto nivel de estudios; la furia con la cual fue consumado el homicidio; la pública afición de Natsumi a los contenidos violentos de internet y la misma disputa ventilada en la red, fueron otros tantos factores que alentaron una cobertura mediática desproporcionada y casi inexplicable.

La ley nipona ordena que el nombre de las personas menores de edad asociadas con un delito permanezca en el anonimato, por lo cual se llamó "Chica A" a la delincuente y "Chica B" a la víctima. Sin embargo, durante un reportaje transmitido en vivo por TV Fuji, el conductor del programa mostró algunos dibujos creados y firmados en Kanji –una de las tres variantes de ideograma japonés– por Tsuji Natsumi (en Japón el apellido se suele escribir antes del apelativo en este tipo de documentos), con lo cual su nombre se hizo público en cadena nacional. En realidad no importaba mucho, pues habiéndose difundido la fotografía tomada inmediatamente después del crimen, el mote de *Nevada-tan* se popularizó a tal grado que en un santiamén se agotaron las sudaderas de ese modelo vendidas por la Universidad de Nevada a través de la web. Y sólo era el comienzo: a partir de entonces surgió una legión de seguidores (¡!) alrededor de los cuales vuelan aún hoy los buitres del comercio: carteles, muñecos, juegos de video, animaciones, *mangas, animes, hentais,* figuras de colección, un modelo en lego, varios programas de televisión –entre ellos un capítulo de *South Park*–, canciones de grupos como el australiano Love Outside Andromeda (a quien inspiró *Boxcutter Baby,* empleada como epígrafe de este capítulo), el estadounidense Fecal Matter Discorporated, que dedicó un disco completo a la pequeña homicida, o el conjunto alemán Pan!k, el cual incluso cambio su nombre por Nevada Tan.

Durante el confinamiento previo al juicio, Natsumi fue sometida a todo tipo de pruebas físicas, psicológicas y criminalísticas: se buscaba cualquier patología que ayudara a explicar el acto aberrante e impenetrable que había realizado. No se halló nada que cumpliera ese papel. El día anterior al inicio de su proceso los expertos anunciaron que "no sufría ningún desorden mental", aunque mostraba cierto "retraso en el desarrollo de habilidades para establecer relaciones humanas [satisfactorias]"; de cualquier modo, el parte médico especificaba que la Chica A no necesitaba "someterse a ningún tratamiento" psiquiátrico.[15] Más tarde se difundió en los medios que padecía el síndrome *hikikomori,* una forma seria de aislamiento social que, según el doctor Alan R. Teo, de la Universidad de Michigan, se caracteriza porque el paciente "pasa la mayor parte del tiempo confinado en el hogar, evita de forma notoria las situaciones e interacciones sociales, tiene una cantidad significativa de malestar o deterioro funcional, y un periodo de aislamiento social de por lo menos seis meses".[16] Puede que en efecto sufriera esta enfermedad, pues sin duda mostraba síntomas a ella asociados, aunque no muy severos: acudía a diario a la escuela y ahí socializaba. De todos modos, ni el rumor sobre este padecimiento se fundamenta en un diagnóstico profesional,[17] ni de sufrir efectivamente del síndrome se puede atribuir a tal circunstancia el homicidio, pues la violencia no se considera indicio o consecuencia de esta afección.

El 15 de septiembre de 2004 tuvo lugar el juicio de Natsumi, en medio de una gran expectativa alimentada, entre otras cosas, por el debate previo sobre la edad legal mínima para que una persona sea

---

[15] Kyodo News. "Girl in Sasebo killing not mentally ill". *Japan Today,* 14 de septiembre de 2004 (en línea). Disponible en <http://bit.ly/2Kslrqp> [Consulta: octubre de 2013].

[16] *Apud* Eugenia Rodríguez. "Hikikomori: el síndrome de aislamiento". *ReporteIndigo,* 26 de julio de 2012 (en línea). Disponible en <http://bit.ly/2DGS9CQ> [Consulta: noviembre de 2013].

[17] En efecto, en los diversos sitios que sostienen la versión nunca se cita la fuente de la información. En cambio, especifica Ignacio Blanco: "Se ha especulado públicamente que la 'Chica A' puede sufrir de [...] el síndrome *hikikomori,* pero ningún examinador médico ha declarado tal cosa". Juan Ignacio Blanco, *op. cit.*

enjuiciada por asesinato. Toda vez que la niña había confesado actuar sola y sin instigación externa, el expediente se cumplió rápidamente. El primer veredicto la encontró culpable de asesinato en primer grado, pero sólo la sentenció a cumplir dos años de confinamiento en el Reformatorio Juvenil de la Prefectura de Tochigui. En 2006, cumplido el plazo, se extendió la pena por siete años, dando un total de nueve años de encierro. En septiembre de 2013, a los 20 años de edad, Natsumi Tsuji obtuvo la libertad después de haber concluido su condena.

Referencias

ANONYMOUS. *All About Nevada-tan: The Preteen Japanese Killer* (en línea). Disponible en <https://bit.ly/2K7OEca> [Consulta: octubre de 2013].

BBC. "Japan in shock at school murder". *BBC News,* junio 2 de 2004 (en línea). Disponible en <https://bbc.in/2QfeONj> [Consulta: octubre de 2013].

BLANCO, JUAN IGNACIO. "Nevada-TAN". En *Morderpedia* (en línea). Disponible en <http://bit.ly/2FFjtUZ> [Consulta: octubre de 2013].

BONULOFT. "La niña nevada: historia real de una niña asesina". En *Universo paranormal.* Disponible en <http://bit.ly/2zotnVr> [Consulta: octubre de 2013].

DELARGE VON HOFSTADTER, ALEXA. "Natsumi Tsuji". En *The woman who kill,* disponible en <http://bit.ly/2r2xUIt> [Consulta: octubre de 2013].

IZZZ. "Natsumi Tsuji: Nevada-tan, niña asesina". En *Taringa inteligencia colectiva.* Disponible en <http://bit.ly/2DE29gf> [Consulta: octubre de 2013].

KYODO NEWS. "Girl in Sasebo killing not mentally ill". *Japan Today,* 14 de septiembre de 2004 (en línea). Disponible en <http://bit.ly/2Kslrqp> [Consulta: octubre de 2013].

PRÉSTAMO RODRÍGUEZ, JONATHAN. "Nevada-tan". En *TeknoPLOF.* Disponible en <http://bit.ly/2TBsqS7> [Consulta: octubre de 2013].

Rodríguez, Eugenia. "Hikikomori: el síndrome de aislamiento". *ReporteIndigo*, 26 de julio de 2012 (en línea). Disponible en <http://bit.ly/2DGS9CQ> [Consulta: noviembre de 2013].

Saenoki, Naho. "The Sasebo Slashing Case". En *Naho's Paranormal Notebook*. Disponible en <https://bit.ly/2Ts7Rre> [Consulta: octubre de 2013].

Snaisybelle. "Nevada-tan". En *Oh Internet*. Disponible en <http://bit.ly/2OYSSBF> [Consulta: octubre de 2013].

The Japan Times. "Sasebo killer moved to institution". *The Japan Times*, septiembre 17 de 2004 (en línea). Disponible en <http://bit.ly/2DGUGwQ> [Consulta: octubre de 2013].

Robert Thompson
y Jon Venables
(diez años)

Si yo veo a esos chavos les patearé la cabeza
[...] *¡Su pobre mamá!*
JONATHAN VENABLES, a su madre

Nacidos con diez días de diferencia, en agosto de 1982, Jonathan Venables (el día 13) y Robert Thompson (el día 23) parecían destinados por sus antecedentes familiares a repetir una cansada historia de carencias afectivas, dificultades económicas, mediocridad permanente, adicciones, problemas emocionales y violencia doméstica. Cuando se conocieron llevaron este escenario mucho más lejos y rebasaron incluso los peores augurios que echaban sombra en su futuro.

De los dos, Robert Thompson era quien aparentaba a los diez años ser más duro y acerbo: se trataba de una máscara, la cual se iba adhiriendo al rostro, que debía mostrar para no sucumbir en el medio hostil que lo rodeaba. Era el quinto hijo de la pareja formada por Robert y Ann. Él era un alcohólico irredento que propinaba delante de los niños severas palizas a su esposa, quien a los dieciocho años había aceptado unírsele para huir de las tundas que le asestaba su padre, igualmente un dipsómano violento. El remedio, como se ve, resultó peor que la enfermedad y, con seis hijos y un fallido intento de suicidio por sobredosis de píldoras, Ann empezó a beber alcohol consuetudinariamente y a desahogar su frustración golpeando a los niños con cinturones y palos, como lo hacía su marido. Los vecinos llegarían a recordar sus peleas en Top House, el *pub* del barrio, donde con alguna frecuencia se trenzaba a golpes con otras mujeres y de manera eventual con algún hombre; ahí pasaba la mayor parte del día y, si no había parroquianos acomedidos que la ayudaran a llegar a su casa, a veces también quedaba tirada a sus puertas en la noche. Por su parte, Robert había vivido de la misma manera en que lo harían sus vástagos: agredido por sus hermanos mayores ante la intoxicada indiferencia y el abandono de los adultos. Con los mismos dieciocho años que su novia, había salido de casa para librarse de la pesadilla familiar y formar una nueva vida; ¿qué adverso y mordaz demonio forzó a los dos a reproducir con exactitud para sus hijos sus miedos y sus tormentos?

Como cabía esperar, cuando su quinto hijo tenía seis años el padre terminaría por dejar a su suerte a esposa e hijos, no sin antes completar la media docena. Con el nacimiento de Ryan, el sexto hermano, Robert junior pudo al fin ocupar el puesto de victimario y no sólo el de víctima, según la tradición de la casa. En vez de solidaridad fraterna ante el completo desinterés de sus padres, los hermanos se agredían escalonada y acumulativamente, del mayor al más vulnerable, quien recibía golpizas por parte de todos los demás. Cuando la madre se acordaba de encargar a los más grandes cuidar a los pequeños, éstos eran encerrados, y a veces encadenados, en un desvencijado cobertizo, donde a menudo quedaban olvidados por muchas horas.

Con tales antecedentes no sorprende que los Thompson pronto dieran de qué hablar en el modesto conjunto habitacional para viudas de Walton Village, en la ciudad industrial de Liverpool, a la cual los Beatles habían hecho famosa dos décadas antes. El hermano mayor, David, cuando contaba apenas con cuatro años de edad, había recibido la protección del Estado –por desgracia para todos, de manera provisional– "después de haber sido visto con quemaduras de cigarro y un ojo morado",[1] lesiones seguramente causadas por su padre, que aún vivía con ellos. El segundo chico, Ian, pronto se especializó en el robo, oficio en el cual inició al pequeño Robert apenas tuvo edad para acompañarlo en sus hurtos y servirle como vigilante. El tercero, Philip, solicitó recluirse de modo voluntario en una casa de asistencia estatal para menores después de que David lo llenó de brea y lo emplumó. Uno de los mayores se convirtió en pirómano y depredador sexual; aunque sin pruebas terminantes, existe la fundada sospecha de que violaba con regularidad a sus hermanos pequeños, entre ellos a Robert. El otro era conocido por amenazar violentamente a sus maestros. Siguiendo el ejemplo materno, al menos dos intentaron suicidarse, sin éxito. Estigmatizados desde la infancia, los Thompson solían ser visitados por los policías locales cuando sucedía en el entorno algún delito o accidente aún no explicado; unos y otros se consideraban enemigos naturales. Ello no obstó para que Robert, cercano ya a los diez años, amenazara a su madre con denunciarla a la policía cuando intentaba golpearlo: dada la cantidad de veces que los servicios sociales, por instancia de los desesperados vecinos, habían tratado de meter orden en la disfuncional familia, la advertencia podía acarrear consecuencias desagradables a la propia Ann.

A pesar de lo descrito en el párrafo anterior sería inexacto afirmar que Robert era un niño perverso de *tiempo completo*; por el contrario, trataba de ser un hijo afectuoso, ayudaba a su madre en la cocina y en las labores domésticas, y cultivaba en secreto el deseo de redimirla de la patética vida que llevaba. También la auxiliaba haciéndose cargo de su hermano menor, Ryan; y aunque entre los *cuidados* que le prodigaba se contaban sobre todo golpes, puntapiés y tratos humillantes, también había algún gesto de cariño, la voluntad nunca cumplida de defenderlo de los mayores y cierta solidaridad que los unía frente a

---

[1] Bracchi, Paul. "The police were sure James Bulger's ten-year-old killers were simply wicked. But should their parents have been in the dock?". *Daily Mail Online News*, 13 de marzo de 2010 (en línea). Disponible en <https://dailym. ai/2S8usaw> [Consulta: marzo de 2014].

un mundo horrible. Por las noches, hastiados de sus disputas y de su crueldad, estos niños atemorizados se abrazaban en la penumbra y le daban a chupar su dedo pulgar al otro para conciliar el sueño. Curioso rito infantil –al tiempo símbolo e imagen originaria– que nos da una idea de la dilatada desolación que vivían los hermanos, quienes no tenían ni palabras para nombrarla.

A los encargos que recibía Robert de su madre se vino a agregar, cuando tenía unos ocho años, el cuidado de Ben: el séptimo hijo de Ann, quien lo había concebido de padre diferente. Se ha conjeturado que el asesinato cometido por Robert estuvo en parte motivado por los celos que generaba en él, a los diez años, la atención que recibía su medio hermano (en ese momento de un año ocho meses) por parte de su madre.[2]

Tomando en consideración el ambiente asfixiante que he descrito resulta comprensible que Robert pasara todo el tiempo que podía fuera de casa; incluso en las noches prefería deambular por la ciudad dormida a estar con su familia. Ann, en un intento por impedir sus salidas nocturnas, solía esconderle los zapatos, pero ello no siempre evitaba que llegara tarde o no llegara en absoluto. En la escuela había adquirido una bien ganada fama de vago, mucho más que de chico violento. Los maestros lo consideraban taimado y manipulador, no pendenciero. Parapetado detrás de la careta de rudo, solía rehuir con timidez la compañía de sus condiscípulos, quienes por otra parte le sacaban la vuelta a causa de la dudosa reputación de los hermanos Thompson. Él prefería evadir la escuela y recorrer el barrio sin mayor objetivo que no estar con los demás niños, muchos de los cuales no ocultaban su antipatía por él y el desprecio

---

[2] Véase a propósito de esta presunción el libro de quien la formuló originalmente: David James Smith. *The Sleep of Reason. The James Bulger Case.* Londres: Faber & Faber, 2011 (publicado originalmente por Century, Random House, 1994). Creo que es complaciente: su madre no se interesaba por ninguno de los dos.

por su familia, sentimientos que acaso sin darse cuenta Robert compartía. A veces obligaba a Ryan a acompañarlo, con el fin de tener a mano alguien a quien someter, pegar y molestar; ello debe entenderse en un sentido amplio, incluyendo el sexual, pues se sospecha que el trato o parte del trato recibido por el menor implicaba el abuso de esta índole. Alguna vez, con la sola intención de angustiarlo, abandonó a Ryan en un canal solitario atravesado por un puente. La anécdota viene a cuento porque poco después, junto con Jon Venables, abandonaría por un tiempo a su víctima en ese mismo sitio. Para entonces, las largas caminatas solitarias en horas escolares habían sido sustituidas por paseos en compañía de ese otro chico: Robert por fin tenía un amigo… ¡En mala hora!

Los padres de Jonathan Venables, Susan y Neil, corrieron con mala fortuna al reproducirse: su hijo mayor nació con el paladar hendido y el labio leporino, un defecto transmitido por los genes de uno o de ambos progenitores, cuya causa puede ser el uso de drogas, pero también la acción de un virus o de diferentes toxinas. La presencia de otros defectos congénitos o la existencia de antecedentes familiares elevan la incidencia del problema. En cuanto a sus síntomas, el más notable es sin duda de carácter estético; en muchas ocasiones realmente no afecta la salud del paciente; dado el caso, sus efectos consisten en dificultades para comer, con la correlativa insuficiencia en el desarrollo físico, infecciones frecuentes en boca y oído, y baja capacidad para comunicarse. El hermano mayor de Jon presentaba en particular este último rasgo, el cual le generaba tal sentimiento de impotencia y desesperación que, al no ser comprendido, reaccionaba con rabietas descomunales. El chico asistía a una escuela especial y exigía de sus padres, los cuales no lograban controlarlo, una atención casi constante. Debemos ver en tal circunstancia la génesis de buena parte de las conductas histéricas de Susan. Incluso se le llegó a enviar temporalmente con "familias adoptivas", pero siempre fue devuelto a casa. Una cirugía, practicada de preferencia entre las seis semanas y los nueve meses de edad, suele ser suficiente para superar el escollo. Si se trata de un caso grave quizás exija un trabajo reconstructivo posterior. El mayor de los Venables fue operado a los once meses de edad, pero no quedó del todo bien y los problemas persistieron.[3] Con toda probabilidad el padre, quien trabajaba manejando un montacargas y a menudo estaba desempleado, no podía costear otros procedimientos que, por lo demás, no eran necesarios para mantener al chico con vida. No cabe duda: había algún problema recesivo en los genes de Susan o de Neil, pues su tercera hija presentó un cuadro congénito con severos problemas de aprendizaje; también ella fue enviada a instituciones para niños con necesidades especiales y demandaba mucho tiempo y cuidado a sus padres. En tales circunstancias Jon –el hijo sándwich, aparentemente sano– creció con el resentimiento de recibir menor cuidado, afecto y dedicación que sus hermanos. La infortunada pareja creía que, al menos con su segundo vástago, se había librado de trabajos y desvelos extraordinarios. ¡No podían estar más equivocados!

Es lícito suponer que el ambiente en casa de los Venables estaba cargado de tensión; no ayudaba a aliviarlo el que Susan y Nail discutieran constante y arrebatadamente delante de los chicos. Estas épicas peleas, excesivas y teatrales, derivaban cada tanto en la separación de los amantes quienes, después de un tiempo, se reconciliaban de manera no menos ostentosa, reiniciando el ciclo. Por supuesto, todo ello creaba un estado de incertidumbre constante: al abandonar Nail la casa, Susan se veía obligada a mudarse con los niños al hogar de su madre; cuando el arrepentido esposo volvía y acordaban unirse otra vez, había que buscar un nuevo alojamiento de interés social. Se divorciaron cuando Jon tenía tres años, aunque se siguieron viendo. Al igual que Ann, Susan se aficionó a la bebida y a veces dejaba a los niños solos para visitar los *pubs* locales. Era una verdadera montaña rusa emocional. Agreguemos que ambos cónyuges padecían de depresión, clínicamente documentada; Susan además mostraba claros síntomas de histeria, con la correspondiente somatización de

---

3   Gitta Sereny. "Re-Examining the Evidence: A Year Ago This Week, James Bulger Was Murdered by Two 11-Year-old Boys. The Crime Shook the Nation. The Boys Were Tried, Convicted and Locked Away. But What Do We Know About Them?". *The Independent,* febrero 6 de 1994 (en línea). Disponible en <http://bit.ly/2Anukgh> [Consulta: marzo de 2014].

problemas afectivos, ataques de angustia y conductas chantajistas y autocompasivas. Quizá tales rasgos de su personalidad se deban, al menos en parte, a la familia rígida y severa de donde provenía, obsesionada con una disciplina estricta que ella misma pretendió inculcar a Jon a través de gritos, golpes y un control casi policiaco del chico. Éste, en vez de disciplina, aprendió a tener miedo; como señala Shirley Lynn Scott: "Más que a nada, él tenía un terror absoluto a la condena y el rechazo [de su madre]".[4]

Ello no significa que fuera obedecida; a veces, encontrándose sola con la carga de los tres chicos, enviaba a Jon a casa de su padre, no tanto porque pensara que éste podría controlarlo o para evitar las riñas con vecinos y con su hermano mayor, sino para descansar del niño, quien le representaba un enigma del todo *incomprensible*. En parte para burlarse, en parte para ocupar simbólicamente su sitio, Jon imitaba los ataques y berrinches del primogénito. Se trata de una extraña conducta no sólo expresada en la casa familiar. En la escuela sus maestros estaban sorprendidos ante comportamientos extravagantes que el chico mostraba desde los siete años, como balancearse con brusquedad en el pupitre mientras profería todo tipo de sonidos raros y tomar de improviso cosas del escritorio de la profesora; en alguna ocasión memorable lo hallaron colgando de los pies de una viga de madera en el guardarropa del salón, como vampiro. Tales actos, que acusan un estado de ansiedad no controlada, pronto se hicieron violentos, en un inicio contra sí mismo y no mucho más tarde contra los demás. Jon empezó a golpear su cabeza en las paredes y el mobiliario; se cortaba el cuerpo y la ropa empleando unas tijeras, y se arrojaba al piso sin precaver el golpe. Por otra parte, amenazaba a otros niños con su perro Rottweiler, *Blackie,* y a menudo se liaba a golpes con los muchachos del barrio o del instituto, a quienes les encantaba burlarse de él y de sus hermanos.[5] ¿La razón? Jon nunca dejaba sin

---

[4] Shirley Lynn Scott. "Death of James Bulger". En *Murderpedia.* Disponible en
    <http://bit.ly/2PSwgId> [Consulta: marzo de 2014]. A esta obra me remito en el
    texto cuando los entrecomillados no están referidos explícitamente a otra fuente.
[5] Este pasaje se basa en una entrevista que Sereny hizo a la maestra de Jon en la
    Broad Square Primary. Gitta Sereny, *op. cit.*

contestar una agresión; tenía un carácter visceral y una mecha muy corta. Las burlas y parodias en su contra, que no sólo incluían los temas de familia y personalidad anormales, sino también el patente estrabismo de un ojo, siempre pegaban en el blanco, pues él no tenía el temple o la inteligencia para ignorarlas; no se necesitaba nada más para estimular la siempre creativa y jovial malignidad de vecinitos y compañeros de escuela.

A pesar de ello sus profesores no lo consideraban particularmente violento: después de todo él no era el agresor, sino quien respondía a los ataques de los infaltables hostigadores. Lo tenían catalogado, con razón, en el casillero de los *perezosos* y estaban al tanto de que enfrentaba una dificultad casi insuperable para concentrarse. Lo que hoy se diagnosticaría rápidamente como *trastorno por déficit de atención*,[6] y en su momento fue descrito como hiperactividad, se estimaba un defecto de la voluntad; las bajas notas concomitantes se atribuían al difícil medio familiar y a la necesidad de llamar la atención, lo cual no es insensato. En suma, los maestros no sólo no lo juzgaban *tan* agresivo: algunos incluso le dispensaban cierta simpatía. Imagino que se habrán sorprendido cuando en cierta ocasión Jon se aproximó por la espalda a un condiscípulo y descargó sobre él una andanada de golpes con una regla de madera; lo hizo de forma tan vehemente y

---

[6] Según el DSM-IV el trastorno por déficit de atención con hiperactividad puede "incluir baja tolerancia a la frustración, arrebatos emocionales, autoritarismo, testarudez, insistencia excesiva y frecuente en que se satisfagan sus peticiones, labilidad emocional, desmoralización, disforia, rechazo por parte de compañeros y baja autoestima. Con frecuencia, el rendimiento académico está afectado y devaluado, lo que conduce típicamente a conflictos con la familia y el profesorado. La inadecuada dedicación a tareas que requieren un esfuerzo sostenido suele interpretarse por los demás como pereza, escaso sentimiento de responsabilidad y comportamiento oposicionista. Las relaciones familiares acostumbran a caracterizarse por resentimientos y antagonismos, especialmente a causa de la variabilidad de las características sintomáticas, lo que facilita la creencia de que todo el comportamiento anómalo es voluntario [...]. En su forma grave, el trastorno es muy perturbador, afectando la adaptación social, familiar y escolar. Una sustancial proporción de niños [...] sufren también [...] un trastorno disocial". American Psychiatric Association. *Manual diagnóstico y estadístico de los trastornos mentales* (DSM-IV), director de la versión en español Juan J. López-Ibor Aliño. Barcelona-París-Milán: Masson, 1995, pp. 84-85.

decidida que fue necesario el concurso de dos adultos para dominarlo. A raíz de este incidente fue cambiado de escuela, aunque no de inmediato: entre el papeleo y el calendario escolar el chico perdió un año. En el nuevo colegio se encontraría con Robert Thompson, quien también había perdido un año de escuela por su bajo rendimiento. El azar se empeñaba en juntarlos.

Su amistad no se dio enseguida. En un principio Jon se burlaba de Robert porque éste coleccionaba muñecos *trol*, chupaba su pulgar cuando estaba distraído y jugaba con niñas, lo cual el otro interpretaba maliciosamente como conductas afeminadas. Sin embargo, lo que de manera paradójica los unió, según declararía más tarde el propio Jonathan, fue precisamente que Robert le obsequió una de esas figurillas del folclor escandinavo "que tenía descubierto el trasero". A partir de ahí se hicieron grandes camaradas, aunque durante el juicio cada uno culparía al otro de las peores acciones perpetradas, no queda claro si para tratar de *salvarse* o con la directa intención de *hundir* a su *alter ego*.

Los maestros de su nueva escuela, Saint Mary's, en Walton, pronto advirtieron que los defectos individuales se potenciaban cuando estaban juntos, y la mutua compañía tenía el indeseable efecto de "sacar lo peor de cada uno". La verdad, se complementaban de maravilla: Robert, silencioso y taimado, se complacía en manipular a los otros chicos y en infundirles temor; Jon, ostentoso y beligerante, gustaba de interrumpir la clase y cacarear su holgazanería. El primero encontraba en el segundo a alguien a quien confiar sus pensamientos ocultos y dispuesto a respetar su papel de rudo sin cuestionarlo; el otro recibía la fidelidad de un público incondicional que aplaudía sus travesuras y sus bromas pesadas. Ambos se sentían más atrevidos y envalentonados en su pequeña sociedad. ¡Por primera vez en la vida tenían una persona que les mostraba interés y estaba dispuesta a hacerles caso!

Aunque ningún adulto logró ver en la pareja de chicos la bomba de tiempo que detonaría más tarde, sí hubo profesores decididos a separarlos, pues estando juntos se dedicaban a mofarse y fastidiar a sus compañeros más débiles (superando la suma de lo que cada uno hacía por su cuenta). Ante ello optaron por despedirse a la francesa y faltaban a clases –*pintaban venado*, se iban *de pinta*– con más frecuencia que en sus escuelas anteriores.

Los padres de Jon Venables aún tenían expectativas sobre él. Su madre, exasperada ante las constantes peleas entre sus dos hijos varones, probó hasta un cambio de dieta para serenar el ánimo turbulento del muchacho. Por su parte, Neil le prohibió ver a Robert, quien –precedido por la mala fama de los Thompson, a la cual ya había agregado su grano de arena– rondaba por su domicilio cuando Jon se encontraba ahí, lo que sucedía varios días a la semana, pues por entonces los Venables se alternaban el cuidado de su hijo. Según Shirley Lynn Scott, incluso el padre llegó en una de esas ocasiones a perseguirlo, con el fin de alejarlo de la casa.

Este padre comedido, no obstante permitía y aun promovía que Jon viera con regularidad películas agresivas y de horror-erotismo, lo cual llegó a ser motivo de reconvención por parte del juez durante el ulterior proceso judicial. Neil era un entusiasta aficionado al mal cine y rentaba casi compulsivamente filmes de calidad dudosa. Su retoño se hizo un apasionado de las cintas de karate y profesaba gran admiración a *Rocky*, personaje interpretado por Sylvester Stallone en innumerables secuelas donde se escenifican combates de box muy violentos, aunque dentro de los límites del cine comercial. Otro tanto puede decirse de la serie *Halloween,* la cual inspiró varios sueños y fantasías truculentas a Jon. Más serio es el caso de *I Spit on your Grave,*[7] producción estadounidense de 1978 en la que una escritora, aislada en el campo, es violada por varios individuos que, creyéndola muerta, no esperan la muy sangrienta venganza que finalmente acaba con ellos. De todos modos la película de la cual se conjetura

---

[7] En español *Escupiré sobre tu tumba*, pero también *El día de la mujer* y *La violencia del sexo*. Existe un *remake* homónimo de 2010.

que Jon recibió una influencia perniciosa y que directamente incidió en el crimen cometido poco después fue *Child's Play 3*.[8] Como más adelante veremos, esta circunstancia no debe exagerarse y conviene considerarla como una más de las múltiples causales que explican el complejísimo fenómeno del crimen; aclaremos de paso que, a pesar de lo dicho por muchas crónicas en la red, los chicos no vieron juntos el video[9] rentado por Neil el 18 de enero de 1993: como sabemos, éste prohibía a su muchacho la amistad con Robert, por lo que resulta altamente improbable que lo recibiera en su casa a ver televisión.

El viernes 12 de febrero de 1993 Robert Thompson salió rumbo a su escuela con un recado escrito para su maestra, en el cual su madre aceptaba que el chico llevara a casa a la mascota de la clase, un jerbo,[10] para cuidarla el fin de semana. Él nunca llegó al colegio. En el camino se encontró con Jonathan Venables y ambos decidieron irse otra vez de *pinta*. Mientras apedreaban, según su costumbre, a los pájaros y gatos con los cuales se cruzaban,[11] dirigieron sus pasos al Strand Shopping Centre –un complejo comercial ubicado en Bootle, Merseyside– con el proyecto de robar algunas chucherías. En efecto, no tenían la intención, o en todo caso no se halla documentada, de acudir al lugar *para* raptar a un niño y asesinarlo,

---

[8] Exhibida en México bajo el título de *Chucky, el muñeco diabólico 3*.

[9] Véase, por ejemplo: "Días antes de cometer su crimen, vieron juntos la película de *Chucky: el muñeco diabólico 3*. Según sus declaraciones en meses posteriores, esta cinta fue lo que los inspiró a cometer semejante crimen". Angie Riddle, "Jon Venables y Rob Thompson: Los niños asesinos de Liverpool". En *Taringa, inteligencia colectiva*. Disponible en <http://bit.ly/2RwTTTk> [Consulta: marzo de 2014]. En ningún sitio he encontrado las declaraciones a las que refiere la cita, cuya fuente debe ser distinta de las dos que identifica la autora.

[10] Animal similar al ratón y al hámster, poco conocido en México.

[11] Aquí otros hábitos que también cultivaban: "Juntos empezaron a robar dulces y juguetes de las tiendas, arrojar piedras a las ventanas de mujeres mayores, insultar a los comerciantes para provocarlos, y a entrar y salir de jardines privados para enfurecer a sus propietarios". Paul Barcchi, *op. cit.*

aunque lo hicieron.[12] En todo caso, antes de proceder ingresaron en diversas tiendas de donde extrajeron las cosas que iban codiciando, al parecer sin un objetivo preciso: baterías eléctricas, plumas, lápices, pintura de esmalte azul, un trol de los que Robert coleccionaba, fruta, dulces y otras baratijas. Como tendremos ocasión de comprobar, algunos de los objetos hurtados –señaladamente las pilas y la pintura– fueron empleados para torturar al pequeño James Patrick Bulger, lo cual reconduce a la pregunta de si los robos se hicieron con tal fin. No hay información suficiente para responder con seguridad, de suerte que el lector habrá de hacerse una idea bajo su propio criterio; en lo personal me inclino a creer que no fueron llevados a cabo con un propósito consciente y explícito, aunque tal vez sí respondieran a un impulso secreto, incluso para los muchachos (más tarde habrá oportunidad de abonar en favor de esta opinión).

Ese día los chicos, en especial Jon, estaban particularmente excitados y fuera de sus casillas:[13] habían hurtado unos soldaditos de cuerda y los arrojaban por la escalera eléctrica: conservarlos era menos interesante que destruirlos y destruirlos menos que haberlos robado; se pusieron a patear una lata de pintura manchando con ella las instalaciones del centro comercial; de las tiendas a las que entraban eran expulsados poco después, pues no podían estarse quietos;

---

[12] Angie Riddle, *op. cit.*, sostiene lo contrario: "Días antes ya habían tratado de secuestrar a un pequeño, pero no lo consiguieron, pues la madre de éste regresó antes de lo previsto"; lo mismo que M. J. Hernández y J. A. Hernández. "Los niños asesinos de Liverpool". *Crimen y criminólogo*, 24 de abril de 2012 (en línea). Disponible en <http://bit.ly/2DYBkn8> [Consulta: marzo de 2014]: "Su único objetivo ese día era encontrar una víctima propicia, vulnerable, fácil de engañar para poder hacer todo aquello con lo que llevaban días soñando. Querían dar rienda suelta a todas esas macabras ideas que les rondaban una y otra vez por su joven y perturbada cabeza". En ninguno de los dos casos se identifica la fuente de la información; de hecho, en el segundo, no se alude a ninguna fuente en absoluto. En contrapartida, Shirley Lynn Scott (*op. cit.*) observa: "¿Por qué decidieron robar un bebé? ¿Se trató de un plan trazado o de una irresistible compulsión repentina? Una vez que lo tuvieron no sabían qué hacer con él".

[13] "Jon estaba insólitamente agitado desde el día anterior a que James fuera secuestrado. Estaba inquieto y fuera de control" (Shirley Lynn Scott, *op. cit.*).

incluso se dedicaron a empujar por la espalda a mujeres mayores para después echarse a correr. En un momento alguno de los dos propuso al otro secuestrar a un pequeño, aunque no necesariamente para matarlo. Como cabía esperar, ambos se culparon mutuamente en sus declaraciones posteriores: Robert afirmó que Jon le dijo "Agarremos a un niño, hace siglos que no golpeo a uno"; Jon en cambio asegura que fue Robert quien planteó: "llevemos a ese niño perdido afuera, así cuando llegue al camino lo atropellarán". Probablemente nunca sabremos con certeza cuál es la versión correcta o si las dos, lo cual es posible, son verdaderas. El hecho es que al margen de si alguno lanzó al otro la propuesta o de si se trató de un reto recíproco, el descabellado acto debía cumplirse, desde el punto de vista de sus protagonistas, una vez acordado; de otro modo el primero en recular sería desvalorizado por su cómplice: estos granujas cifraban casi la totalidad de su arruinada autoestima en impresionar a su compañero.

Primero se dirigieron a una tienda departamental, TJ Hughe, donde una señora hacía compras con su hija de tres años y su hijo de dos. Ahí –según declararía la mujer más tarde, al darse cuenta del peligro por el que sus chicos habían pasado– Robert y Jon se dedicaron a captar el interés de los pequeños: se hincaron junto a ellos y comenzaron a romper un bolso con aparatosa pantomima. Aunque su madre los llamó, los pequeños estaban tan entretenidos con la representación que, cuando ella se aproximó a la caja a pagar su compra, el menor regresó con los aspirantes a plagiarios, quienes seguían intentando atraerlo. Ya iban los tres fuera de la tienda cuando la mujer, cuya hija le había informado que su hermano se iba con dos niños, alcanzó a verlos desde lejos. Al aproximarse la señora ellos fingieron que les preocupaba el bebé.

—Regresa con tu mamá —le ordenaron con volumen suficiente para que ella escuchara, y después se escabulleron entre la multitud.

James Patrick Bulger no correría con tanta suerte. Nacido el 16 de marzo de 1990, le faltaba un mes para cumplir tres años de edad. Su madre, Denise, había perdido su primer hijo antes de que naciera James, por lo cual lo cuidaba con celo acaso excesivo. A las 14:30 horas había llegado, junto con el niño y la novia de su hermano, al Strand Shopping Center. Una hora más tarde estaba a punto de abandonar el lugar cuando entró a la carnicería a hacer su última compra. El descuido duró apenas unos segundos: Denise ingresó en el local y dejó por un momento al pequeño en la puerta. Cerca de allí, Jon y Robert vagaban después de encontrar cerrado el expendio de dulces, de donde pensaban extraer algunos. Fue Jon Venables quien primero advirtió la oportunidad: "Ven, nene" (*"Come on, baby"*) —dijo extendiendo su mano. El pequeño, inocente y confiado, se la dio. Las cámaras de seguridad del centro comercial registraron casi sin cortes el breve tránsito de los tres niños hasta salir del establecimiento:

> A las 15:38 el pequeño estaba junto a la puerta de la tienda, esperando a que su madre terminara las compras. A las 15:39, cuando Thompson y Venables le tendieron la mano, el niño, curioso y de naturaleza jovial, no lo pensó dos veces. A las 15:40, Denise salía de la tienda y buscaba a James. A las 15:41, James reaparecía en otra cámara: caminaba por la galería principal del centro en compañía de dos niños mayores que él. A las 15:42, James se acercaba a la puerta del recinto, dando la mano a uno de sus acompañantes. A las 15:43, el trío abandonaba el centro. Esa fue la última imagen de James Bulger con vida.[14]

Todo sucedió con rapidez vertiginosa. Cuando Denise dio la voz de alarma en la oficina de seguridad del centro comercial su hijo ya había salido de él. Mientras ella era presa del pánico, las autoridades del Strand no se inquietaron. Pensaban que se trataba de un caso de rutina: un chico extraviado con una madre culposa que lloraba mientras repetía "Sólo estuve en la tienda unos segundos. Cuando me volví ya se había ido". Tal vez no se les deba considerar negligentes: solicitaron la descripción del niño –ojos azules, pelo castaño, una camiseta con la palabra "Noddy" impresa y una bufanda de lana que mostraba el rostro de un gato blanco– y la notificaron por los altavoces. Nadie vio nada, en todo caso no lo dijo. Denise y su cuñada

---

[14] Angie Riddle, *op. cit.*

buscaron a James en todas las tiendas del complejo; hacia las 16:15 volvieron a la oficina de seguridad para llamar a la estación de policía de Marsh Lane y denunciar su desaparición.

Entretanto, los raptores se alejaban con su víctima a través de Stanley Road hacia Leeds and Liverpool, un canal cruzado por un puente, que solía estar desierto; era el mismo donde Robert había abandonado poco tiempo atrás a su hermano Ryan para asustarlo (y quizá con la fantasía de deshacerse de él). James no había perdido su ingenuidad pero sí su confianza a lo largo de casi tres kilómetros de apresurada caminata: chillaba y pataleaba llamando a su mamá. Jon lo llevaba de la mano la mayor parte del tiempo; a veces lo acarreaban entre ambos y otras lo dejaban adelantarse. Los testigos simplemente decidían ignorar el llanto del pequeño y pasar de largo.

A punto de llegar al canal se les ocurrió una idea: "¿Y si lo arrojamos al agua para que se ahogue?". No lo hicieron, pero alguno de los dos –ignoramos cuál porque más tarde se culparían recíprocamente– empujó al chico dejándolo caer de cabeza. El fuerte golpe causó al bebé heridas en el rostro, un voluminoso hematoma y, por supuesto, una crisis de llanto provocada por el dolor y el miedo. La primera reacción de los agresores ante su fechoría fue huir: salieron corriendo mientras James se lamentaba a todo pulmón en el solitario paraje. Una mujer que estaba por ahí escuchó los gritos y –los dioses la perdonen– no lo asistió, suponiendo imposible que estuviera solo.

Poco después Robert Thompson y Jonathan Venables decidieron regresar al lugar donde dejaron a su víctima; ahí la encontraron y se apoderaron otra vez del nene. Resulta arduo entender estos hechos y es probable que incluso a sus autores les parezcan inexplicables: el haber abandonado el canal a toda prisa parece indicar que no estaban preparados para llevar su plan hasta las últimas consecuencias; pero entonces, ¿por qué volvieron? Si no se trataba de un proyecto decidido y bien trazado, ¿qué los motivo a desandar sus pasos? Tenían la oportunidad de escapar a un destino horrible –el denuesto y la cárcel– del cual sin duda eran conscientes o, cuando menos, capaces de imaginarlo, pues eso explica su salida apresurada de la escena; rehusaron aprovecharla a pesar de haber logrado fugarse sin ser atrapados. Es difícil creer que a los diez años estos niños hayan elegido hacer el mal a ponerse a salvo; también lo es que sus propios actos no los espantaran lo suficiente para abandonar su infame propósito cuando aún había vuelta atrás. Quizás el miedo de defraudar a su compinche, como he sugerido, era la única emoción genuina de estos chicos malogrados.

Resulta tristemente conmovedor el que, a pesar del episodio previo, James Bulger le extendiera de nuevo su confiada mano a Jonathan Venables cuando éste aproximó la suya, llamándolo. Caminaron los tres por Stanley Road, una vía populosa. Los mayores arrastraban o jalaban al pequeño, golpeándolo para obligarlo a continuar la marcha: confiaban en la indiferencia que los transeúntes mostrarían ante sus gritos, la cual conocían por experiencia propia: y estaban en lo cierto.[15] En un momento dado entraron en una tienda de dulces y en otro en una de mascotas –¿buscando un pretexto para interrumpir el plan?, ¿asegurándose una provisión de testigos capaces de identificarlos?, ¿animados por la intención de prolongar el placer del secuestro?, ¿esperando el siguiente paso por parte del otro?–. A los respectivos encargados nunca se les ocurrió que ahí sucedía algo distinto a una leve incomodidad para sus clientes. Uno declaró después haber advertido con extrañeza los rasguños y moretones en el rostro del más pequeño, quien lloraba; otro dijo sin inmutarse que le había parecido "un poco rara" la manera como Jon retenía a la fuerza la mano del crío. Ninguno intervino en el momento, y acaso ni siquiera después de consolidado el crimen reflexionó sobre la necesidad de haberlo hecho.

Del centro comercial a las vías del tren donde terminó su travesía anduvieron unos cuatro kilómetros de camino sinuoso y a veces cuesta arriba, a lo largo de los cuales Robert Thompson y Jonathan

---

[15] De hecho, un incomprensible testigo afirmó que Robert "pateó al bebé en las costillas para darle 'una patada persuasiva' [con el fin de que siguiera adelante]" (Shirley Lynn Scott, *op. cit.*).

Venables fueron vistos por treinta y ocho personas (¡!) agredir a James Patrick Bulger –me refiero sólo a las que hicieron una declaración formal al integrarse el caso–,[16] quien lloró cada metro del trayecto en tanto llamaba a su mamá desconsoladamente. Una mujer que paseaba a su perro afirmó haber presenciado cómo el bebé era golpeado por los otros dos, pero no hizo ni dijo nada. Otros prefirieron cerrar las cortinas de sus departamentos antes de seguir presenciando el feo espectáculo. Sólo tres testigos, por separado, cuestionaron a los muchachos su trato hacia el niño. Alguno observó que Jon parecía ser el chico dominante. Sin embargo, todos quedaron conformes con alguna de estas explicaciones más o menos inverosímiles, si bien dadas por Jonathan Venables sin titubear y con sangre fría: los tres eran hermanos y estaban jugando o el chico se había extraviado y lo conducían a la comisaría local.[17] Incluso una mujer, quien con el fin de asegurarse que llevaran al maltratado niño a las autoridades les dio precisas instrucciones para llegar a la estación de policía de Walton Lane, confesó haber *recelado* cuando vio al trío dirigirse ¡en la dirección contraria! Más tarde, al enterarse por la televisión del caso, declararía inútilmente: "Ahora quisiera haber hecho algo".

Hacia el final del recorrido se encontraron con un par de adolescentes quienes conocían a Robert Thompson. Haraganes y rudos, estos muchachos mayores pretendieron sujetar con un par de esposas de juguete a Jon y a Robert; se detuvieron al ver al golpeado James y preguntaron, sorprendidos, quién era el niño. Robert contestó que se trataba del hermano menor de Jon y que lo llevaban a su casa. El mayor de los chavales desconfió de la espontánea respuesta por las magulladuras y las lesiones en el rostro del pequeño. Antes de dejarlos ir, según declararía durante la investigación, les advirtió: "Si no lo llevan a casa voy a golpearlos". Si estaba dispuesto, convenía hacerlo en ese momento: más tarde ya nada tuvo sentido.

---

[16] "Estos testigos serían llamados más tarde por los periódicos los 'Liverpool 38', en vergüenza por haber volteado hacia otro lado [cuando James necesitaba ayuda]" (Shirley Lynn Scott, *op. cit.*).

[17] Paul Coslett. "Murder of James Bulger". BBC *Liverpool*, septiembre 24 de 2014 (en línea). Disponible en <https://bbc.in/2BOod6L> [Consulta: marzo de 2014].

Los tres chicos llegaron hasta una vía férrea cerca de la abandonada estación de Walton & Anfield, próxima al cementerio homónimo, donde se detuvieron un tanto desconcertados. Siguió una comedia cuyo propósito, por absurdo que parezca a la luz de los ulteriores acontecimientos, pudo haber sido abandonar a James en la vía pública, donde seguramente alguien lo rescataría. Claro, para ello sólo bastaba alejarse del lugar, no había necesidad de montar la siguiente farsa: Jonathan o Robert –los testigos no supieron identificar cuál de los dos– dijo al otro con voz suficientemente audible para que los transeúntes la escucharan: "Estoy harto de cuidar a mi hermanito. Me hago cargo de él todo el tiempo desde que salgo de la escuela. Le diré a mi mamá que no voy a ocuparme más". Inmediatamente los tres desandaron sus pasos para volver a Walton Lane, una calle de nutrido tráfico que los acercaba a la estación de policía. Sin embargo, después de titubear un momento, se adentraron por un callejón. Eran alrededor de las 17:30 horas y empezaba a oscurecer. ¿Cómo comprender que quienes minutos después vieron salir de ahí al trío, para volver a la avenida, afirmaron que James reía a carcajada limpia mientras los otros dos jugaban con él y, al parecer, también se divertían? ¿De qué manera entender lo sucedido a continuación, si habían compartido ese momento de alegría y desenfado? No soy capaz de aventurar una respuesta, pero sé que, para agudizar la paradoja, la decisión de matar al bebé la tomaron Jonathan y Robert en ese preciso momento: "La estación de policía estaba a su derecha; la casa de Robert se hallaba a su izquierda. Pero los chicos decidieron regresar a las vías del tren". Había una cerca que separaba los rieles de la calle; la cruzaron a través de un hueco por el que primero empujaron al pequeño, quien ya no saldría de ahí con vida. Luego de pasar unos metros de pasto silvestre y escombros residuales en el baldío llegaron junto a los carriles. Ahí comenzaron a torturar a James Patrick Bulger.

¡Y con cuánta saña! Entre las 17:45 y las 18:30 horas Robert Thompson y Jonathan Venables atacaron a su víctima en todas las formas que su imaginación y sus recursos les permitieron. El asalto comenzó rociando en el ojo izquierdo del niño la pintura azul para maquetas que habían robado en el centro comercial.[18] Siguieron puntapiés; golpes con los puños y con ladrillos; le arrojaron piedras; lo despojaron de su ropa e introdujeron baterías en su boca y, probablemente, también en el recto;[19] por último le golpearon la cabeza con una de esas barras de acero que unen los rieles del ferrocarril –eclisa–, lo cual le provocó múltiples heridas y, finalmente, derrame cerebral. El doctor Alan Williams, médico forense que examinó el cadáver del pequeño, informó durante el séptimo día del juicio haber registrado veintidós moretones, cortadas y arañazos en su rostro y cabeza, más otras veinte heridas en tronco y extremidades. A ello se deben añadir treinta golpes, repartidos en todo el cuerpo, que únicamente dejaron lesiones internas. Los traumatismos fueron tantos que ninguno de ellos aislado pudo ser identificado como la causa de muerte.[20]

A lo largo del proceso se presentaron diversas pruebas físicas que inculpaban a Jonathan y a Robert, aunque su responsabilidad en el crimen no estaba en duda. Entre ellas destacan diversos desechos encontrados cerca del cuerpo, por ejemplo, los escombros con los que cubrieron la cabeza ensangrentada del cadáver; tres baterías AA; la caja de ladrillos que habían lanzado al niño, uno de los cuales con-

---

[18] A partir de este detalle se ha querido ver una relación entre la película del *Muñeco diabólico* y el asesinato, pues una escena similar sucede en el filme: "Chucky, quien eventualmente es desmembrado, aparece con salpicaduras de pintura azul en su rostro en una de las primeras tomas" (Shirley Lynn Scott, *op. cit.*).

[19] El poeta inglés Philip Blake Morrison, en el libro que dedica a la muerte de James Bulger –*As if.* Londres: Granta Books, 1997– sugiere que introducir las pilas en el recto del pequeño debe entenderse como un acto simbólico a través del cual los asesinos convertían a su víctima en un muñeco parecido a *Chucky*, del que querían salvar al mundo, en particular Jon quien alimentaba fantasías heroicas. A propósito de esta mágica conversión Shirley Lynn Scott, *op. cit.*, se pregunta: "¿Era un curioso intento infantil de 'traer [a James] nuevamente a la vida', como Robert declaró que trató de hacer?".

[20] Jonathan Foster. "James Bulger suffered multiple fractures: Pathologist reveals two-year-old had 42 injuries including fractured skull". *The Independent*, noviembre 10 de 1993 (en línea). Disponible en <https://ind.pn/2QcLCY0> [Consulta: mayo de 2014].

servaba incluso una pestaña de la víctima;[21] la lata de pintura azul; la barra metálica utilizada para golpearlo, con un peso de veintidós libras (diez kilogramos) y una extensión de veinte pulgadas (cincuenta y un centímetros); una piedra manchada con sangre, hallada junto a la bufanda de James; y la ropa de la cual había sido despojado (le dejaron puesta la camisa y el abrigo), dándole al asesinato un sórdido matiz que la autopsia confirmaría: "repetidamente se tocó [durante la investigación] la sospecha de un elemento sexual en el crimen. Los zapatos y calcetines de James, sus pantalones y calzoncillos habían sido retirados. Y el reporte que el patólogo leyó en la Corte [aseguraba] que el prepucio del niño había sido manipulado".[22]

¿Qué significa esto? Tanto el detective superintendente Albert Kirby, a cargo del caso, como la psiquiatra infantil Eileen Vizard, interrogaron a los chicos sobre el manoseo al miembro del pequeño y la inserción de las baterías eléctricas en su ano, pero enfrentaron un tenaz mutismo alternado con vagas negaciones e intentos de echar la culpa al compañero.[23] De manera manifiesta les parecía más bochornoso y desagradable abordar este tema que el del asesinato.[24] (Diecisiete años después, el 2 de marzo 2010, el Ministerio de Justicia

---

[21] Euan Ferguson. "Ten years on". *The Guardian*, febrero 9 de 2003 (en línea). Disponible en <http://bit.ly/2QeIlrh> [Consulta: mayo de 2014].

[22] Gitta Sereny, *op. cit.* Véase también: "el prepucio de su pene estaba echado hacia atrás" (Jonathan Foster, *op. cit.*).

[23] "Durante los interrogatorios, [Robert] estaba nervioso por las acusaciones y preocupado de que Jon contara a la policía que había jugado con los genitales [*privates*] de James. Estaba inquieto, llorando porque esa gente pensaría que era un 'pervertido'. Mientras tanto, Jon también estaba enojado por las acusaciones de abuso sexual, en las que él no estaba implicado en el sentido en el que Robert lo estaba. Claro que no hay manera de saber qué paso, o quién hizo qué. En palabras de Robert: 'Yo estaba ahí y ustedes no'" (Shirley Lynn Scott, *op. cit.*).

[24] "Durante su confesión Jon mostró hostilidad contra su padre, particularmente cuando el tema del asalto sexual salió a relucir" (Shirley Lynn Scott, *op. cit.*).

británico informó que Jonathan Venables estaba de nuevo en prisión por adquirir y distribuir pornografía infantil).[25]

Los siniestros pormenores del informe forense –por ejemplo, el patrón acanalado de la suela de un zapato dejado alrededor de la mejilla y oído derechos del niño por una patada o el golpe al cráneo que aplastó desde la mandíbula a la frente y causó daño cerebral extensivo, con profusa hemorragia interna– fueron rematados con una circunstancia grotesca: el cadáver había sido cortado en dos partes por el tren. Supuestamente Robert y Jonathan habían colocado el cuerpo aún vivo en la vía,[26] cubriéndolo con basura y ladrillos, para que al ser atropellado diera la impresión de un accidente. Aunque extrañamente *nadie* pone en duda esta explicación, a mí me parece inverosímil: ni siquiera dos niños menores y menos inteligentes que ellos pensarían que la desnudez de un cuerpo, cuya ropa está colocada a metros de distancia –"La parte superior de su cuerpo conservaba el abrigo. La parte inferior estaba más abajo en las vías, completamente desnuda"–[27] podría ser conciliada con el efecto de un accidente. Además, ¿cómo entender que el pequeño había llegado sin ayuda hasta ahí, a cuatro kilómetros de donde se había extraviado? Me temo que el incomprensible odio que inspiró el crimen de James Bulger persiguió también a sus restos mortales. No es descabellado conjeturar que Robert Thompson y Jonathan Venables hayan abrigado la perversa esperanza de ver cómo el cuerpo del chico era arrollado, hasta que la tardanza del tren decepcionó su morboso propósito. Al menos tenemos la certeza de que cuando finalmente apareció la locomotora

---

[25] Véanse Paul Bracchi, *op. cit.*; Vikram Dodd. "James Bulger killer back in prison". *The Guardian,* marzo 2 de 2010 (en línea). Disponible en <http://bit.ly/2EbKX-Qu> [Consulta: marzo de 2014]; y El Mundo. "El 'niño asesino de Liverpool' se hizo pasar por madre para adquirir pornografía". *El Mundo,* julio 24 de 2010 (en línea). Disponible en <http://bit.ly/2UdA7xS> [Consulta: mayo de 2014].

[26] "Jon y Robert lo dejaron [sobre la vía] mientras él aún vivía". Terry Hayden. "Jon Venables & Robert Thompson". En *Murder in the uk.* Disponible en <http://bit.ly/2UcePRu > [Consulta: mayo de 2014].

[27] *Ibidem.* También ahí encontramos: "Su ropa, que había sido removida de la cintura para abajo, yacía cerca de su cabeza", cuando el cuerpo a donde pertenecía había sido arrastrado varios metros por el tren.

el pequeño ya había fallecido, y no experimentó la angustia de verla echarse encima de él. El médico legista aseguró: "sobrevivió un corto tiempo después del ataque [...]. James estaba muerto antes de que el tren cercenara su cuerpo".[28] Así lo encontraron cuarenta y ocho horas después, la tarde de San Valentín de 1993, cuatro chicos que se reunieron en el baldío para jugar un partido de futbol, quienes al principio lo confundieron con un gato y luego con un muñeco (¡como Chucky!).

Cuando Robert y Jon se alejaron de aquel solitario terreno se dirigieron a casa de un amigo. ¿Querían contarle su tétrica *proeza*? No lo sabremos: el chico no estaba en casa. Cansados de aguardarlo decidieron ir a una tienda de videos en renta, a la que asistían a menudo y donde algunas veces realizaban encargos a cambio de una propina. En esa ocasión la dependienta les pidió recoger a domicilio una película cuyo plazo de entrega había vencido. De regreso en el establecimiento se encontraron con Susan Venables, la madre de Jonathan, quien vociferó furiosa apenas los vio. ¿Dónde diablos estaban? Los había estado buscando por todas partes, incluyendo el área de las vías del tren. Un chiquillo había sido raptado del centro comercial, ¿no lo sabían? ¡El secuestrador podía haberlos abducido a ellos! Entre coscorrones y gritos la descontrolada mujer sacó a los dos muchachos de la tienda. Una vez en la calle Robert puso pies en polvorosa; llegó a su casa llorando y acusó a la madre de Jon con Ann Thompson por el trato recibido.

Aunque la mamá de Robert le solía deparar frecuentes golpizas, consideraba inaceptable que otras personas aporrearan a su hijo, por lo que rápidamente se enfiló a la estación de policía para denunciar el caso. Ahí, un agente advirtió en el rostro de Robert un notable rasguño, el cual atribuyó por lo pronto a la ira de Susan Venables. Entretanto, Jon lloraba en su casa por el sermón conminatorio que un policía, instado por su propia madre, le había prodigado para que aprendiera a evitar los peligros de la gran ciudad.[29] Al considerar

---

[28] Jonathan Foster, *op. cit.*
[29] Terry Hayden, *op. cit.*

estos hechos se antoja inevitable pensar que, con muchísima frecuencia, la realidad se asemeja *demasiado* al *mal arte*.

La reacción cuasi histérica de Susan no era del todo incomprensible. Una vez que fue confirmada oficialmente la desaparición de James, la noticia llegó a los escandalosos medios, que olfatearon desde el inicio una historia feroz y conmovedora. Varios periódicos, programas de radio y televisión difundieron esa misma tarde, no siempre con nobles intenciones, la desaparición del pequeño, y solicitaron la cooperación de la ciudadanía. Hubo llamadas en abundancia, diversas y contradictorias. Después de un cierto número fue posible apreciar la coincidencia de muchas en que el niño perdido había sido visto por última vez cerca del canal, donde en efecto fue arrojado por sus raptores. Ante la insólita ola de interés en el caso, la autoridad anunció que dragaría al día siguiente las aguas locales de Walton.

Durante la noche del 12 y la madrugada del 13 de febrero la policía examinó los videos de seguridad del Strand Shopping Center. Además de cualquier imagen que pudiera orientar las pesquisas buscaban a un hombre mayor, peinado con cola de caballo, a quien algunos testigos habían denunciado como sospechoso por haberse aproximado a varios niños en el centro comercial. Encontraron lo que ya sabemos: a dos chicos, apenas distinguibles por la pésima calidad del video, llevando de la mano a James hasta la salida del establecimiento. Esto los confundió: esperaban tropezar con un pedófilo viejo y hallaron a un par de chamacos –a quienes creían mayores de diez años, pues su edad resultó indefinible por la condición borrosa e imprecisa de la cinta– que raptaban al pequeño. ¿Acaso trabajaban para un adulto precavido? ¿Por qué razón dos adolescentes querrían llevarse a un bebé?

Entre las personas que por principio deben ser investigadas cuando desaparece un niño se encuentran siempre sus progenitores, política de terror derivada de las tristes y abrumadoras estadísticas acumuladas sobre estos casos a escala mundial. Ralph y Denise Bulger habían estado en la mira de los detectives hasta la revisión de las cintas de la tienda; y aunque no era imposible suponer que los jovencitos que en ella aparecían habían sido contratados por la pareja para abducir al menor, el sincero horror con el cual confirmaron en la estación de policía que el bebé, reconocible por sus ropas y complexión, más que por sus rasgos, era su hijo, los eximió de posteriores sospechas.

Al día siguiente el video del *mall* se proyectó una y otra vez en la televisión, solicitando el apoyo de la audiencia para localizar al pequeño; las imágenes también aparecieron en numerosos periódicos. Como he señalado, el documento original tenía muy baja calidad, pero los técnicos de Scotland Yard lograron mejorarlo un poco y fue así como se exhibió en los canales públicos.

Cuando lo vio Ann Thompson le temblaron las piernas y el corazón le dio un vuelco. No sin temor preguntó a Robert si era el chico que estaba en todas las pantallas de televisión de Liverpool. Desde luego él se reconoció en aquella figura borrosa, pero lo negó, acaso sin la suficiente convicción. No importa: ella sabía íntimamente la desoladora verdad; de hecho, confesó a una amiga sus dudas e inquietudes, e incluso, según la versión de Shirley Lynn Scott, "intentó llevarlo [a Robert] a la policía". No lo hizo; prefirió cultivar una flaca esperanza representada por las negativas del muchacho. Quizá no se la deba culpar por ello.

Para hacer más verosímil la pantomima, el asesino llevó días más tarde una rosa a las vías del tren, donde otras personas conmovidas habían improvisado una ofrenda funeraria para honrar a su víctima. Ignoraba que un equipo grababa a los asistentes con el fin de hacer un reportaje televisivo. Posteriormente se vería en ese hecho, no una señal de arrepentimiento, sino una muestra de descaro e hipocresía. En términos generales la prensa juzgó con mayor severidad a Robert que a su cómplice, quizá porque el mecanismo de defensa que había aprendido a emplear para enfrentar las situaciones hostiles era adoptar una actitud dura y agresiva. A lo largo del juicio no dio muestras de remordimiento ni realizó esfuerzo alguno por simpatizar con cualquiera de los presentes. Eso bastó para que cargara con el peor peso de la opinión pública. No obstante, fue Jon Venables quien asumió el papel de líder durante el crimen y eligió a James para realizar el plan, lo tomó de la mano para alejarlo de su madre y sacarlo del centro comercial, lo condujo casi todo el tiempo en la vía pública y ejerció una mayor violencia sobre el pequeño. "La evidencia más convincente contra Jon es su propia confesión: 'Yo lo maté'. No 'nosotros', no Robert. Éste admitió su participación en el ataque a James, pero dijo que falló deliberadamente, o sólo le arrojó piedras ligeras".[30] No me parece sensato creer esto último a pie juntillas: en un interrogatorio Robert trató de explicar que no había asesinado al pequeño con un descuidado argumento referido a su medio hermano Ben: "Si yo quisiera matar a un bebé, hubiera matado al mío propio, ¿o no?", lo cual sugiere que la idea había estado rondando su cabeza.

Por su parte, Jonathan miraba el televisor el sábado 13 cuando el video del Strand Shopping Centre apareció al aire; naturalmente se preocupó, aunque no por las razones que Susan creía. "¿Encontrarán al bebé?, ¿atraparán a los chicos?" —le preguntó a su mamá intentando ocultar su alarma—. Un día después la cándida mujer se sintió henchida de orgullo ante la decidida respuesta de su hijo al momento en el cual ella le reveló, con la cautela debida al sensible tema, que el cadáver del pequeño había sido hallado: "Si yo veo a esos chavos les patearé la cabeza. [—Y después, con calculada consideración—:] ¡Su pobre mamá!".

Neil Venables no dio menores muestras de candor: aunque él mismo había cuestionado a Jon por la mancha azul en la manga de su abrigo, nada sospechó al oír en los noticiarios que el cuerpo de James había sido rociado con pintura del mismo color; tampoco barruntó nada al ver la cinta de seguridad, donde claramente uno de los maleantes, de edad y complexión idénticas a las de su hijo, llevaba una

---

[30] El empeño en considerar a Robert el más cruel e intratable de la pareja, a pesar de las pruebas sobre la ferocidad de Jonathan, tuvo un curioso colofón cuando éste último, como señalé más arriba, fue nuevamente ingresado en la cárcel. Laurence Lee, su abogado durante el juicio por asesinato, comentó con motivo de su reaprehensión: "Si alguien me preguntara '¿cuál de los dos asesinos de Jamie Bulger ha sido arrestado y ha vuelto a prisión?', hubiera apostado mucho dinero a que no sería Jon, porque todo el mundo coincidía en que era el menos malo de los dos". RPP Noticias. "Vuelve a la cárcel uno de los niños asesinos del caso Bulger". *RPP Noticias*, marzo 3 de 2010 (en línea). Disponible en <http://bit.ly/2ATUKGN> [Consulta: junio de 2014].

chaqueta del mismo tono mostaza que la de él, quien –según sabía– no había asistido a la escuela ese viernes. Al parecer, el poder de convencimiento de la realidad es muy inferior al de los deseos.

En los días posteriores al crimen la ciudadanía y la opinión pública expresaron su creciente indignación, al grado de poner en peligro a unos muchachos investigados por la policía debido a sus antecedentes penales, quienes no estaban relacionados con los hechos. Los detectives estaban completamente despistados y bajo una gran presión, pues la gente de Liverpool, excitada por los medios, había caído en una suerte de paranoia colectiva: juzgaba ya que ningún sitio de la ciudad era seguro para sus hijos y exigía respuesta rápida por parte de las autoridades. Por eso la llamada de cierta amiga de Susan Venables a los investigadores fue inmediatamente atendida; en ella la informante anónima decía que Susan tenía un hijo llamado Jon a quien había creído reconocer en el video. Agregaba algunos datos: el viernes el muchacho se había ido de *pinta* con un amigo llamado Robert Thompson y la ropa que ese día había usado estaba manchada con pintura azul. La pista no pareció prometedora a los policías, pues seguían convencidos de andar tras el rastro de chicos de al menos catorce años, no de diez. En cualquier caso, el jueves 18 de febrero llegaron a casa de la familia Thompson con una orden judicial para registrar el lugar. Cuando Robert los vio, comenzó a llorar. Y con razón: casi de inmediato encontraron sus zapatos manchados con sangre; ésta –según se comprobaría más tarde– tenía el ADN de James Bulger;[31] aquéllos, el patrón de la suela marcada en su rostro.[32] No se necesitaba más para llevarlo a interrogar a la estación de Walton Lane.

---

[31] "La sangre encontrada en el zapato derecho de uno de los chicos acusados del asesinato de James Bulger, corresponde a la sangre de éste con un margen de error de uno en mil millones, según escuchó ayer el jurado en la Corte de Preston Crown". Edward Pilkington. "Blood on boy's shoe was from victim". *The Guardian*, noviembre 11 de 1993 (en línea). Disponible en <http://bit.ly/2QieFd1> [Consulta: junio de 2014].

[32] "Una particular impresión en la mejilla de James fue vinculada de modo concluyente al zapato ensangrentado de Robert". Shirley Lynn Scott, *op. cit.*

A pesar de su resistencia natural, Susan debió enfrentar los hechos.[33] Al abrir la puerta a los oficiales les dijo con sarcasmo: "Sabía que vendrían. Le dije que querrían verlo por faltar a la escuela el viernes". Luego les reveló que ese día Jonathan había llegado a casa con la chaqueta "llena de pintura". Incautaron la ropa y revisaron la habitación del niño, mientras éste se aferraba a su madre llorando con vehemencia y diciendo, con ligereza inconveniente a sus intereses: "No quiero ir a prisión mamá. Yo no maté al bebé. Es ese Robert Thompson, él siempre me mete en problemas". Mientras lo trasladaban a la estación de Lower Lane, y estando en ella, siguió preguntando entre lágrimas si su cómplice estaba arrestado y si ya habían hablado con él, insinuando que les sería útil hacerlo.

Como parte del procedimiento, los oficiales tomaron una impresión de sus huellas digitales, a lo cual el niño reaccionó con nerviosismo evidente: "¿Se quedan en todo lo que tocas? ¿Si tientas la piel de alguien tus huellas digitales se quedan en ella? ¿Ya tomaron las huellas de Robert?". Lo habían hecho, desde luego, junto con muestras de sangre, cabello y uñas. Por otra parte, el encargado de un establecimiento del centro comercial comunicó a la policía que los chicos del video habían estado en su tienda; al ver fotos de los nuevos sospechosos, los identificó. Finalmente, fue posible recabar algunas impresiones digitales en el lugar y encontraron correspondencia con las huellas de Jonathan: tenían ya una prueba material para ubicar a los chicos en el sitio donde se había perpetrado el secuestro.

Los detectives Phil Roberts y Bob Jacobs, quienes estuvieron a cargo del interrogatorio de Robert Thompson, advirtieron sin dificultad elementos absurdos en su declaración; por ejemplo, admitía

---

[33] Esto no es del todo cierto. En "Re-examining the evidence", Gitta Sereny, *op. cit.*, reproduce una entrevista con Neil y Susan Venables en la que se hace patente cómo, aun después de haberse desahogado las pruebas y dictado sentencia (data del 6 de febrero de 1994), la pareja insiste en negar hechos comprobados, como la conducta de Jon en la escuela, de la cual pretenden no haber tenido noticia oportuna. Asimismo, culpan a terceros o se responsabilizan mutuamente de los actos del chico; Susan, en particular, se preocupa en justificar sus propios descuidos, quizá no siempre con mala fe.

haber estado junto con Jon en el Strand Shopping Center el día de los hechos, e incluso decía recordar a James y a Denise Bulger, aunque era incapaz de explicar por qué se había fijado en ellos entre las decenas de madres que acudieron ese día al centro comercial con sus hijos. En un momento dado intercambiaron información con el detective Dale, a cargo de averiguar la participación de Jon Venables: contradicciones e inconsistencias pronto saltaron a la vista. De entrada, Jonathan afirmaba que ni siquiera habían entrado al *mall* ese día.

No es de utilidad para nuestro tema relatar los pormenores de los interrogatorios;[34] basta con señalar algunos puntos relevantes que dejan entrever la personalidad de estos niños:

a) Ambos chicos se culparon mutuamente de lo sucedido. En ningún momento mostraron solidaridad o empatía con su cómplice; antes bien lo consideraron una oportunidad para desviar la presión y depositar la propia culpa. Con profundo recelo, por lo demás comprensible, los dos preguntaban ansiosos sobre las declaraciones del otro. No sólo se trataba de una visión utilitaria: con toda claridad no querían que su secuaz saliera impune aunque no obtuvieran beneficio de ello.

b) Durante la mayor parte del proceso Robert Thompson mantuvo el control de sus emociones. En ocasiones lloraba al ser atrapado en una mentira o una discordancia, pero en términos generales adoptó el ensayado papel de *duro*: discutía con los oficiales e incluso empleaba para ello fórmulas retadoras como "Yo estaba ahí, ustedes no". Nunca admitió del todo su culpabilidad. Conforme fue acorralado por los investigadores aceptó cierta participación en el evento, pero la redujo siempre a su mínima expresión.

c) En contraste con su compañero, Jonathan Venables se la pasó chillando y gimoteando, "de manera histérica", a lo largo de la in-

---

[34] Remito al lector interesado al texto de Lynn Scott, que contiene una descripción bastante completa de los interrogatorios e incluso algunas transcripciones literales. La versión de Gitta Sereny, *op. cit.*, es menos imparcial, ya que incluye la intención de probar una tesis ("no hay niños malos"), pero puede consultarse con provecho.

vestigación y del juicio. Siempre lució intimidado por los detectives y sus titubeantes declaraciones se interrumpían a menudo porque la angustia le impedía continuar. Después de diversos intentos de esquivar la verdad, confesó haber matado al pequeño.

d) Los dos muchachos dijeron estar arrepentidos de lo sucedido, aunque en ningún caso es fácil ponderar la sinceridad de tales declaraciones. Como ya mencioné, Robert Thompson colocó una rosa en la ofrenda funeraria de James Bulger. Al ser cuestionado por la finalidad de tal acto, respondió: "Para que el bebé James sepa que traté de ayudarlo y que estoy pensando en él ahora". Por supuesto, la primera frase de la declaración es falsa: aún intentaba convencer a su madre y a los policías de que había tratado de defender al chiquito de la violencia de Jon. Sobre la segunda parte tenemos derecho a dudar de ella; más aún si consideramos una circunstancia advertida por los oficiales: cuando Robert lloraba lo hacía sin lágrimas y el llanto cesaba de repente, no bien se detenía la presión que lo había originado. Por otra parte, el sufrimiento de su madre, lejos de serle indiferente, lo apenaba con sinceridad.[35]

Por su parte Jonathan Venables, junto con su confesión, envió un mensaje a la madre de su víctima; sus palabras textuales, dichas mientras sollozaba, fueron: "Yo lo maté. A su mami, ¿le dirías que lo siento?". Desconfío del supuesto remordimiento: sin duda Jon estaba asustado por miedo a su madre, a los policías y porque entreveía su oscuro futuro en la cárcel, lo cual explica el llanto constante; además, hasta ese momento no había hecho más que mentir a sus captores, igualmente entre lágrimas, con la sola intención de escamotear el castigo y la vergüenza. Sus sentimientos, pues, eran predominantemente egoístas, y no tenemos

---

[35] "Robert lloraba por sí mismo, pero mostró una genuina preocupación por su madre, que permaneció a lo largo de las entrevistas en completa incredulidad. Muchas de las respuestas de Robert se dirigían directamente a su mamá: 'Traté de quitárselo de encima [a Jon], pero él continuó pegándole y pegándole y pegándole y yo no pude hacer nada'". Shirley Lynn Scott, *op. cit.*

más indicios que apunten a su capacidad de empatía con otro ser humano.

e) Tanto Robert como Jon reaccionaron de manera muy intensa y muy dolorosa al ser interrogados a propósito del componente sexual del crimen. Cuando los detectives expusieron al primero sus sospechas de que él, su cómplice o ambos habían introducido baterías en el recto del pequeño, el detenido se molestó mucho más que con cualquier otra pregunta. Al inquirir quién había despojado al niño de sus pantalones y calzoncillos de plano comenzó a llorar, perdió la compostura y sólo acertó a declarar: "No soy un pervertido" –cargo del cual, por cierto, no lo habían acusado directamente los investigadores–. Después se sumió en un mutismo resentido y perturbado; salió de él cuando los insistentes oficiales formularon una pregunta que pegó en el clavo: "¿Qué diría Jon que le hiciste a James?". Iracundo, trastornado, Robert Thompson respondió: "Que quité los pantalones a James y jugué con sus genitales (*privates*)", lo cual en el contexto no significaba aceptar haberlo hecho.

f) En cualquier caso, no es sorpresivo su acierto. En efecto, Jonathan declaró que fue Robert quien quitó al bebé pantalones y ropa interior; él, según dijo, sólo ayudó a despojarlo de zapatos y calcetines. Sin embargo, cuando se tocó el tema de las pilas, el chico entró en una verdadera crisis nerviosa, con gran aparato de furia y copioso llanto: "Yo no sé nada de lo que Robert hizo con la baterías [—repetía. Y luego, con patente temor—:] ustedes me echarán la culpa de que yo las tenía". Al preguntarle si Robert había hecho algo más con los genitales de James, Jon se salió de sus casillas y comenzó a golpear a Neil Venables, quien había asistido al interrogatorio donde por ley siempre debía estar al menos uno de los padres del menor.

¿Qué concluir de las conductas descritas? Sin duda la primera impresión que recibieron los detectives fue que Robert Thompson –duro, curtido, siempre alerta a la defensiva, de apariencia independiente– era entre los dos granujas quien llevaba la voz cantante.

Jonathan Venables –temeroso, lacrimoso, aferrado a su mamá y pendiente de su aprobación– parecía ocupar *naturalmente* el segundo puesto en la relación. Sabemos que no fue así: el vínculo entre ambos era mucho más complejo.

Por otra parte, a pesar de tratarse de un proceso bien documentado, cuyo expediente lo integran, entre otros factores, confesiones, pruebas materiales y electrónicas (video), extensos estudios forenses y baterías psicológicas, así como los informes de un gran número de testigos, en realidad ignoramos lo que sucedió la tarde del 12 de febrero de 1993; o mejor dicho, ignoramos la parte de responsabilidad que corresponde a cada uno de los asesinos de James Bulger. La cantidad de mentiras, contradicciones e inconsistencias en las declaraciones de los dos implicados dejan un ancho margen de incertidumbre en el caso.

El sábado 20 de febrero Jonathan Venables y Robert Thompson fueron formalmente acusados del secuestro y asesinato de James Bulger, así como del intento de secuestro de otro niño en la tienda TJ Hughes, según expliqué. Aquél, mientras esperaba la lectura de cargos, se dedicó a dibujar en un papel; éste, cuando se los hicieron, se limitó a responder: "Fue Jon el que hizo eso".

Mientras esperaban el juicio, los chicos fueron recluidos por separado en unidades especiales de seguridad, con nombres postizos; sus familiares también se vieron forzados a ocultar su identidad y cambiar de domicilio: fue tan arrebatada y colérica la reacción de la ciudadanía ante el crimen que se temió por sus vidas. El 14 de mayo de 1993 ambos muchachos comparecieron en la Corte de Liverpool y se declararon, por consejo de sus defensores, "no culpables" de los delitos imputados. Para entonces se les había evaluado psicológicamente con resultados –me parece– previsibles: en ningún caso se encontraron razones para suponer que existía algún daño físico capaz de explicar su conducta violenta ni se detectó "enfermedad mental severa, incluyendo depresión o alucinaciones". Ambos comprendían el carácter permanente de la muerte y a los dos se los consideró mentalmente aptos para enfrentar un juicio sobre sus actos. Sobre la inteligencia de Robert Thompson el informe agregaba que era superior a la manifestada por la media de la población.

Respondiendo al indignado apremio de la opinión pública, las autoridades judiciales británicas decidieron procesar y juzgar a estos niños, quienes acaban de cumplir once años y tenían diez cuando perpetraron el crimen, como si fueran adultos. Al efecto, sólo debían probar que los acusados estaban al tanto de la gravedad de sus actos, lo cual no fue difícil. Con ello, la jurisprudencia de la llamada *edad legal* se estableció en Inglaterra a los diez años.

El juicio inició el primero de noviembre de 1993 en la Preston Crown Court. Lo presidió el juez *sir* Michael Morland y en él Robert Thompson y Jonathan Venables aparecieron como el Niño A y el Niño B respectivamente, para salvaguardar una identidad que, por lo demás, casi todos los habitantes del Reino Unido conocían. En el ambiente flotaba una enconada animadversión contra los detenidos, y en especial contra Robert, por las razones ya expuestas. No ayudó, en todo caso, la ausencia de sus familiares al proceso (incluida Ann Thompson), ni el poco afecto de la trabajadora social que lo acompañaba, seguramente incómoda por la situación. En contraste, el vínculo entre Jon y Susan Venables despertó algunas simpatías entre el público. David Turner, el abogado de oficio defensor de Robert, solicitó de inmediato la cancelación del juicio arguyendo que no podría dispensarse justicia imparcial en un contexto donde prensa y opinión pública habían ya decidido la culpabilidad de los acusados, calificándolos en la prensa nacional de "niños del mal, demonios, monstruos [y] malvados". La moción fue denegada y el proceso continuó tumultuosamente, entre la curiosidad popular y la irrupción mediática.[36]

El 24 de noviembre de 1993 el jurado entregó su veredicto: Robert Thompson y Jonathan Venables fueron encontrados culpables de la

---

[36] Sin embargo, el tiempo acabaría dando la razón al abogado: "La Corte Europea de Derechos Humanos rechazó en 1999 la demanda de las familias Thompson y Venables por presentar su juicio tratos inhumanos o degradantes, pero encontró que se les había negado una audiencia justa [a sus hijos] al ser expuestos a un juicio público en una corte para adultos". Richard Davenport-Hines. "Bulger, James Patrick, 1990-1993". *Oxford Dictionary of National Biography*. Oxford: Oxford University Press, 2004 (en línea). Disponible en <http://bit.ly/2Pmn2yW> [Consulta: julio de 2014].

muerte de James Patrick Bulger, convirtiéndose con ello en los asesinos convictos más jóvenes en Inglaterra y Gales en "casi 250 años". Al emitir su fallo el juez Morland señaló:

> El asesinato de James Bulger fue un acto de maldad y barbarie sin paralelo [...]. La sentencia que les impongo es que sean detenidos a criterio de Su Majestad [*Her Majesty's pleasure*],[37] en el lugar y bajo las condiciones que el secretario del Estado decida. Ustedes serán seguramente detenidos por muchos, muchos años hasta que el secretario compruebe que han madurado y están completamente rehabilitados y no representen peligro.

Resulta cuestionable que lo anterior se haya cumplido. Como cifra de los "muchos, muchos años" el juez recomendó un mínimo de ocho; es decir, hasta que Robert y Jonathan adquirieran la mayoría de edad. La condena fue apelada por el *lord* jefe de Justicia, con lo que se elevó a diez años. Más tarde el secretario del Estado, Michael Howard, logró "actuando en interés público" –léase: por razones políticas– escalar la pena a quince años, pero el veredicto fue anulado en 1997 por la Cámara Alta. Finalmente, gracias a la buena conducta de los dos reclusos, se les disminuyó el castigo dos años, quedando en los ocho fijados originalmente. Salieron bajo palabra en junio de 2001, provistos no sólo de diferentes nombres sino de una nueva identidad completa, incluyendo una historia de vida apócrifa: "Les dieron nuevas identidades y los trasladaron a residencias secretas bajo los procedimientos de 'protección de testigos'. Vivirán fuera de prisión en una 'licencia de vida', la cual permite su inmediata reaprehensión si quebrantan los términos de su licencia".[38] Como hemos visto, eso ya

---

[37] Equivale a una cadena perpetua con posibilidad de libertad condicional. Se trata de "la sentencia que normalmente sustituye al encarcelamiento de por vida cuando los ofensores son menores". Daily Mail Reporter. "Timeline: The events before and after James Bulger was killed by schoolboys Jon Venables and Robert Thompson". *Mail on Line*, marzo 3 de 2010 (en línea). Disponible en <https://dailym.ai/2Qd7Au5> [Consulta: marzo de 2014].

[38] Terry Hayden, *op. cit.*

sucedió y Jon Venables fue de nuevo encarcelado en 2010; se le condenó a dos años de prisión por posesión y distribución de pornografía infantil y al año siguiente le fue negada la libertad por caución.

Ojalá no tengamos noticia de ellos nunca más.

Referencias

AMERICAN PSYCHIATRIC ASSOCIATION. *Manual diagnóstico y estadístico de los trastornos mentales* (DSM-IV), director de la versión en español Juan J. López-Ibor Aliño. Barcelona-París-Milán: Masson, 1995.

BLAKE MORRISON, PHILIP. *As if.* Londres: Granta Books, 1997.

BRACCHI, PAUL. "The police were sure James Bulger's ten-year-old killers were simply wicked. But should their parents have been in the dock?". *Daily Mail Online News,* 13 de marzo de 2010 (en línea). Disponible en <https://dailym.ai/2S8usaw> [Consulta: marzo de 2014].

COSLETT, PAUL. "Murder of James Bulger". BBC *Liverpool,* septiembre 24 de 2014 (en línea). Disponible en <https://bbc.in/2BOod6L> [Consulta: marzo de 2014].

DAILY MAIL REPORTER. "Timeline: The events before and after James Bulger was killed by schoolboys Jon Venables and Robert Thompson". *Mail on Line,* marzo 3 de 2010 (en línea). Disponible en <https://dailym.ai/2Qd7Au5> [Consulta: marzo de 2014].

DAVENPORT-HINES, RICHARD. "Bulger, James Patrick, 1990-1993". *Oxford Dictionary of National Biography.* Oxford: Oxford University Press, 2004 (en línea). Disponible en <http://bit.ly/2Pmn2yW> [Consulta: julio de 2014].

DODD, VIKRAM. "James Bulger killer back in prison". *The Guardian,* marzo 2 de 2010 (en línea). Disponible en <http://bit.ly/2EbKXQu> [Consulta: marzo de 2014].

EL MUNDO. "El 'niño asesino de Liverpool' se hizo pasar por madre para adquirir pornografía". *El Mundo,* julio 24 de 2010 (en línea). Disponible en <http://bit.ly/2UdA7xS> [Consulta: mayo de 2014].

FERGUSON, EUAN. "Ten years on". *The Guardian*, febrero 9 de 2003 (en línea). Disponible en <http://bit.ly/2QeIlrh> [Consulta: mayo de 2014].

FOSTER, JONATHAN. "James Bulger suffered multiple fractures: Pathologist reveals two-year-old had 42 injuries including fractured skull". *The Independent*, noviembre 10 de 1993 (en línea). Disponible en <https://ind.pn/2QcLCY0> [Consulta: mayo de 2014].

HAYDEN, TERRY. "Jon Venables & Robert Thompson". En *Murder in the UK*. Disponible en <http://bit.ly/2UcePRu > [Consulta: mayo de 2014].

HERNÁNDEZ M. J. y J. A. HERNÁNDEZ. "Los niños asesinos de Liverpool". *Crimen y criminólogo*, 24 de abril de 2012 (en línea). Disponible en <http://bit.ly/2DYBkn8> [Consulta: marzo de 2014].

PILKINGTON, Edward. "Blood on boy's shoe was from victim". *The Guardian*, noviembre 11 de 1993 (en línea). Disponible en <http://bit.ly/2QieFd1> [Consulta: junio de 2014].

RIDDLE, ANGIE. "Jon Venables y Rob Thompson: Los niños asesinos de Liverpool". En *Taringa, inteligencia colectiva*. Disponible en <http://bit.ly/2RwTTTk> [Consulta: marzo de 2014].

RPP NOTICIAS. "Vuelve a la cárcel uno de los niños asesinos del caso Bulger". *RPP Noticias*, marzo 3 de 2010 (en línea). Disponible en <http://bit.ly/2ATUKGN> [Consulta: junio de 2014].

SCOTT, SHIRLEY LYNN. "Death of James Bulger". En *Murderpedia*. Disponible en <http://bit.ly/2PSwgId> [Consulta: marzo de 2014].

SERENY, GITTA. "Re-Examining the Evidence: A Year Ago This Week, James Bulger Was Murdered by Two 11-Year-old Boys. The Crime Shook the Nation. The Boys Were Tried, Convicted and Locked Away. But What Do We Know About Them?". *The Independent*, febrero 6 de 1994 (en línea). Disponible en <http://bit.ly/2Anukgh> [Consulta: marzo de 2014].

SMITH, DAVID JAMES. *The Sleep of Reason. The James Bulger Case*. Londres: Faber & Faber, 2011.

Sergio *El Rubio*
(quince años)

Esta noche se unen versos, canciones dedicadas al niño que yo quiero
y me roba a mí el alma [...], yo niña que muero por su mirada.
MARÍA DOLORES RAMÍREZ, en su Fotolog,
diez días antes de ser asesinada

A sus quince años apenas cumplidos en 2008,[1] Sergio era o parecía ser un chico promedio. Habitaba junto con su familia en un hogar de clase media como muchos otros de los que pueblan Ripollet, antigua zona agrícola que a partir de 1960 se transformó en una *ciudad dormitorio* del cinturón industrial de Barcelona. La calle en la que estaba su casa, Vallès Occidental, no ostentaba lujos y podría considerarse parcialmente insegura, pero dista mucho de ser un sitio abandonado por la mano de dios. Hasta donde sabemos, el muchacho tenía la buena fortuna de no sufrir personalmente, o en su entorno inmediato, ni pobreza, ni violencia, ni adicciones, ni enfermedades... salvo una del alma que se reveló de manera brutal.

---

[1] Las fuentes discrepan: muchas indican catorce años y otras tantas quince acabados de cumplir. Debido a que la ley española garantiza el anonimato de los menores que han delinquido y hace ilegal hasta la revelación de sus apellidos, resulta difícil investigar su edad, lo cual no es muy relevante en este caso, dado que la diferencia apenas sería de un par de meses.

La escuela no era lo suyo, pero estaba mejorando respecto al año anterior, el cual había perdido. En todo caso, eso no lo distinguía de sus compañeros del Instituto de Educación Secundaria (ies) Can Mas, donde al igual que algunos otros, y que su propia víctima, María Dolores Ramírez Alonso, repetía el segundo grado de Educación Secundaria Obligatoria (eso). A nadie se le hubiera ocurrido calificarlo de *adolescente problema* –todos lo son– o de *oveja negra* de la escuela, el grupo o la palomilla. Por mediocre, lo era hasta en las travesuras y las maldades estudiantiles, las cuales nunca pasaron de unos cohetes detonados en el patio escolar o de la consabida *pinta* (*novillo*) para evadir clases. Como casi todos los de su edad luchaba denodadamente contra la timidez, afectando actitudes excéntricas y sobrevalorando una individualidad colectiva que suponía única. Presumía de guapo y de conquistador de chicas; lo era a su modo, más ostentoso que auténtico. En el colegio y en el barrio lo consideraban, no sin algo de buena voluntad, *pijo*, es decir, galán, atildado, pretencioso. Cabe imaginarlo de acuerdo al calificativo: se había dejado "un enorme flequillo que le caía sobre la frente hasta casi taparle los ojos",[2] el cual era su orgullo, junto con el especial empeño dedicado a su peinado. Incluso se había teñido el cabello, creyendo el gesto de buen gusto. De ahí que a su sobrenombre habitual, *Chencho,* se agregara el de *Rubio,* tan caro para su víctima.

Además de su cabello, Sergio echaba mano a otros recursos para destacarse y volver realidad sus fantasías de seductor. Había adquirido una batería y la aporreaba con más entusiasmo que talento, mientras Luis –compañero de catorce años, del mismo barrio e instituto al que asistían María Dolores y *Chencho,* pero no de su misma aula–[3] trataba de ejecutar la parte correspondiente al bajo. Este chico, cuya colaboración en el crimen aún puede considerarse indeterminada o, por

---

[2]   Ana María Ortiz. "La noche de 'Halloween' que acabó en crimen". *El Mundo,* noviembre 9 de 2008 (en línea). Disponible en <http://bit.ly/2G1MyKo> [Consulta: septiembre de 2013].

[3]   Mayka Navarro. "La niña asesinada compartía el instituto con los detenidos". *El Periódico Extremadura,* noviembre 3 de 2008 (en línea). Disponible en <http://bit.ly/2EhJCrn> [Consulta: septiembre de 2013].

lo menos, poco clara, era inseparable de Sergio y, como suele suceder en las amistades adolescentes, guardaba respecto de él una jerarquía específica. Sin lugar a dudas su puesto era subordinado; el papel de líder, de deplorable *macho alfa*, al menos entre ellos dos (es poco probable que dentro de un círculo más vasto la situación prevaleciera), lo tenía el mayor, quien arrastraba al otro a sus proyectos.

Acerca de Luis estamos seguros que tampoco había expediente de mala conducta escolar, ni mucho menos antecedentes negativos a escala de barrio o de municipio. Según los psicólogos que lo examinaron a raíz del asesinato de Dolores, no era "ni violento ni impulsivo"; es justo agregar: sí temeroso.

Para cuando sucede el hecho mortal resulta probable –sólo un sitio en la red lo registra–[4] que Sergio estuviera bajo tratamiento psicológico. En medio del desconcierto posterior a los fúnebres acontecimientos se filtró una información no confirmada, según la cual el chico "comenzó a tomar por prescripción médica *Concerta*, un fármaco administrado a niños y adolescentes con déficit de atención por hiperactividad".[5] Ningún dato se añadió: los detalles y causas de la supuesta o real medicación nos son ajenos. La nota citada agrega, en cambio: "Los especialistas suelen combinar el tratamiento con medidas psicológicas o educativas, pero no ha trascendido si él seguía una terapia paralela".[6]

María Dolores Ramírez Alonso era una chica no menos común que sus victimarios. Vivía con su madre, su padrastro, su hermano mayor, *Juanma*, y su abuela. Le encantaba la moda en el vestir, igual que a esa inmensa mayoría incapacitada para participar de ella, y una de sus metas en la vida consistía en hacer crecer su guardarropa. Era extrovertida, lo cual en este caso se encuentra lejos de "temeraria" o "imprudente". Superficial sí, casi hasta la simpleza. Aficionada a la

---

[4] Véase: "Sergio, que visitaba a un psicólogo…". 20 Minutos. "Uno de los implicados en el crimen de la adolescente pedirá la libertad vigilada". *20minutos.es*, noviembre 5 de 2008 (en línea). Disponible en <http://bit.ly/2rnURpv> [Consulta: septiembre de 2013].

[5] Ana María Ortiz, *op. cit.*

[6] *Idem.*

música de raigambre flamenca, se había aprendido las canciones del grupo Camela, representante de la llamada *tecno-rumba*. Antes que leer o preparar sus clases prefería pasear a su perrito y reunirse con sus amigas en un parque del barrio, charlando sin parar alrededor del mismo tema: los muchachos de la escuela.

Su ilusión era llegar a la edad legal para entrar en las discotecas y bailar toda la noche. Por lo pronto procuraba asistir los fines de semana a las tardeadas, sin venta de alcohol, organizadas por algunos centros nocturnos de Barcelona con el fin de captar a la clientela adolescente. El sábado anterior a su asesinato, ocurrido en viernes, asistió a una de estas fiestas y dejó el registro de sus impresiones en la red: "Me lo pasé de lujazo, cuando me fui estaba toda sudada. Lástima que no vino el Xenxo [Sergio, *Chencho*]".[7] Por lo demás su día se agotaba, sin contar las actividades escolares, a las cuales no era muy proclive, en mensajes por teléfono celular y correo electrónico, consultas a redes sociales, códigos secretos y el sentimiento de estar enamorada. Como casi todos sus compañeros se la pasaba *chateando* por internet y poniendo al día su página personal en Fotolog, un sitio web popular entre los adolescentes de Ripollet, donde prácticamente todos sus compañeros almacenaban sus álbumes de fotos y textos.

Así pues, Dolores, Sergio y Luis nos ofrecen la imagen de chicos comunes y corrientes, amigos y vecinos con las aficiones propias de su edad: "se conocían desde hacía tres años y vivían en el mismo barrio. A menudo chateaban por ordenador e intercambiaban mensajes de móvil".[8] No sobra enfatizarlo, pues todos los testimonios coinciden con la información proporcionada sobre los acusados por cierta autoridad de su colegio: "Un miembro del Consejo Escolar del IES Can Mas explicó que no se había registrado ningún incidente con los menores arrestados".[9]

---

[7] *Apud idem.*

[8] Jesús García. "Imputados por homicidio los dos menores del crimen de Ripollet". *El País*, noviembre 4 de 2008 (en línea). Disponible en <http://bit.ly/2rngGFZ> [Consulta: septiembre de 2013].

[9] *Idem.*

La realidad virtual –valga el contrasentido– nos descubre un mundo algo divergente, sutilmente turbio, a la vez público e íntimo. En él, donde María Dolores era conocida como *Maores*, la chica parece un poco menos niña y más mujer. Según apunta Ana María Ortiz: "La propia *Maores* se exhibe en fotografías con poses descaradas que rozan lo erótico y se expresa con un lenguaje nada recatado: 'Soy una nena de 14 años, de Ripollet, muy maja, pero cuando me tocan los cojones los chavales les cojo de los huevos'".[10] En cualquier caso, tampoco hay en ello nada especial en comparación con las páginas personales de la mayoría de las muchachas españolas de su edad.

Al igual que en toda escuela secundaria, en el Can Mas se hacen circular por lo bajo papeles con breves escritos mientras los profesores dictan su materia. El 20 de octubre de 2008 María Dolores escribió uno referente a su debilidad por Sergio; el importuno recado fue descubierto y *El Rubio* –que era su tema, no su destinatario *deliberado*– se enteró de que le gustaba a *Maores*. No había modo de prever en aquel momento que ese hecho cotidiano y baladí iniciaba una serie de acontecimientos cuyo final sería la absurda muerte de la niña. El día del suceso ella anota en su Fotolog, entre abochornada y orgullosa por lo ocurrido: "Hoy en clase un poco de vergüenza por lo de la nota. Yo había puesto de todo, ja ja, todo lo que sentía. En verdad no mola que se haya enterado de todo, todo, todo. Bueno, esperemos que no le siente mal. Tengo miedo a que se enfade, eso es lo malo, pero por lo demás me da igual. Le quiero".[11]

Esta cita no deja de ser inquietante. ¿Tenía Dolores razones para pensar que *Chencho* podría enojarse por una revelación de ese tipo? A todas luces así es: el miedo referido no se explica de otra forma. Sobre el motivo subyacente a la posible cólera del muchacho sólo podemos especular; un poco a ciegas, pues sabemos que la declaración amorosa de una compañera convenía a la autoimagen cultivada por el chico con tanto esmero. Muy probablemente *Maores* sabía que Sergio tenía novia, la cual se había mudado de Barcelona a Tarragona

---

[10] Ana María Ortiz, *op. cit.*
[11] *Apud idem.*

en el verano, de manera que si eventualmente ésta se enterara de lo sucedido podría increpar al *Rubio*. La hipótesis es viable aunque el chico sea, hasta ese momento, inocente: el *monstruo de los ojos verdes* se alimenta de pasión, no de lógica. Probablemente nunca sabremos con certeza el peso y motivo de los recelos de Dolores ante su declaración, quizá más calculada que en realidad desenmascarada; en todo caso piensa que el disgusto de Sergio no será tan importante ("por lo demás me da igual") y, ya descubierto el pastel, reitera sus sentimientos en la red social. Otro tanto hace esa misma noche en *chat* privado, cuando se dirige sólo a él: "tú no sabes lo que te quiero y esperaría mucho tiempo por estar a tu lado, por mirarte esos ojos, por tocarte el pelo, por besarte… TE QUIERO".[12]

Mensajes cariñosos de similar estilo se multiplican a lo largo de la semana: *Maores* está enamorada. ¿Y Sergio? Aunque los textos hallados en su computadora no se dieron a la publicidad por ser pruebas en el proceso judicial a un menor, algunas notas aseguran que éste correspondía o simulaba corresponder a los sentimientos de la chica: "en el chat […] le juraba amor eterno a *Maores*".[13] De cualquier modo, la actitud respecto de la relación por parte de *Chencho* no es abierta y franca, sino enigmáticamente ambigua. Acaso se deba a una suerte de resistencia propia de la edad, o al hacerse del rogar por parte de Narciso, incapaz de amar otra cosa que su imagen. El día anterior al asesinato hallamos la siguiente entrada en el blog de Dolores: "Me besas y tus dedos se enredan en mi pelo. Soy tuya. Luego te apartas y me miras seriamente para hacerme prometer que no me voy a enamorar. ¡Siempre igual!".[14] ¿Rechaza su amor para darse importancia, para probar su condición de irresistible, para no comprometerse? ¿Está convencido de que su novia es quien verdaderamente le interesa y se lo advierte a *Maores* de un modo más bien rupestre y sin perder ventajas? O ¿en realidad tiene un miedo básico a querer

---

12 *Apud idem.*
13 *Idem.*
14 *Apud idem.*

y a ser querido? Me inclino por esto último, aunque la elección no descarta por necesidad las otras opciones.

La vecina y mejor amiga de María Dolores, llamada familiarmente *Cris* o *Cristi*, y otras chicas de la camarilla le han asegurado durante la semana, como parte de los mensajes viajando por la maraña de vasos comunicantes generada por un romance en una escuela secundaria, que Sergio está a punto de declarársele. El último día de su vida, viernes 31 de octubre de 2008, su postrera participación en la página personal denota una alegría sin resquicios ni grietas: "Hoy por la Cris, que estos días me lo estoy pasando de lujo, que nos reímos cacho. TQ Cristi. TQ Rubio".[15]

Ese día *Maores* se había besado con Sergio en un parque del barrio, a la vista de todos. No sólo de los transeúntes, sino también de quienes visitaron cierta red social. Sea que quisiera gritar a los cuatro vientos su felicidad, que tuviera la oscura intención de darle al romance alterno de Sergio la puntilla definitiva o que procediera sin pensar, por juego o costumbre, María Dolores grabó en su teléfono celular la sesión de besos y subió parte de ella a Facebook. El chico claramente se molestó por la indiscreción, aunque el mensaje en el cual se lo hace saber, apenas dos horas antes del crimen, no permite ni con imaginación intrépida adivinar una furia asesina: "¿Qué significa nuestro vídeo en este vídeo de 'facebook'? ¿Por qué lo publicaste? Este vídeo era nuestro y privado. ¡Gracias por lo que hiciste!".[16]

No más de cien minutos después, muy cerca de la medianoche que daba inicio al *halloween* de ese año, Sergio y su amigo Luis se encuentran frente a los edificios donde habitaban María Dolores y *Cristi*. Pidieron a esta última que saliera, pero sus padres no le dieron permiso. Debido a ello, los chicos averiguaron por su cuenta, tocando en todos los timbres del interfono, en cuál departamento vivía *Maores*: el romance era tan reciente que ni siquiera eso sabía *El Rubio*.

---

[15] *Apud idem.*
[16] *Apud idem.*

Al parecer ya desde ese momento traía el palo con el cual la golpearía.[17] El detalle es relevante porque pone en cuestión la inocencia de Luis, invocada más tarde: ¿para qué creía que su compinche podía portar ese objeto sino con el fin de emplearlo como un arma? ¿No se lo preguntó? Aún más: ¿por qué Dolores tampoco lo cuestionó al respecto cuando, después de avisar a sus padres que volvería "en cinco minutos", se puso una bata sobre el pijama –ya estaba en cama– y bajó corriendo en pantuflas? ¿No le pareció extraño que el muchacho, quien la esperaba en el portal, llevara un palo en vez del regalo sorpresa que le había anunciado por el intercomunicador? ¿La barra de madera le pasó inadvertida o le pareció irrelevante, ilusionada tal vez con la idea de que por fin había llegado el momento de la declaración de amor de *Chencho*?

Debemos suponer que así fue, pues la muchacha se dejó conducir sin suspicacia por la rambla de Sant Jordi hasta un predio baldío ubicado a unos doscientos metros de su casa y a escasos treinta metros de la comisaría local. El terreno carecía de iluminación y en él había un par de camiones estacionados. La pareja se alejó tras uno de ellos, para hablar en privado. Si hemos de creerle, Luis, muy respetuoso de la intimidad de sus amigos, esperó recargado en un automóvil próximo, también aparcado en la zona. Aunque en realidad no observara lo que sucedía, seguro oía con claridad el creciente rumor de sus voces. Más que un mero acompañante ajeno a las intenciones de Sergio da la impresión de haber jugado el papel de un vigía dispuesto a dar la alarma si había peligro de ser descubierto; desde luego, es una conjetura propia sin mayor fundamento que la muy poco creíble pasividad del cómplice. En un momento dado Luis, siempre según su

---

[17] Las versiones cambian de una nota a otra; consigno la más socorrida. Véanse, entre otros: "Sergio llevaba ya el palo [antes de encontrarse con *Maores*]". García, Jesús. "El último beso de Maores". *El País*, noviembre 9 de 2008 (en línea). Disponible en <https://bit.ly/2QD1N0m> [Consulta: septiembre de 2013]; y "Sergio fue con su amigo Luis a buscar a *Maores* y por el camino cogió un palo". Roger_guarch@. "Maores la chica asesinada injustamente en Ripollet". *Grupo Europa*, 27 de abril de 2009 (en línea). Disponible en <https://bit.ly/2E9nEGd> [Consulta: septiembre de 2013].

propio relato, vio salir corriendo a *Maores* desde detrás del autobús, ya descalza y en franca huida. Asegura haberse aproximado al sitio donde *El Rubio* había dado alcance a la chica, con la intención de interceder y abogar para que la soltara. Sin embargo, bastó una amenaza de éste para desistir de sus encomiables propósitos.

Aquí cabe hacer un paréntesis, ya que ninguna de las notas consultadas aclara completamente el caso. La versión más repetida, con mínimas variantes, sostiene que Luis "vio discutir a Sergio con la víctima [e] intentó separarlos, pero su amigo le pidió que se alejara porque si no 'sería peor para él', por lo que asegura que ignora lo que sucedió después".[18] ¿Es factible? No, por cierto. ¿Qué tan lejos pudo ir Luis considerando su falta de agallas para abandonar el lugar o dar la voz de emergencia? Además, en su declaración afirma haberse reunido con *El Rubio* un segundo después del asesinato, pues le sorprendió la abundante sangre en las manos de su amigo. Tampoco se antoja muy realista, aunque no es imposible, que *Chencho* haya arrastrado de regreso a su víctima tras el camión, pero concluir de esto que Luis no fue testigo del feminicidio implica que él volvió por sí mismo a su puesto original. No me parece dudable: sabía lo que iba a suceder. La siguiente frase en su declaración es muy elocuente al respecto, aunque extrañamente nadie lo haya señalado: "Intenté separarles, pero me amenazó con hacerme lo mismo".[19] ¿Y qué significaba "lo mismo" en ese momento? No hay sino una respuesta posible: su compañero lo amenazó de muerte implícita o

[18] Agencias. "El asesino confeso de una menor en Barcelona se niega a declarar durante su juicio". *El País*, Barcelona, julio 7 de 2009. Disponible en <https://bit.ly/2zKpE4A> [Consulta: septiembre de 2013]. Véanse también: "[Sergio], que tiene cierta ascendencia sobre su amigo, le indicó que siguiera sentado". Jesús García, "El último beso…", *op. cit.*; y "su amigo le exigió que se apartara bajo la advertencia de que si no lo hacía sería 'peor para él'. Luis le esperó entonces a unos metros, detrás de un camión que le impedía ver lo que sucedía". EFE. "El asesino confeso de una menor que fue degollada se niega a declarar". *El Norte de Castilla*, julio 8 de 2009 (en línea). Disponible en <https://bit.ly/2RIthyW> [Consulta: septiembre de 2013].

[19] *Apud* Mayka Navarro. "Ripollet acoge una concentración en recuerdo de la niña asesinada". *El Periódico Barcelona*, noviembre 4 de 2008 (en línea). Disponible en <https://bit.ly/2zOcWSf> [Consulta: septiembre de 2013].

explícitamente, pero aun en el primer caso de forma clara para él. Imposible aceptar su ignorancia sobre el destino de *Maores*, y difícil de admitir que no lo haya presenciado. Después de alejarlo "unos metros", probablemente *El Rubio* procedió con su macabra obra sin ocultarse de su compañero. En resumen: son muchos los indicios de que Luis tuvo una participación mayor de la que después estuvo dispuesto a aceptar.

Ello no obsta para identificar sólo a Sergio como autor material del brutal homicidio. No exagero: además de cortar con una navaja la vena yugular de María Dolores, la golpeó en el rostro con el palo de madera hasta desfigurarla. Algunas notas agregan, si bien no hay consistencia entre ellas, que también recibió cortadas en el cuerpo.[20]

Terminada su incomprensible acción se reencontró con Luis y le dijo, supuestamente para serenarlo: "Tranquilo, que aún le late el corazón".[21] Después se despidieron y cada uno se fue a su casa por calles distintas. Incluso sabiendo que su *amiga* se desangraba agonizante en un baldío Luis no se atrevió a dar la voz de alarma para que la auxiliaran. En vez de eso, apenas treinta minutos después de verificado el crimen, los dos compinches se conectaron a través de la computadora. He aquí su conversación literalmente transcrita, filtrada por cierto diario:

—i cojido la navaja i se le metido dnd el cuello i le rajado; yo creo k ta muerta —cuenta Sergio partiéndose de risa.

—Jaja —le contesta Luis.

---

[20] Por ejemplo: "La víctima, de 14 años, murió posiblemente desangrada a consecuencia de una cuchillada en el cuello, aunque el cuerpo presentaba otras heridas de arma blanca y diversos golpes". El Mundo. "El fiscal imputa un delito de homicidio a los detenidos por el crimen de Ripollet". *elmundo.es Barcelona*, noviembre 3 de 2008 (en línea). Disponible en <https://bit.ly/2BXqnB6> [Consulta: septiembre de 2013]; información casi idéntica aparece un día antes en EFE. "Dos menores son detenidos por la muerte de una joven en Ripollet, Barcelona". *20 Minutos*, noviembre 2 de 2008 (en línea). Disponible en <https://bit.ly/2SAMtyr> [Consulta: septiembre de 2013].

[21] *Apud* Jesús García, "El último beso…", *op. cit.*

—Lo de atrás lo del cogote dnd la nuca ta toda bollado i eso —insiste el primero—.

Según Luis, no es para tanto: los padres de Maores: —ia tienen un ijo pa ke kieren mas, jaja.[22]

Aunque este diálogo parece apoyar la versión de que Luis no vio de modo directo el feminicidio, prueba en cambio, sin dejar lugar a dudas, su conocimiento de lo ocurrido, celebrado con sarcasmo.

Menos cobarde, pero igualmente negligente, un chofer que descansaba en el otro autobús declaró durante el juicio ser despistado testigo de los hechos. Según él, mientras dormitaba en su vehículo, "oyó un quejido ahogado y vio a un chico 'encima de un bulto', aunque no le dio importancia."[23] Su indiferencia, poco menos que criminal, contribuyó por omisión a la muerte de *Maores*.

Debido a las polémicas limitaciones que la Ley del Menor española impone a la prensa en el tratamiento de niños y adolescentes delincuentes (en opinión de muchos procura con mayor celo los derechos de los infractores que la justicia para sus víctimas), ignoramos si el conductor arriba referido es el mismo que unas tres horas después del ataque halló moribunda a la muchacha: "los padres empiezan a preocuparse [...]. Nadie la encuentra hasta las cuatro de la madrugada del 10 de noviembre [evidente errata: se trata del 1 de noviembre], la encuentra un camionero. Aún está viva pero ha perdido mucha sangre y el camionero da el parte a las autoridades sanitarias que tratan de salvarla, pero no pueden y muere."[24]

El día primero continuó de modo tan extraño, si bien no tan trágico, como había empezado. Luis y Sergio se juntaron de nuevo, esta vez para participar del encuentro de futbol entre el Adefub, equipo local al que pertenecían, y el Cerdanyola. Más tarde un compañero de escuela comunicó a *Chencho* por teléfono el terrible fallecimiento de su

---

[22] HOY. "Menores asesinos". *HOY*, abril 29 de 2012 (en línea). Disponible en <https://bit.ly/2E7wl3E> [Consulta: septiembre de 2013].

[23] Agencias, "El asesino confeso...", *op. cit.*

[24] Roger_guarch@, *op. cit.*

enamorada y él se puso a llorar o fingió hacerlo para que no se sospechase la autoría del crimen. Me inclino por este último caso, pues sólo alguien con una personalidad psicopática podría ser capaz de ejecutar un asesinato calculado e inmisericorde, como el de María Dolores, y pocas horas después estar jugando alegremente con sus camaradas del club deportivo. Sin embargo, es desconcertante que la tarde de ese mismo sábado asistiera por propio pie a la comisaría junto con su ayudante y un grupo de compañeros, tanto de ellos como de *Maores*, con el fin de entregarse a los Mossos d'Esquadra, como se conoce a la Policía de la Generalitat de Catalunya. Confieso no comprender esta decisión, que por lo demás ningún autor consultado trata de explicar. ¿En realidad Sergio estaba arrepentido? Ni de lejos: como enseguida veremos, en su momento describió el crimen con la desapegada frialdad de un cirujano y la absoluta falta de empatía del sociópata. Si calculaba ser descubierto más temprano que tarde, lo cual es probable, el gesto se puede entender como una pretendida muestra de buena voluntad realizada en espera de que las autoridades la apreciaran en su favor; además, era un acto poco comprometedor, pues venía acompañado de cierta historia alternativa cuyo fin era culpar a una tercera persona. En cuanto a Luis, quien desde el principio se dijo inocente, acudió o accedió a asistir por similares razones: asegurar que no malpensaran de él. En suma: ambos fueron a *confesar no ser culpables*. La estratagema tenía cierto ingenio, tintes de astucia y un enorme defecto: dependía de que cada uno sostuviera el mismo relato sin dudas ni reservas, confiando en la integridad del otro. Desde luego el plan fracasó y no tardaron en manifestarse múltiples contradicciones entre los declarantes, lo cual fue suficiente para consignarlos.

Apenas un día después, en la fiesta de todos los santos que celebra la memoria de los muertos, Luis y Sergio fueron formalmente apresados: "El juez de guardia de Cerdanyola del Vallès (Barcelona) ha decretado, tras la solicitud de la Fiscalía, el ingreso en dos centros de internamiento juvenil de los dos menores detenidos el sábado por su presunta relación con la muerte de una adolescente de 14 años en Ripollet".[25] Importa destacar que separaron a los convictos, evitándoles la posibilidad de poner en consonancia sus confesiones y, por otra parte, que *El Rubio* intimidara a su secuaz con el fin de forzarlo a apoyar su dicho sobre lo sucedido.

Hacia el 6 de noviembre ya había trascendido a la prensa la racista y disparatada versión de *Chencho*: "Sergio [...] acusa del crimen a una tercera persona. Una vecina ha llegado a declarar que eran tres los jóvenes que vio esa noche en el portal de *Maore* [*sic*]: Sergio, Luis y un chaval de raza negra".[26] En efecto, el asesino sostuvo inicialmente el cuento de que un chico moreno, cuyo nombre era Abel –"al que describió como 'un gitano que a veces' se junta[ba]" con él y con Luis, y a quien *nadie* más conocía ni en persona ni por referencias, salvo la delirante mujer mencionada en la cita– los había acompañado a visitar a María Dolores y la había liquidado sin motivo aparente.[27] La historia, por supuesto, hacía agua por todos lados, pero antes de hundirse por sí misma Luis le dio el tiro de gracia al afirmar desde un principio que el único asesino era Sergio y que sólo él mismo, quien con inocencia ignoraba las aviesas intenciones de su amigo, lo había acompañado en mala hora a la casa de Dolores.

Todo esto sucedía inmediatamente después del crimen. Meses más tarde, el 6 de julio de 2009, inició a puerta cerrada el juicio por asesinato contra los dos chicos en el Juzgado para Menores número tres de Barcelona. Como es fácil suponer, la historia sobre Abel ya no fue mencionada; ahora la abogada de Sergio basaba su alegato en la enferma condición psicológica del adolescente. Durante la etapa

---

[25] El Mundo. "Decretan el internamiento de los dos menores relacionados con la muerte de una joven". *elmundo.es Barcelona*, noviembre 2 de 2008 (en línea). Disponible en <https://bit.ly/2BXSwb6> [Consulta: septiembre de 2013].

[26] D. Fernández. "La menor de Ripollet murió por 'colgar' un vídeo besándose con su presunto agresor". *20 Minutos*, noviembre 6 de 2008 (en línea). Disponible en <http://bit.ly/2E4YbgL> [Consulta: septiembre de 2013].

[27] Véase, entre otros: "[Sergio] echó mano de su imaginación: atribuyó el crimen a un tal Abel, un chaval del barrio de etnia gitana. Se trata de un personaje ficticio, consta en el atestado policial. La historia no convenció a los agentes, que, no obstante, se mostraron sorprendidos por la 'extremada frialdad' y la precisión con que narró los hechos". Jesús García, "El último beso…", *op. cit.*

de instrucción, *Chencho* había consentido en admitir su culpa, pero de inmediato agregaba haber realizado el crimen en obediencia a las voces internas que le ordenaban matar a María Dolores. Ya el segundo día del proceso la farsa del pretendido psicótico quedó desestimada: "La declaración de los forenses durante el juicio […] ha desmontado la defensa de Sergio, el principal acusado. Según los peritos, el joven, de catorce, no sufre ningún trastorno de la personalidad".[28] Con ello, la petición de su abogada de reducir su internamiento, de por sí breve, fue denegada.

Por otra parte Carmen Gómez, la representante de Luis, continuaba alegando, con más tesón que argumentos, su completa inocencia. Refiriéndose a la conducta del chico durante el crimen, aseveró: "Tuvo miedo y es cierto que no lo evitó, pero tampoco participó en la agresión".[29] Ni una palabra sobre su función como centinela. En cualquier caso, el resultado fue adverso a la defensa de los dos feminicidas. Quizás a ello hayan contribuido de algún modo las múltiples muestras de indignación popular y apoyo a la familia: los compañeros de *Maores* plantaron un árbol en su memoria, hubo marchas y ofrendas con velas en el descampado, y en internet aparecieron reiteradas amenazas de tomar la justicia en nombre de los afectados e incluso de atacar mortalmente a Sergio, además de las fotografías de los infractores (que igual se llevaron en algunas pancartas durante las manifestaciones), lo cual atenta contra la Ley del Menor española.[30] En consecuencia, la Corte determinó cerrar las páginas electrónicas de ambos detenidos, la de María Dolores y otra que se había creado después de su muerte como homenaje a la chica. Los irritados contra la violencia se pusieron violentos y el clima se tornó tan poco respirable

---

[28] Agencias. "El presunto asesino de una menor en Ripollet no sufre trastorno de la personalidad". *El País*, julio 8 de 2009 (en línea). Disponible en <https://bit.ly/2E8XrYg> [Consulta: septiembre de 2013].

[29] *Apud* Mayka Navarro, "Ripollet acoge…", *op. cit.*

[30] Véase por ejemplo: "En la red se ha gestado también la venganza que incluye amenazas de muerte ('Dile al rubio ése que lo voy a apuñalar como a la niña que ha matado') y la difusión de las imágenes de los dos menores implicados, que ya ha sido denunciada por los familiares de los detenidos". Ana María Ortiz, *op. cit.*

que la familia de *Chencho* debió abandonar el barrio y acaso también la ciudad.

El 16 de julio se decidió la sentencia de los acusados por el delito de "asesinato con alevosía y ensañamiento"; tal como solicitó la Fiscalía fue en el caso de Sergio la mayor posible, y en el de Luis prácticamente también, salvo por unos meses de diferencia: el primero, declarado autor material del crimen, fue "condenado a cinco años de internamiento y tres años de libertad vigilada, la máxima pena para su edad"; al segundo, tipificado bajo la figura de *cooperador necesario* –que según el artículo 28 b) del Código Penal Español es "aquel que interviene en la comisión del delito a través de una aportación determinante para que sea posible la realización del hecho" y que, en consecuencia, se considera responsable en un grado mayor que el cómplice–, le dieron una sentencia de "cuatro años y nueve meses de internamiento y tres años de libertad vigilada". Además de las penas descritas, las familias de Sergio y Luis, en su calidad de "responsables civiles de los dos menores", fueron obligadas a pagar una indemnización a los padres de *Maores* del orden de medio millón de euros (525 000 para ser exactos).[31]

Hay quienes sostienen que un lustro de encierro es un precio muy bajo por haber cercenado una vida aún abierta a todas las posibilidades; otros opinan que el rencor y la redundancia en la violencia anulan una segunda oportunidad merecida por todos, porque cualquiera puede equivocarse, y que es mejor rehabilitar a los delincuentes a condenarlos a ser tales de modo permanente. Cierto amigo de la familia Ramírez, quien pasó un tiempo interno en la correccional a causa de una falta no (muy) grave, observa lo siguiente desde el mismo terreno baldío donde *Maores* fue atacada de modo tan irracional y tan artero, sin que se le concediera posibilidad de

---

[31] EFE. "Los menores que mataron en Ripollet a su compañera, condenados a internamiento". *El País*, 17 de julio de 2009 (en línea). Disponible en <https://bit.ly/2B2kLUt> [Consulta: septiembre de 2013].

sobrevivir: "Yo he estado en el centro de menores donde están ellos y allí están de puta madre, con piscina y todo".[32]

Referencias

20MINUTOS.ES. "Uno de los implicados en el crimen de la adolescente pedirá la libertad vigilada". *20 Minutos*, noviembre 5 de 2008 (en línea). Disponible en <http://bit.ly/2rnURpv> [Consulta: septiembre de 2013].

AGENCIAS. "El asesino confeso de una menor en Barcelona se niega a declarar durante su juicio". *El País*, Barcelona, julio 7 de 2009. Disponible en <https://bit.ly/2zKpE4A> [Consulta: septiembre de 2013].

AGENCIAS. "El presunto asesino de una menor en Ripollet no sufre trastorno de la personalidad". *El País*, julio 8 de 2009 (en línea). Disponible en <https://bit.ly/2E8XrYg> [Consulta: septiembre de 2013].

EFE. "Dos menores son detenidos por la muerte de una joven en Ripollet, Barcelona". *20 Minutos*, noviembre 2 de 2008 (en línea). Disponible en <https://bit.ly/2SAMtyr> [Consulta: septiembre de 2013].

EFE. "El asesino confeso de una menor que fue degollada se niega a declarar". *El Norte de Castilla*, julio 8 de 2009 (en línea). Disponible en <https://bit.ly/2RIthyW> [Consulta: septiembre de 2013].

EFE. "Los menores que mataron en Ripollet a su compañera, condenados a internamiento". *El País*, julio 17 de 2009 (en línea). Disponible en <https://bit.ly/2B2kLUt> [Consulta: septiembre de 2013].

EL MUNDO. "Decretan el internamiento de los dos menores relacionados con la muerte de una joven". *elmundo.es Barcelona*, noviembre 2 de 2008 (en línea). Disponible en <https://bit.ly/2BXSwb6> [Consulta: septiembre de 2013].

EL MUNDO. "El fiscal imputa un delito de homicidio a los detenidos por el crimen de Ripollet". *elmundo.es Barcelona*, noviembre 3 de 2008

---

[32] *Apud* Ana María Ortiz, *op. cit.*

(en línea). Disponible en <https://bit.ly/2BXqnB6> [Consulta: septiembre de 2013].

FERNÁNDEZ, D. "La menor de Ripollet murió por 'colgar' un vídeo besándose con su presunto agresor". *20 Minutos*, noviembre 6 de 2008 (en línea). Disponible en <http://bit.ly/2E4YbgL> [Consulta: septiembre de 2013].

GARCÍA, JESÚS. "Imputados por homicidio los dos menores del crimen de Ripollet". *El País*, noviembre 4 de 2008 (en línea). Disponible en <http://bit.ly/2rngGFZ> [Consulta: septiembre de 2013].

GARCÍA, JESÚS. "El último beso de Maores". *El País*, noviembre 9 de 2008 (en línea). Disponible en <https://bit.ly/2QD1N0m> [Consulta: septiembre de 2013].

HOY. "Menores asesinos". *HOY*, abril 29 de 2012 (en línea). Disponible en <https://bit.ly/2E7wl3E> [Consulta: septiembre de 2013].

NAVARRO, MAYKA. "La niña asesinada compartía el instituto con los detenidos". *El Periódico Extremadura*, noviembre 3 de 2008 (en línea). Disponible en <http://bit.ly/2EhJCrn> [Consulta: septiembre de 2013].

NAVARRO, MAYKA. "Ripollet acoge una concentración en recuerdo de la niña asesinada". *El Periódico Barcelona*, noviembre 4 de 2008 (en línea). Disponible en <https://bit.ly/2zOcWSf> [Consulta: septiembre de 2013].

ORTIZ, ANA MARÍA. "La noche de 'Halloween' que acabó en crimen". *El Mundo*, noviembre 9 de 2008 (en línea). Disponible en <http://bit.ly/2G1MyKo> [Consulta: septiembre de 2013].

ROGER_GUARCH@. "Maores la chica asesinada injustamente en Ripollet". *Grupo Europa*, 27 de abril de 2009 (en línea). Disponible en <https://bit.ly/2E9nEGd> [Consulta: septiembre de 2013].

Epílogo

¿Qué conclusiones se pueden obtener de los relatos anteriores? Navegamos en aguas pantanosas, donde no caben afirmaciones indubitables ni puntos de vista incuestionados; las afirmaciones en blanco y negro, sin matices, indican en problemas como el que ahora nos ocupa falta de reflexión, no claridad y certeza.

Es útil hacer una breve recapitulación antes de replantear el asunto. Hemos narrado una serie de asesinatos perpetrados por niñas y niños de entre siete y quince años. Ninguno de ellos fue instigado por terceras personas, como sucede, por ejemplo, cuando niños y adolescentes son absorbidos por grupos violentos de paramilitares, cárteles, pandillas, mafias, etcétera. Nadie presentó síntomas de *psicosis*, enfermedad mental grave que implicaría pérdida de contacto con la realidad (alucinaciones visuales o auditivas, y delirios), sensaciones de persecución, pensamiento desorganizado, cambios de personalidad, trastornos de las funciones semánticas y sintácticas e incapacidad severa para establecer vínculos sociales.[1]

---

[1] Es cierto que Luis Seguí afirma, refiriéndose a los policías que repetidamente dejaron libre a Cayetano Santos Godino: "Ignoraban que se enfrentaban a un sujeto que además de psicótico era un perverso". Luis Seguí. *El enigma del mal*. Ciudad de México: Fondo de Cultura Económica, p. 245. Sin embargo, a pesar de la seriedad de su estudio, no ofrece ni una sola razón para avalar su interpretación y, por otra parte, no se tiene noticia de que *El Petiso* presentara alguno de los rasgos arriba mencionados, que son los que el DSM-IV emplea para caracterizar la enfermedad (véase, American Psychiatric Association, *op. cit.*, pp. 279 y siguientes).

Dicho de otro modo: ninguno de los niños padecía una afección mental tan grave que le impusiera actuar del modo violento en que lo hizo, como resultado *directo* de un proceso patológico, identificable con claridad.

Respecto al tipo *psicopático* de (casi) todos, basta con agregar a lo dicho en la introducción que se trata de una caracterización de la personalidad más que de una enfermedad; o si se prefiere, de un *modo de ser* del individuo y no de una *anormalidad* que lo incapacite para tomar decisiones. Como se apuntó al inicio, esta es una postura generalizada entre psicólogos, neurólogos y juristas, pero no hay consenso al respecto;[2] convendrá profundizar sobre el particular y esperar los resultados de nuevas investigaciones.

Por otra parte, nadie entre los asesinos cuyos crímenes relatamos, puede considerarse presa de *oligofrenia* o retraso mental severo; mucho menos cabe suponer que hayan delinquido por incapacidad intelectual para entender las consecuencias inmediatas de sus actos. Incluso el chico con el intelecto más limitado de los que aquí aparecen –sin duda Cayetano Santos Godino, a quien, es preciso aceptar, los especialistas calificaron de *degenerado* y de *imbécil*– tuvo la perspicacia suficiente para ocultar tras diversas mentiras su actividad las veces que fue sorprendido en pleno intento de asesinato y la agudeza necesaria para improvisar explicaciones y coartadas, bastante rústicas, para justificar sus acciones.

Ello implica un discernimiento manifiesto entre bien y mal, así como penetración en la trascendencia de la circunstancia y de sus derivaciones, tanto para otros como para él. Como se recordará, todo ello fue tomado en cuenta por sus jueces, los cuales decidieron que

---

[2] "Muchos de esos asesinos –Ted Bundy, John Wayne Gacy, Henry Lee Lucas, por nombrar algunos– han sido diagnosticados como psicópatas, lo que significa que están mentalmente sanos según los cánones psiquiátricos y legales actuales. Todos ellos fueron enviados a prisión y, en algunos casos, ejecutados. Pero la distinción entre asesinos trastornados y asesinos cuerdos pero psicópatas no está tan clara. Tal diferencia es el resultado de un debate de siglos de duración que, a veces, ha rayado en lo metafísico". Robert Hare. *Sin conciencia. El inquietante mundo de los psicópatas que nos rodean.* Ciudad de México: Paidós, 2016, p. 43.

era "imputable", pues no podía conceptuarse como "imbécil absoluto", según exigía antiguamente el Código Penal de la Argentina. Al otro lado de la escala Alyssa Bustamante, Mary Flora Bell, Natsumi Tsuji y Robert Thompson, cuyos coeficientes intelectuales fueron juzgados superiores o muy superiores a los de la media poblacional, son una prueba viviente de que no fue, ni de lejos, la falta de inteligencia la instigadora de sus fechorías. Por el contrario, hay quienes sostienen que el aburrimiento experimentado por personas muy inteligentes de carácter psicopático, y la necesidad de adrenalina derivada de él, se hallan en la base del impulso a la trasgresión social.[3]

El entorno socio-familiar tampoco indica una causalidad concluyente, si bien las condiciones extremas de precariedad, violencias física, psicológica y sexual, desinterés, hacinamiento y falta de estructura familiar se presenta de manera prominente en la mayoría de los casos. En concreto, las espantosas condiciones de vida del *Petiso Orejudo*, Cristian Fernández, Mary Bell, los niños anónimos de los suburbios de Buenos Aires, Robert Thompson y Jon Venables no dejan margen de duda acerca de su influencia directa en los actos no menos espantosos cometidos por ellos. Sin embargo, una cosa es influencia y otra *determinación*, palabra con la cual me refiero a una *coerción tal que obligue o fuerce a realizar un acto sin posibilidad de opción*. Contra la idea del carácter determinante del medio sobre el individuo se deben argumentar los incontables casos de niños quienes, viviendo en situaciones similares a las de los arriba mencionados, no desarrollaron comportamientos parecidos, empezando por sus propios hermanos, cuando es el caso. Podría decirse, entonces, que se trata de un elemento *indispensable, aunque no suficiente*, para generar prácticas criminales como las descritas, pero tal afirmación también debe ser matizada: Alyssa Bustamante, Piedad Martínez del Águila, Natsumi Tsuji y Sergio *El Rubio* vivieron en ambientes mucho menos sórdidos que los otros niños; hasta donde sa-

---

[3] Véase por ejemplo: "La parte negativa de esta búsqueda de excitación es la incapacidad que conlleva para tolerar la monotonía o la rutina. Los psicópatas se aburren fácilmente". David Hare, *op. cit.*, p. 88.

bemos no se ejerció sobre ellos violencia física ni sexual, y recibieron por parte de los adultos mayor atención que los chicos del primer grupo, lo cual no obstó para que asesinaran de manera igualmente inmotivada y violenta. Es justo señalar, por otra parte, que no estuvieron exentos de violencia psicológica: Alyssa sufrió ausencia de padre, convicto por asalto, y abandono de una madre cuya propia progenitora calificó de "drogadicta y alcohólica"; Natsumi padeció la presión del competido medio escolar japonés y *bullying* cibernético; Piedad fue cargada con obligaciones impropias de su edad; ignoramos si Sergio estuvo bajo una presión parecida. En cualquier caso, no es lícito tratar como equivalentes las golpizas recibidas por Cayetano Santos, Robert Thompson y los chicos argentinos, o el depravado abuso sexual que su madre infligió a Mary Flora y un supuesto primo a Cristian Fernández, a la desazón causada por las burlas de una compañera en una red social o la responsabilidad de cuidar a hermanitos menores, situaciones compartidas por millones de niños y adolescentes. Sabemos o creemos saber que estos elementos integran de manera constante parte de la compleja ecuación, pero ignoramos la medida a ellos atribuible y –lo cual es más interesante, pues nada prueba que los factores sociales y psicológicos sean susceptibles de cuantificación– las condiciones específicas capaces de activarlos sólo en ciertos casos.

Según Guitta Sereny los estímulos externos provenientes del medio familiar son responsables *por completo* del surgimiento de niños asesinos. El argumento, más romántico que convincente, deja abiertas múltiples interrogantes y ni siquiera enfrenta las más conspicuas, como: ¿por qué niños en la misma situación no delinquen? y ¿cuánta *infelicidad* es necesario acumular para explicar la comisión de tales actos? Veamos su tesis:

> Los niños que asesinan no son producto de una clase, sino de la infelicidad. La infelicidad en los niños nunca es innata, es creada por los adultos a los que "pertenecen": hay adultos en todas las clases sociales que son inmaduros, están confundidos, son ineptos o enfermos y, bajo infortunadas circunstancias, sus niños

reflejarán, reproducirán y a menudo pagarán por las miserias de los adultos que necesitan y aman. Los niños no son malos.[4]

Nada en la cita anterior puede reputarse como falso, pero tampoco explica nada. Si bien es razonable conceptuar la infelicidad como una condición no innata, y entenderla en tanto producto del medio donde se desenvuelve el individuo, en particular cuando está formado por adultos disfuncionales, no lo es en absoluto suponer que la infelicidad como tal es *causa directa* de conductas asesinas. La escritora húngara concede crípticamente que ello sucede "bajo infortunadas circunstancias", pero justo se trata es de establecer cuáles son éstas y determinar el papel y la magnitud de su intervención en el fenómeno. De otro modo la propuesta puede reducirse a la observación de que todo niño asesino es infeliz,[5] aunque no todo niño infeliz asesina, lo cual ciertamente no representa una aportación sustancial a la inteligencia del tema.

Cabe observar que la última frase –"Los niños no son malos"– juega un doble papel en el argumento: por un lado, implica que los chicos homicidas no pueden ser considerados libres al momento de haber realizado sus crímenes, dando por supuesto que al cometerlos no participó su voluntad a través de una decisión consciente y deliberada; por otro, consecuencia derivada estrictamente del punto anterior, que no se les puede adjudicar responsabilidad moral por sus actos, dado que éstos no son sino el resultado –y *nada más* el resultado– de la actividad de adultos calamitosos a quienes los niños sólo "reflejan"

---

[4] Gitta Sereny. "Re-Examining the Evidence: A Year Ago This Week, James Bulger Was Murdered by Two 11-Year-old Boys. The Crime Shook the Nation. The Boys Were Tried, Convicted and Locked Away. But What Do We Know About Them?". *The Independent,* febrero 6 de 1994 (en línea). Disponible en <http://bit.ly/2Anukgh> [Consulta: marzo de 2014].

[5] Por lo demás, esta notable afirmación de Gitta Sereny no es *necesariamente* verdadera, pero sin duda lo es al menos en una enorme cantidad de casos. De entrada, corresponde con exactitud a *todos* los perfiles que hemos retratado. Conviene por ello ponerla a prueba de manera sistemática en ulteriores investigaciones, ya que la infelicidad puede ser, si no *causa* de la actividad homicida, sí *condición necesaria* integrada en el complejo de predisposiciones que la generan.

y "reproducen". ¿Es esta una caracterización correcta de procesos como los descritos en las páginas que anteceden?

Antes de responder conviene hacer algunas precisiones, cuyo carácter debe considerarse *provisional*. Observemos, en primer lugar, que no basta hacer el *mal* para ser *malo*;[6] es decir, cabe la posibilidad de dañar o hacer sufrir a otra persona sin que ello se considere producto de la *maldad*; por ejemplo, el dolor, el perjuicio y aun la muerte infligidos a un tercero en circunstancias accidentales y meramente azarosas (un bebé que golpea mortalmente a un adulto al desplazar un objeto pesado) o la aplicación de un procedimiento médico que genera padecer físico con fines terapéuticos, etcétera.

Para que la maldad moral sea así considerada debe identificarse en el origen o cuerpo del acto la *intención* de hacer el mal; esto es, el propósito premeditado de afectar negativamente a otro, sea como *fin* del acto o como un *medio* con miras a lograr un beneficio egoísta. Este último es el caso, por ejemplo, de quien asesina a un guarda con el objetivo de robar los bienes que custodia: la meta del perpetrador es obtener el botín, pero si de una manera consciente supone que el *medio* para lograrlo implica matar al policía e integra tal intención –digamos, secundaria– al plan, mostrándose dispuesto a aceptar dicha eventualidad, entonces el acto no muestra diferencia moral en comparación con el homicidio como *fin* de la actividad.

Por supuesto, definir el mal como un acto[7] asociado con una intención, según acabo de hacer, encierra ciertas dificultades. No se me escapa que pude hablarse con pleno sentido de *malas intenciones* o de malos pensamientos; sin embargo, me parece apropiado considerarlos así sólo en la estricta medida en que estén *vinculados a un acto como su horizonte de realización*, se concrete éste o no. En ese tenor, una intención moralmente mala será aquella que propende a realizarse –cuyo contenido es concebido como viable, deseable y se tiene el

---

6 Intento reflexionar aquí sobre el *mal* únicamente en sentido ético, dejando fuera cualquiera otra acepción (teológica, técnica, práctica, estética, etcétera).
7 Me refiero aquí a una modificación efectiva de la realidad objetiva o externa, y no a "actos" de carácter psíquico y meramente subjetivo, como imaginar o recordar.

propósito de cumplir–, aunque finalmente no se verifique e incluso no se intente. Por ejemplo: el individuo dispuesto a violar a una mujer a la cual supone solitaria, pero que no lo hace (y ni siquiera trata de hacerlo) al advertir el peligro de ser identificado, se conduce sin duda con *malas intenciones*; en contrapartida, quien fantasea con el mismo acto, sin orientar nunca su voluntad a cristalizar la idea, no puede ser acusado de tal cosa.[8]

Ahora bien, si entendemos el hecho malvado, bajo las precisiones expuestas arriba, como un acto cometido con la intención de dañar a un *semejante*,[9] entonces cabe afirmar que los asesinatos e intentos de asesinato descritos en las páginas anteriores corresponden por completo a esta caracterización, de manera francamente contrapuesta a la interpretación de Gitta Sereny. La corrección o no de esta idea estriba, por supuesto, en lo que se entienda por *intención*. Tratándose de un problema filosóficamente complejo, resulta inoportuno abordar aquí sus pormenores. Para defender la tesis deberá bastar, por lo pronto, con un esbozo de su significado y consecuencias.

Cabe definir de manera provisoria la *intención* como una forma de enlace entre la subjetividad y el mundo objetivo. La conciencia intencional se *proyecta* en el exterior estableciendo de una manera espontánea un *fin* para la acción, mismo que ilumina o guía los medios para conseguirlo y hace que la objetividad se enfrente desde un

---

[8] Sin duda esta opinión no será compartida por personas que tienen una concepción relativamente rígida de la moralidad. Aunque es factible sostener que existe una diferencia entre la calidad moral de los hipotéticos protagonistas de ambos casos, en realidad no importa: lo anterior es sólo una propuesta ética, teórica, cuyo fin es esclarecer y acordar el significado de ciertos conceptos para reflexionar sobre el problema que nos ocupa; no es un enunciado con intenciones morales o normativas.

[9] Este concepto podría extenderse hasta una caracterización del mal perpetrado contra los animales, en la medida en que se puedan establecer vínculos de *semejanza* con ellos. Desde luego, no es este el sitio adecuado para desarrollar tal idea.

punto de vista particular que le da *sentido*.[10] La intencionalidad refiere las vivencias a algo objetivo; es la relación estructural entre el acto de conciencia y lo pensado en y mediante dicho acto. Así por ejemplo, quien encara una cita con la intención de enriquecerse la experimenta como una oportunidad de hacer dinero, por lo cual su vivencia tiene un *sentido* distinto a la de quien es animado por una intención romántica. El acto intencional, pues, procura modificar el mundo (un aspecto de él) con vistas a la consecución de un fin preciso, conforme al cual dispone de una serie de medios e instrumentos organizados y encadenados en función del resultado previsto. Piénsese, a manera de ilustración, en el caso de Alyssa Bustamente: tiene la *intención* de matar a Elizabeth Olten porque quiere "saber qué se siente"; al efecto influye en su media hermana para que la invite a jugar, espía el momento en que la niña sale de regreso a su hogar, le llama por teléfono y la convence de volver sobre sus pasos a través del bosque, la ataca con un cuchillo previamente preparado y finalmente la entierra en una fosa excavada con antelación.

Es pertinente observar que la concepción misma del proyecto *consciente* y *deliberado* descrito en las líneas anteriores exige a la conciencia *suspender* su relación con el mundo (con el ser) e introducir en él un elemento inexistente (no-ser); es decir, la intención: un acto concebido y emprendido con vistas a un fin, como una posibilidad deseable y factible llamada a realizar un cambio en la objetividad. "Esto significa que, desde la concepción del acto, la conciencia ha podido retirarse del mundo pleno [...] y abandonar el terreno del

[10] La conciencia intencional, concepto base de la fenomenología de Husserl, rebasa el contenido que aquí se atribuye a la "intención"; mantengo la terminología, sin embargo, porque las teorías de este pensador proveen base y sustento a la presente conceptualización. El lector curioso puede consultar: Edmund Husserl. *Ideas relativas a una fenomenología pura y una filosofía fenomenológica*. Ciudad de México: Fondo de Cultura Económica, 1986, pp. 198-199, donde se lee: "La intencionalidad es lo que caracteriza a la *conciencia* en su pleno sentido y lo que autoriza para designar a la vez la corriente entera de las vivencias como [...] unidad de *una* conciencia. [...] todo *cogito* actual [conlleva], una 'mirada' que irradia del yo puro y se dirige al objeto que es el respectivo correlato de la conciencia".

ser para entrar francamente en el de no-ser".[11] En la estructura del acto intencional, tal como queda descrito, está implicado un trascender al ser, un ir *más allá* de lo que existe para hacer anidar en él lo aún inexistente y forzar, con arreglo a su fin y a su organización instrumental, un resultado deseado. El acto así entendido es una expresión de nuestra libertad, que se hace real –se realiza– en la misma realidad del acto.[12] Al margen de que en la historia de la filosofía tradicionalmente se ha identificado la libertad con la capacidad de la conciencia de suspender su relación con el flujo de los fenómenos (de los hechos) para tomar distancia respecto de ellos, reflexionar, y adoptar una posición que permita modificarlos,[13] la peculiar estructura del acto intencional (que también implica este alejarse y ver las cosas en perspectiva) conlleva además la necesidad de la acción como cristalización de la libertad. Dicho de otro modo: la libertad no es una *forma de ver* o una perspectiva sobre el mundo, sino tal perspectiva enlazada a un acto que lo modifica. En esa medida, la intencionalidad, que introduce un *fin* en el mundo, no puede estar condicionada o determinada por la exterioridad objetiva (el ser): "ningún estado de hecho, cualquiera que fuere (estructura política o económica de la sociedad, "estado" psicológico, etcétera) es susceptible de motivar por sí mismo ningún acto. Pues un acto es una proyección [de la conciencia intencional] hacia algo que no es, y lo que es no puede por sí mismo determinar lo que no es".[14]

A raíz de los apuntes anteriores es lícito preguntar si en los relatos referidos de niñas y niños asesinos podemos reconocer la estructura del acto intencional esbozada. Si tal fuera el caso, y me parece que así es, resulta necesario aceptar que, al menos desde esta perspectiva, los

---

[11] Jean-Paul Sartre. *El ser y la nada*. Buenos Aires: Editorial Losada, 1966, p. 538.
[12] Esto quiere decir que la libertad no es una capacidad que precede a la acción como su condición de posibilidad, sino una manera de ser del hombre que sólo tiene realidad en y a través del acto mismo.
[13] "Desde que se atribuye a la conciencia ese poder negativo respecto del mundo y de sí misma, desde que la nihilización forma parte integrante de la *posición* de un fin, ha de reconocerse que la condición indispensable y fundamental de toda acción es la libertad del ser actuante". Jean-Paul Sartre, *ibidem*, pp. 540-541.
[14] *Ibidem*, p. 540.

pequeños homicidas actuaron de manera consciente y deliberada, y realizaron actos sabiendo que eran moralmente reprobables y en la inteligencia de que estaba en sus manos *no* llevar a cabo; en consecuencia, es admisible adjudicarles responsabilidad sobre su conducta, posición compartida por sus jueces, no sin algunas ambigüedades.

Si revisamos las narraciones precedentes advertiremos, en todas ellas, la consciencia manifiesta de estar haciendo mal; en casi todas, resulta incuestionable la planeación del acto y la organización previa de los medios necesarios para realizarlo. Una de las posibles excepciones a este último punto la constituyen *algunos* de los intentos de asesinato perpetrados por Cayetano Santos Godino, como el de la niña a la cual le prende fuego, pues parece corresponder a un impulso del momento, sin más proyecto que, tal vez, sus turbias fantasías. Como se recordará, existe además el testimonio propio de su incapacidad para controlar sus impulsos: "¿Qué culpa tengo yo si no puedo sujetarme?". No obstante, este chico sabía "sujetarse" muy convenientemente cuando estaba a punto de ser sorprendido, como tuvimos ocasión de comprobar en varias ocasiones. Agreguemos que la pausada búsqueda del clavo con el que ultimó a Gesualdo Giordano o el paciente método de atraer a sus víctimas con la promesa de comprarles golosinas a fin de alejarlas de sus casas implican, de modo evidente, una conducta premeditada y consciente, muy lejana al indómito acto ciego.

El otro caso dudoso es el Cristian Fernández, a quien podría considerarse víctima de un ataque de furia, dada la ferocidad con la que golpeó a su medio hermano hasta matarlo. La hipótesis, sin embargo, se desvanece al considerar la mentira de la que se sirvió para ocultar el hecho a su madre o la actitud imperturbable que adoptó al ser interrogado por las autoridades, según se señaló en su momento, sin dar una sola muestra de congoja o arrepentimiento, como habría hecho alguien obnubilado por la rabia, quien al *volver en sí* encuentra que ha cometido un acto irreparable e impensado. Por lo demás, al cuestionársele acerca de si estaba consciente de haber actuado mal se redujo a contestar afirmativamente, pues no creyó necesaria o posible una mayor explicación.

Huelga decir que lo dicho hasta aquí no debe considerarse concluyente. Muchos elementos de la teoría arriba bosquejada son, por lo menos, problemáticos. Para muestra un botón: la idea sartreana de que la conciencia es un tipo de ser –el ser para-sí– distinto ontológicamente al ser del mundo, por lo cual éste no puede determinar los actos de aquélla, como se afirmó líneas arriba, no sólo no puede comprobarse, sino que resulta al menos dudosa a la luz de los avances en las neurociencias. Empero, queda en pie a nivel de vivencia subjetiva que percibimos como actos libres los ejecutados por nosotros con un fin conscientemente concebido y a través de medios dispuestos a su servicio con el concurso de una voluntad reflexiva, es decir, capaz de *tomar distancia* respecto de la realidad circundante. Tal experiencia de la libertad –compartida, aunque personal– es un dato inestimable y una buena razón para seguir investigado un problema que, como se dijo en la introducción, atraviesa de manera importante muy diversas áreas del conocimiento, de cuya concepción dependen asuntos tan graves como la idea social de justicia, nuestras valoraciones morales y el destino de personas que, como los niños aquí visitados, pueden considerarse al mismo tiempo resultado de la descomposición social y elementos corrosivos de la misma.

Una última observación antes de finalizar. Quien lea los relatos anteriores podrá o no estar de acuerdo en la responsabilidad conferida a los niños, pero sin duda no pasará por alto la insondable irresponsabilidad de los adultos –familiares y autoridades– los cuales, teniendo el deber de guiarlos o, al menos, de impedir la comisión de los crímenes, simplemente no hicieron nada. Esta *conducta, tan criminal como la de los chicos, pues sin su concurso no se habrían cometido los homicidios relatados,* permaneció sin castigo ni cargo social alguno, salvo el benigno caso de Biannela Marie Susana, la madre de Cristian Fernández. *Todos los asesinatos, sin excepción, podían haberse evitado;* no sólo apelando a mejores condiciones sociales y familiares, sino considerando las mismas circunstancias en que fueron cometidos. El caso del *Petiso Orejudo* es el más escandaloso, pues tres comisarías tenían noticia y pruebas indubitables de sus reincidentes impulsos asesinos y aun así lo dejaron en libertad una y otra vez. Alyssa Bustamante dio claras muestras de violencia, incluyendo la dirigida hacia sí misma, y confesó a otras personas su curiosidad por vivir la experiencia de matar a alguien, pero nadie tomó cartas en el asunto. Cristian Fernández, quien desde los seis años se había diagnosticado por el Departamento de Menores de Jacksonville como un niño antisocial y con tendencias criminales, fracturó y violó a su hermanito poco antes de asesinarlo, cosa que su inefable madre decidió ignorar. Mary Bell dio diversos avisos sobre su peligrosidad, incluida la confesión escrita, dejada en la guardería, de ser una asesina, pero las autoridades no se tomaron el trabajo de comparar la letra cuando ella y su cómplice fueron atrapadas en ese mismo lugar; de haberlo hecho, seguiría viva su segunda víctima. Piedad Martínez fue más discreta en sus crímenes: tuvieron que morir *inexplicablemente* cuatro de sus hermanos para que las autoridades sanitarias y policiacas dieran una *explicación* desde el inicio en sus manos: bastaba con hacer las pruebas toxicológicas correspondientes ante el carácter no conclusivo del diagnóstico. La víctima de dos años y medio de los hermanos argentinos, cuyas personalidades violentas eran conocidas de todos sus vecinos, fue hallada por éstos sin que nadie la cuidara; muchos testigos presenciaron cómo fue golpeada por sus verdugos en el camino al baldío donde la liquidaron, sin intervenir. Muy poco antes de matar a Satomi Mitarai se había visto a Natsumi Tsuji atacar a un chico de la escuela con la misma navaja con la que degolló a su compañera; enteradas del caso, las autoridades escolares ni siquiera le incautaron el objeto que se convertiría en arma homicida. En el juicio de Robert Thompson y Jonathan Venables treinta y ocho testigos afirmaron haber visto a ese par de granujas golpear y maltratar a James Bulger, quien aún no cumplía los tres años; todos pensaron que ese asunto no era de su incumbencia y no hicieron nada al respecto. En cuanto a la muerte de *Maores,* la persona que pudo haberla impedido, Luis, decidió colaborar con el asesino en vez de salvarla.

Me apresuro a señalar: no elegí los casos reseñados con la intención de mostrar que eran *evitables*; este fue un resultado inesperado de la compilación. Como se cumple en cada uno de los relatos, sospecho que debe ser muy alto el número de expedientes similares, aunque una muestra tan escasa no puede tener valor probatorio. Será preciso investigar en futuros trabajos este aspecto del problema, el cual dista de ser meramente estadístico: según apunté, la indiferencia aquí forma *parte activa* de la cadena de sucesos que dieron por resultado la muerte de varios niños; se trata de un elemento que incide de manera eficiente en el resultado y del cual, quizá, cabría buscar la manera de responsabilizar legalmente[15] (moralmente lo son) a quienes se abstuvieron de participar, pudiendo con ello evitar desenlaces trágicos.

Mucho más importante, sin embargo, sería fomentar una consciencia social a propósito de lo que bajo ciertas circunstancias son capaces de hacer los niños. Nadando en el cómodo estanque de la complacencia, nos aferramos a una imagen idílica de la infancia que poco o nada tiene que ver con la realidad; el resultado: somos incapaces de advertir el peligro real que representan algunos niños para la sociedad y para ellos mismos, aun cuando todos los focos rojos posibles estén encendidos frente a nuestras narices. Una política cultural ocupada en educar a la población en general, y en particular a padres, maestros y niños en edad escolar, acerca de cómo leer los síntomas de este mal y prevenir sus funestas consecuencias, ahorraría una incalculable cantidad de sufrimiento en el mundo. El principal obstáculo para llevar a la práctica tales propósitos está más en la idiosincrasia de nuestro tiempo que en la dura realidad social.

---

[15] En algunos casos –la madre de Cristian, el secuaz de *El Rubio*– la responsabilidad legal está contemplada e incluso fue servida. En otros, como en los que hubo criminal negligencia de las autoridades, existen códigos que deben seguirse, pero casi nunca se castiga a quienes no los cumplen. Por último, la no-actuación de testigos está por completo exenta de cargos legales. Sin duda sería muy difícil, y acaso contraproducente, tratar de normar este aspecto, pero es necesario llevar a cabo el estudio de tal posibilidad antes de desecharla.

Referencias

AMERICAN PSYCHIATRIC ASSOCIATION. *Manual diagnóstico y estadístico de los trastornos mentales (DSM-IV)*, director de la versión en español: Juan J. López-Ibor Aliño. Barcelona-París-Milán: Masson, 1995.

HARE, ROBERT. *Sin conciencia. El inquietante mundo de los psicópatas que nos rodean*. Ciudad de México: Paidós, 2016.

HUSSERL, EDMUND. *Ideas relativas a una fenomenología pura y una filosofía fenomenológica*. Ciudad de México: Fondo de Cultura Económica, 1986.

SARTRE, JEAN-PAUL. *El ser y la nada*. Buenos Aires: Editorial Losada, 1966.

SEGUÍ, LUIS. *El enigma del mal*. Ciudad de México: Fondo de Cultura Económica, 2016.

SERENY, GITTA. "Re-Examining the Evidence: A Year Ago This Week, James Bulger Was Murdered by Two 11-Year-old Boys. The Crime Shook the Nation. The Boys Were Tried, Convicted and Locked Away. But What Do We Know About Them?". *The Independent,* febrero 6 de 1994 (en línea). Disponible en <http://bit.ly/2Anukgh> [Consulta: marzo de 2014].

Niños muy malos (crónicas de niños asesinos)
es una publicación digital de Ediciones Serpiente.
Agosto, 2019

www.ingramcontent.com/pod-product-compliance
Lightning Source LLC
Chambersburg PA
CBHW031834090426

42741CB00005B/236